2020—2021 人工智能发展报告

ANNUAL REPORT ON THE DEVELOPMENT OF
ARTIFICIAL INTELLIGENCE

工业和信息化蓝皮书
BLUE BOOK OF INDUSTRY AND INFORMATIZATION

赵 岩 主编

国家工业信息安全发展研究中心

电子工业出版社
Publishing House of Electronics Industry
北京·BEIJING

内 容 简 介

《人工智能发展报告（2020—2021）》是国家工业信息安全发展研究中心在对2020年全球人工智能技术和产业进行全面跟踪研究的基础上形成的研究报告。该报告重点阐述了国内外人工智能产业发展态势，概括总结了人工智能核心技术的进展及趋势，深入分析了全球人工智能在制造、医疗、交通等领域的融合应用现状，并详细介绍了全球人工智能投融资领域的发展情况。该报告还特别设立了人脸识别发展与监管、新冠肺炎疫情对我国人工智能产业的影响、中国—东盟人工智能产业发展与合作前景、欧盟人工智能监管政策走向及其应对分析、人工智能数据安全风险及对策研究和深度伪造安全检测技术等专题，展开深度分析研究。

该报告观点鲜明、内容丰富、资料新颖、数据翔实，有较强的产业发展前瞻性和预测性，可为相关主管部门、行业协会、企业等全面了解人工智能发展形势及进行科学决策提供参考。

未经许可，不得以任何方式复制或抄袭本书之部分或全部内容。
版权所有，侵权必究。

图书在版编目（CIP）数据

人工智能发展报告. 2020—2021 / 赵岩主编. —北京：电子工业出版社，2021.8
（工业和信息化蓝皮书）
ISBN 978-7-121-41899-0

Ⅰ. ①人… Ⅱ. ①赵… Ⅲ. ①人工智能－产业发展－研究报告－中国－2020－2021
Ⅳ. ①F492

中国版本图书馆 CIP 数据核字（2021）第 178426 号

责任编辑：刘小琳　　文字编辑：赵　娜
印　　刷：北京盛通商印快线网络科技有限公司
装　　订：北京盛通商印快线网络科技有限公司
出版发行：电子工业出版社
　　　　　北京市海淀区万寿路173信箱　邮编：100036
开　　本：720×1000　1/16　印张：21　字数：333千字
版　　次：2021年8月第1版
印　　次：2022年4月第2次印刷
定　　价：128.00元

凡所购买电子工业出版社图书有缺损问题，请向购买书店调换。若书店售缺，请与本社发行部联系，联系及邮购电话：（010）88254888，88258888。
质量投诉请发邮件至 zlts@phei.com.cn，盗版侵权举报请发邮件至 dbqq@phei.com.cn。
本书咨询联系方式：liuxl@phei.com.cn，（010）88254538。

工业和信息化蓝皮书
编委会

主　　编：赵　岩
副 主 编：蒋　艳　　何小龙　　谢雨琦　　郝志强
　　　　　董大健　　吕　坚　　李　丽
编　　委：黄　鹏　　宋艳飞　　夏万利　　刘永东
　　　　　雷晓斌　　陈正坤　　李　君　　高　焕
　　　　　拓冬梅

《人工智能发展报告（2020—2021）》课题组

课题编写	国家工业信息安全发展研究中心人工智能所
组　　长	何小龙
副组长	邱惠君　刘永东　刘　巍　李向前
成　　员	邱惠君　张　瑶　梁冬晗　宋　琦
	明书聪　王　淼　赵　杨　高云龙
	杨　捷　种国双　李美桃　朱倩倩
	李　阳　李　凯　杨　天　朱顺辉
	桓书博　李恒欣　马晓雪　张振乾
	厉欣林　张　帅　黄金成　张　蓓
	刘瑞雪　王海棠　熊俊锋　张若丹
	雷雄国　王奇一　吕　强　曹海涛
	李　坤　任成元　许俊恺　蒋　燕
	董晓超　蔡昱峰　刘丽珏　刘香永
	彭伟雄　蔡蓉粤　陈洪涛

主编简介

赵岩，国家工业信息安全发展研究中心主任、党委副书记，高级工程师；全国信息化和工业化融合管理标准化技术委员会副主任委员；长期致力于科技、数字经济、产业经济、两化融合、工业信息安全、新一代信息技术等领域的政策研究、产业咨询、技术创新和行业管理工作；主持和参与多项国家和省级规划政策制定；主持多项国家科技安全专项、重大工程专项和国家重点研发计划项目；公开发表多篇文章，编著多部报告和书籍。

国家工业信息安全发展研究中心简介

国家工业信息安全发展研究中心（工业和信息化部电子第一研究所，以下简称"中心"），是工业和信息化部直属事业单位。经过 60 多年的发展与积淀，中心以"支撑政府、服务行业"为宗旨，构建了以工业信息安全、产业数字化、软件和知识产权、智库支撑四大板块为核心的业务体系，发展成为工业和信息化领域有重要影响力的研究咨询与决策支撑机构，以及国防科技、装备发展工业的电子领域技术基础核心情报研究机构。

中心业务范围涵盖工业信息安全、两化融合、工业互联网、软件和信创产业、工业经济、数字经济、国防电子等领域，提供智库咨询、技术研发、检验检测、试验验证、评估评价、知识产权、数据资源等公共服务，并长期承担声像采集制作、档案文献、科技期刊、工程建设、年鉴出版等管理支撑工作。中心服务对象包括工业和信息化部、中共中央网络安全和信息化委员会办公室、科学技术部、国家发展和改革委员会等政府机构，以及科研院所、企事业单位和高等院校等各类主体。

"十四五"时期，中心将深入贯彻总体国家安全观，统筹发展和安全，聚焦主责主业，突出特色、整合资源，勇担工业信息安全保障主要责任，强化产业链供应链安全研究支撑，推进制造业数字化转型，支撑服务国防军工科技创新，着力建设一流工业信息安全综合保障体系、一流特色高端智库，构建产业数字化数据赋能、关键软件应用推广、知识产权全生命周期三大服务体系，打造具有核心竞争力的智库支撑、公共服务、市场化发展3种能力，发展成为保障工业信息安全的国家队、服务数字化发展的思想库、培育软件产业生态的推进器、促进军民科技协同创新的生力军，更好地服务我国工业和信息化事业高质量发展。

序

当前世界正在经历百年未有之大变局，新一轮科技革命和产业变革深入发展，国际力量对比深刻调整。新冠肺炎疫情给世界经济带来的冲击正在进一步显现，全球经济一体化萎缩，贸易保护主义兴起。科技脱钩、网络攻击、规则博弈等冲突进一步加剧，使不同发展理念、体系、路径、能力分化加快。我们必须深刻认识错综复杂的国际环境带来的新矛盾和新挑战，增强风险意识和机遇意识，保持战略定力，趋利避害。习近平总书记强调，"要主动应变、化危为机，以科技创新和数字化变革催生新的发展动能"。

以网络和信息技术为代表的新一轮科技革命不断推动传统经济发展和产业模式的变革，数字经济成为新格局的重要标志。各国家和地区纷纷发布高科技战略，抢占未来技术竞争制高点。例如，美国的《关键和新兴技术国家战略》、欧盟的《2030数字指南针：欧盟数字十年战略》、韩国的《2021—2035核心技术计划》等，均大力布局人工智能、半导体、生物技术、量子计算、先进通信等前沿技术。2020年以来，我国也出台了《新时期促进集成电路产业和软件产业高质量发展的若干政策》和《工业互联网创新发展行动计划（2021—2023年）》等引导政策，鼓励5G、集成电路、工业互联网等重点IT产业发展。《中华人民共和国国民经济和社会发展第十四个五年规划和2035年远景目标纲要》（以下简称《纲要》）将加强关键数字技术创新应用，特别是高端芯片、操作系统、人工智能、传感器等关键领域的技术产品应用列为当前政策鼓励重点。

新冠肺炎疫情导致全球消费模式发生变化，根据麦肯锡2021年1月发布的报告，新冠肺炎疫情使超过60%的消费者改变了购物习惯，37%的消费者更多地选择在网上购物；企业开始使用在线客户服务、远程办公，并使用 AI 和机器学习来改进运营；数字化创业企业大量涌现，企业间并购重组行为增多。同时，新冠肺炎疫情揭示了许多企业供应链的脆弱性，全球供应链面临重构，未来的供应链链条将趋于区域化、本地化、分散化。从全球来看，发达国家尤其是美国一直高度重视供应链安全，美国近几年发布了《全球供应链安全国家战略》《建立可信 ICT 供应链白皮书》等多个文件，拜登政府在短短几个月内发布了 3 个相关行政令——《可持续公共卫生供应链行政命令》《确保未来由美工人在美制造行政令》《美国供应链行政令》，不断强化自主供应链建设，并联合盟友共同维护供应链安全。面对部分发达国家从供需两侧对我国供应链的限制，中央经济工作会议强调要增强产业链供应链自主可控能力，并做出一系列部署，强化高端通用芯片、机器人、高精度减速器、工业软件、光刻机等高端产品的自主性。《纲要》进一步提出实施"上云用数赋智"行动，推动数据赋能全产业链协同转型。

数字化的快速推进导致网络风险呈指数级增长。美国欧亚集团认为，未来 5 到 10 年内，网络安全将成为全球第三大风险。一方面，很多国家和地区纷纷通过加强数据保护等举措努力在维护公共利益和保护个人隐私之间寻求平衡。另一方面，网络漏洞、数据泄露等问题日益凸显，有组织、有目的的网络攻击不断增多，网络安全防护工作面临更多挑战。国家工业信息安全发展研究中心监测数据显示，2020 年全球工业信息安全事件涉及 8 大领域、16 个细分领域，其中，装备制造、能源等行业遭受的网络攻击最严重，交通运输、电子信息制造、消费品制造、水利等行业网络攻击呈现高发态势。2020 年以来，我国发布了《数据安全法》《电信和互联网行业数据安全标准体系建设指南》《工业互联网数据安全防护指南》《关于开展工业互联网企业网络安全分类分级管理试点工作的通知》等法律法规和规范文件，形成我国在数据安全、工业网络安全防护等方面的基本制度安排。

我们要围绕产业链部署创新链、围绕创新链布局产业链，推动经济高质量发展迈出更大步伐。进一步强调创新在现代化建设全局中的核心地位，把科技自立自强作为国家发展的战略支撑，以创新驱动引领高质量供给和创新需求，畅通国内大循环，促进国内国际双循环，全面促进消费，拓展投资空间，深入推动数字经济与实体经济融合，强化产业链安全，打造良好的产业生态，实现产业链各方"共创、共享、共赢"。

新时期，工业和信息化发展的着力点包括以下几个方面。

一是加强国家创新体系建设。打造国家战略科技力量，推动产学研用合作，强化科技创新与产业政策之间的协同效应。围绕创新链布局产业链，依托科技创新成果开辟新的产业和业态。创新链引发的创新行为既提升了产业各环节的价值，也拓展和延伸了产业链条。围绕产业链部署创新链，产业链的每个环节或节点都可能成为创新的爆发点，从而带动整个产业链中各环节的协同创新。这种闭环关系体现了创新链与产业链的深度融合、科技与经济的深度融合。

二是加快产业数字化转型。目前，我国消费端的数字化转型进程较快，但产业端数字化转型相对滞后，影响了数字经济的整体发展。通过深化数字技术在实体经济中的应用，实现传统产业的数字化、网络化、智能化转型，不断释放数字技术对经济发展的放大、叠加、倍增作用，是传统产业实现质量变革、效率变革、动力变革的重要途径。"十四五"时期要围绕加快发展现代产业体系，推动互联网、大数据、人工智能等同各产业深度融合，实施"上云用数赋智"，大力推进产业数字化转型，提高全要素生产率，提高经济质量效益和核心竞争力。

三是加快数字化人才培养。数字化转型不仅涉及数字技术的运用，而且涉及组织结构和业务流程再造。在这个过程中，数字化人才建设至关重要。数字化人才既包括首席数据官等数字化领导者，也包括软件工程师、硬件工程师、大数据专家等数字化专业人才，还包括将数字化专业技术与企业转型实践结合起来的数字化应用人才。这需要高校、企业、研究机构和社会各界力量积极参与，通过校企合作、产教融合、就业培训等多种形式，开设适应不同人群、不同层次的教育培训课程，提高全民的数字素养和数字技能。《纲要》要求，"加强全民数字技能教育和培训，普及提升公民数字素养"。针对劳动者的数字职业技能，人力资源和社会保障部研究制定了《提升全民数字技能工作方案》对数字技能培养提出了具体举措。

四是充分发挥市场与政府的作用。将有效市场与有为政府结合，企业是市场经济主体，但政府的作用也必不可少。工业互联网作为产业数字化的重要载体已进入发展快车道，在航空、石油化工、钢铁、家电、服装、机械等多个行业得到应用。基于工业互联网平台开展面向不同场景的应用创新，不断拓展行业价值空间，赋能中小企业数字化转型。为确保该产业健康发展，工业和信息化部等十部门已印发《加强工业互联网安全工作的指导意见》，明确建立监督检查、信息共享和通报、应急处置等工业互联网安全管理制度，建设国家工业互联网安全技术保障平台、基础资源库和安全测试验证环境，构建工业互联网安全评估体系，为培育具有核心竞争力的工业互联网企业提供良好环境。

五是大力支持中小微企业发展。中小微企业是数字化转型和数字经济发展的关键。中央政府层面已经推出多项减税降费举措，并鼓励金融资本服务实体经济，积极利用金融资本赋能产业技术创新和应用发展，打造多元化资金支持体系，努力形成产业与金融良性互动、共生共荣的生态环境。工业和信息化部通过制造业单项冠军企业培育提升专项行动、支持"专精特新"中小企业高质量发展等举措，大大提升了中小企业创新能力和专业化水平，有助于提升产业链供应链稳定性和竞争力。国家发展和改革委员会联合相关部门、地方、企业近150家单位启动数字化转型伙伴行动，推出500余项帮扶举措，为中小微企业数字化转型纾困。

2021年，面对日趋复杂、严峻的国际竞争格局，我们需要坚持以习近平新时代中国特色社会主义思想为指导，准确识变、科学应变、主动求变，积极塑造新时代我国工业和信息化建设新优势、新格局。值此之际，国家工业信息安全发展研究中心推出2020—2021年度"工业和信息化蓝皮书"，深入分析数字经济、数字化转型、工业信息安全、人工智能、新兴产业、中小企业和"一带一路"产业合作等重点领域的发展态势。相信这套蓝皮书有助于读者全面理解和把握我国工业和信息化领域的发展形势、机遇和挑战，共同为网络强国和制造强国建设贡献力量。

是以为序。

中国工程院院士

摘 要

当前，新一轮科技革命和产业变革深入推进，以人工智能技术为代表的新兴技术蓬勃发展，以前所未有的速度和方式改变着经济发展，成为高质量发展的重要引擎。在算法、算力和数据三驾马车驱动下，新一代人工智能正在崛起，深刻影响着国际产业竞争格局，全球人工智能进入战略布局加快、产业应用加速发展落地阶段。2020年，人工智能技术取得了一系列重大进展，对全球经济社会发展的影响和重要性进一步凸显。全球围绕人工智能领域的布局和抢位日趋激烈，我国人工智能产业技术和应用持续深化，美国人工智能战略进入推动实施阶段，欧盟力争通过制定行业标准、监管规则等引领全球人工智能发展方向。同时，随着产业发展的不断深化，人工智能技术应用的安全伦理和风险防控成为全球关注的重点。

在技术发展方面，人工智能技术不断取得关键性突破，计算机视觉、智能语音等人工智能技术发展趋于成熟，多技术融合、集成化创新加速发展。神经拟态、模拟内存、多核、硅光子等多项技术推动人工智能芯片不断突破性能上限。4D 理解、背景替换和全息瞬移等计算机视觉技术取得突破，推动了计算机视觉更深入的发展。自然语言处理模型在效率、长文本序列处理等方面的性能不断优化，大参数依赖性更加显著。知识图谱自动构建相关研究取得长足进展，在信息抽取、知识融合和知识加工等技术领域取得技术突破。声纹识别技术具有较高的稳定性和安全性，逐渐从理论研究走向实际应用。

在融合应用方面，人工智能与传统行业融合持续深化，落地广度逐步拓展。人工智能与制造业融合发展已取得一定成效，在质量检测、设备健康管理、计划排程等领域融合发展已较为成熟。疫情防控加速推动人工智能医疗落地应用，多国倡议利用人工智能等新兴技术对抗疫情，人工智能医疗的商业化进程显著提速。智慧交通呈现出快速发展的趋势，行业整体进入高速发展阶段，人工智能和大数据应用推动道路交通管理科学化、精细化发展。

为全面把握2020年全球人工智能产业、技术和应用的发展态势，总结研判人工智能产业发展面临的一系列问题和挑战，国家工业信息安全发展研究中心在对全球人工智能产业长期持续跟踪研究的基础上，编写了《人工智能发展报告（2020—2021）》。本书分为总报告、技术篇、融合篇、投融资篇、专题篇、案例篇和附录7个部分，从多个角度对2020年全球人工智能产业发展情况展开研究分析，并就人脸识别发展与监管、疫情对我国人工智能产业影响、中国与东盟人工智能产业发展与合作前景、欧盟人工智能监管政策走向、人工智能数据安全风险及对策、深度伪造技术及其安全检测技术发展情况等方面进行了专题论述，对2020年我国六大人工智能经典案例、全球和我国人工智能十大热点事件、全球产业链各环节布局、人工智能领域大事记进行了总结梳理。

关键词：人工智能；融合应用；疫情防控；人工智能监管；数据安全

Abstract

Nowadays, as the new scientific and technological revolution and industrial transformation going ahead, the emerging technologies represented by artificial intelligence (AI) technology are developing vigorously, changing the way of economic development at an unprecedented speed, and becoming an important engine for high-quality economic development. Driven by powerful algorithms and computing power as well as ever-expanding data, the emerging next-generation AI technology has profoundly affected the situation of international industrial competition where the strategic layout and industrial application development are both accelerated. Since AI technology has made significant progress in 2020, its influence and importance on global economic and social development have been further highlighted. Therefore, the global industrial competition of AI is becoming increasingly fierce: China continues to deepen the research and application of AI, the US implements its pioneering AI strategy, and the EU strives to lead the global artificial intelligence development direction by formulating industry standards and regulatory rules. At the same time, ethics, risk prevention, and supervision of AI have been attracting global attention.

Key technical breakthroughs represent the first significant result of AI development. The AI application scenarios like computer vision and intelligent voice have become mature, and the integration of multiple technologies and integrated innovation has accelerated. Many technologies such as neuromorphic computing, analog memory, multi-core computing, and silicon photonics have helped AI chips to break their performance record. The breakthroughs in 4D understanding, background replacement, and holoportation have promoted the further development of computer vision. The performance of the natural language processing model in terms of efficiency and long text sequence processing is continuously optimized, leading to the growingly significant dependence of large parameters. Relevant research on the automatic construction of knowledge graphs has achieved great progress in information extraction, knowledge fusion, and knowledge processing. Voiceprint recognition technology has achieved high stability and security, and its theoretical research results have been gradually applied.

Another outstanding result of AI development is the deepening integration of AI and traditional industries and the expansion of the application scenarios. The integrated development of artificial intelligence and manufacturing has achieved certain results, and the integrated development in quality inspection, equipment maintenance, and production scheduling has become more mature. The need for epidemic prevention and control has accelerated the application and commercialization of AI medical care services. Many countries have proposed to use artificial intelligence and other emerging technologies to combat the epidemic. Supported by AI and big data, the technology revolution of smart transportation is driving the transportation industry forward, enabling the scientific optimization of traffic management.

Based on the long-term tracking and research of the global AI industry, China Industrial Control Systems Cyber Emergency Response Team(CIC) published *The Artificial Intelligence Development Report (2020-2021)* to fully present the development trend of the global AI industry, the progress of AI technology and the application situation of AI in 2020, and to summarize and assess the problems in the industry. The report is composed of 7 parts: the general report, the technology, the integration, the investment and financing, the special topics, the case studies, and appendices. It focuses on the following special topics: the development and supervision of face recognition, the impact of the COVID-19 epidemic on the Chinese AI industry, the development and cooperation prospects of China and the ASEAN AI industry, the regulatory policy of AI in the EU, data security risks of AI and countermeasures, and the deep forgery technology and its detection, etc. Moreover, it summarizes the six classical Chinese AI cases and the ten AI hot spots in the world in 2020, as well as the landscape of global AI industrial chains.

Keywords: Artificial Intelligence; Fusion Application; Epidemic Prevention and Control; Artificial Intelligence Supervision; Data Security

目 录

Ⅰ 总报告

B.1 2020年全球人工智能应用落地持续深化
　　……………………… 明书聪　梁冬晗　王淼　黄金成 / 001

Ⅱ 技术篇

B.2 人工智能芯片积极推进更多应用场景落地
　　………………………………… 张瑶　李恒欣　张若丹 / 024
B.3 自然语言处理发展呈现技术"热"、投资"冷"现象 …… 明书聪 / 040
B.4 知识图谱保持较快发展 ……………………………… 高云龙 / 054
B.5 声纹识别技术应用进入落地阶段
　　………………………… 李阳　李美桃　杨天　马晓雪 / 074
B.6 计算机视觉新技术、新应用加速产业化发展
　　………………… 朱倩倩　桓书博　朱顺辉　张蓓　刘瑞雪 / 086

Ⅲ 融合篇

B.7 "人工智能+制造"围绕三大方向加速落地发展
　　…………………………………………………… 王淼　张振乾 / 103
B.8 疫情防控加速人工智能医疗应用落地………… 梁冬晗　厉欣林 / 120
B.9 智慧交通发展推动交通出行方式变革………………………赵杨 / 135

Ⅳ 投融资篇

B.10 人工智能投资热度理性升温且热点愈发集中
　　…………………………………………………… 梁冬晗　厉欣林 / 146

Ⅴ 专题篇

B.11 人脸识别发展与监管研究……………………… 王淼　杨捷 / 165
B.12 新冠肺炎疫情对我国人工智能产业的影响分析
　　…………………………………………………… 张瑶　明书聪 / 181
B.13 中国—东盟人工智能产业发展与合作前景广阔………明书聪 / 191
B.14 欧盟人工智能监管政策走向及其应对分析
　　………………………………………… 邱惠君　张瑶　明书聪 / 212
B.15 人工智能数据安全风险及对策研究………………………宋琦 / 219
B.16 深度伪造安全检测技术已初显成效，仍需持续创新突破
　　………………………………… 李凯　种国双　王海棠　熊俊锋 / 238

Ⅵ 案例篇

B.17 思必驰：智能车联网解决方案 ………………………… 雷雄国 / 255

B.18 百度：智能云×埃睿迪，泉州水务大脑打造智慧水务
………………………… 王奇一　吕强　曹海涛　李坤 / 260

B.19 京东：激活数据价值，商砼产业的高效协同成为可能
………………………………………… 任成元　许俊恺 / 265

B.20 旷视科技：AI助力头部糖点快消企业智造再升
………………………………………… 蒋燕　董晓超 / 269

B.21 湖南自兴人工智能科技集团有限公司：开创染色体技术AI
化新时代 …… 蔡昱峰　刘丽珏　刘香永　彭伟雄　蔡蓉粤 / 274

B.22 中国一拖：无人驾驶拖拉机 ……………………… 陈洪涛 / 280

Ⅶ 附录

B.23 2020年人工智能产业十大热点 ………………… 杨捷　张帅 / 285

B.24 全球人工智能产业链各环节布局情况 ……………… 张帅 / 293

B.25 2020年人工智能领域大事记 ……………………… 厉欣林 / 297

Ⅰ 总 报 告
General Reports

B.1
2020年全球人工智能应用落地持续深化

明书聪 梁冬晗 王淼 黄金成[1]

摘 要： 全球人工智能进入战略布局加快、产业应用加速发展落地阶段。2020年，人工智能技术取得了一系列重大进展，如机器学习算法取得突破，自然语言处理的语言能力显著提高等。新冠肺炎疫情防控加速了人工智能技术落地应用，机器学习、深度学习等技术因其自我学习和智能化特性在抗击疫情和经济恢复中发挥了巨大作用。中国新型基础设施建设为人工智能带来新机遇，在疫情防控驱动下人工智能融合应用落地速度显著加快。美国为了巩固其竞争优势，大力支持人工智能研发，推动人工智能安全和创新

---

[1] 明书聪，国家工业信息安全发展研究中心助理工程师，硕士，主要从事国内外新一代信息技术、人工智能等领域研究工作；梁冬晗，国家工业信息安全发展研究中心工程师，数量经济学硕士，主要从事人工智能、物联网等新一代信息技术产业研究；王淼，国家工业信息安全发展研究中心工程师，管理学博士，主要从事人工智能相关领域战略、政策、产业发展研究；黄金成，北京大学电子信息硕士，主要从事国内外人工智能、新一代信息技术、大数据等领域政策与产业研究。

发展。欧盟走"监管与发展并重"的道路，力争通过制定行业标准、监管规则等引领全球人工智能发展方向。

关键词： 人工智能技术；人工智能安全；新基建；可信人工智能；人工智能监管

Abstract: Global artificial intelligence has entered the stage of accelerating the strategic layout and accelerating the development of industrial applications. In 2020, artificial intelligence (AI) technology has made significant progress in many fields, such as machine learning algorithms and natural language processing language capabilities. The prevention and controlling efforts against COVID-19 accelerate the application of AI technologies which, represented by machine learning and deep learning, have played an important role in fighting the pandemic and recovering social economydue to their self-learning and intelligent characteristics. Aiming at sustaining its competitive edges, the United States spared no effort to support the AI technology industry and to promote the innovative and safety development of AI. The EU equally valued the regulation and the development of AI technologies, and strived to leading the development of AI through formulating industry standards and regulatory rules.

Keywords: Artificial Intelligence Technology; Artificial Intelligence Security; New Infrastructure; Credible Artificial Intelligence; Artificial Intelligence Supervision

一、全球人工智能技术与应用稳步推进，安全风险管理逐步成为关注重点

过去十年是人工智能快速发展的十年，2020年，虽然新冠肺炎疫情给全球经济社会发展带来了一定的冲击，但人工智能依然取得了重大进展，对世界的影响和重要性进一步凸显。在复杂国际形势和疫情冲击的双重影响下，全球围绕人工智能领域的布局和抢位日趋激烈，已有30多个国家和地区发布了国家人工智能战略文件，美国、欧盟等主要国家和地区"动作"不断。随着产业发展的不断深化，人工智能技术应用的安全伦理和风险防控成为各界关注的重点。

（一）人工智能技术多向发展，论文数量增长显著

近年来，人工智能技术发展多在计算机视觉相关领域产生显著突破，但随着芯片等硬件性能的提升和算法模型的优化改进，自然语言处理、因果推理、智能生成等更加深层的领域也出现了明显的进步，在应用需求的推动下，人工智能技术逐渐实现了"多点开花"。

（1）人工智能基础技术持续突破。在机器学习（ML）算法领域，2020年，谷歌与脸书团队分别提出SimCLR与MoCo两个无监督表征学习算法，均能够在无标注数据上学习图像数据表征，表明无监督学习模型可以接近甚至达到有监督模型的效果。自然语言处理的语言能力显著提高，多数模型开始超过目前已有的测试基准，在SuperGLUE[1]测试中，微软的DeBERTa模型以90.3的得分超越"人工基准"的平均得分89.8分，而在斯坦福问答数据集SQuAD测试中，最先进的SQuAD 1.1和SQuAD 2.0模型分别达到95.38分和93.01分,远超人类的水平（分别为91.2分和89.5分）。计算机视觉推理实现新的进展，视觉问答（VQA）挑战2020年最高准确

---

[1] 自然语言处理评测基准。

率达到76.4%，相比2019年提高了1.1%，比2015年首次提出以来准确率提高了近40%。

（2）在实际应用的推动和机器学习的发展下，人工智能技术产业化发展、赋能实体经济趋势进一步凸显。计算机视觉医疗保健和生物行业的研究发生了实质性的变化。DeepMind研发的AlphaFold算法模型，采用深度学习技术高效预测蛋白质三维结构，为突破长达数十年的蛋白质折叠生物学挑战贡献了重要力量。来自北京的"深度势能"团队采用"基于深度学习的分子动力学模拟通过机器学习和大规模并行计算"的研究方法，将原来可能需要60年才能完成的分子动力模拟工作（一个具有1亿个原子的体系）缩短到了1天，将来有望在材料、力学、化学、生物乃至工程领域发挥作用，能够解决如大分子药物开发等实际问题。来自美国麻省理工学院、维也纳工业大学、奥地利科技学院的团队仅用19个类脑神经元就实现了控制自动驾驶汽车，而常规的深度神经网络则需要数百万神经元。

（3）科研成果产出不断推进，人工智能论文数显著上升。斯坦福大学最新发布的《2021 AI指数年度报告》数据显示，2020年，人工智能领域期刊文章数量相比2019年增长了34.5%，远高于2019年的增长率(19.6%)。发表在预印本论文发表平台arXiv上的人工智能论文数量相比2015年增长了5倍以上，从2015年的5478篇增加到2020年的34736篇。从国家和地区来看，中国在论文总数上超过了美国、欧盟，并首次实现影响力占据首位,中国人工智能期刊论文被引占比达到20.7%,高于美国的19.8%。

（二）新冠肺炎疫情防控加速人工智能应用，从医疗到生活"多点开花"

2020年，新冠肺炎疫情给全球发展带来了巨大的挑战，也对生产生活方式、商业模式等造成了重大影响。在疫情肆虐之际，机器学习、深度学习等技术因其自我学习和智能化特性在抗击疫情、经济恢复中发挥了巨大作用，同时，疫情防控的需求也加速了人工智能相关技术的落地应用。

人工智能在医疗等关键领域的应用发展获得重大进展。在智能诊疗方面，计算机视觉技术赋能智能影像辅助医护人员诊断新冠肺炎，国内外众多企业推出新冠肺炎智能影像辅助决策系统，将诊疗时间降至秒级；在医学研究方面，据科学统计网站 Dimensions 数据库统计，2020 年全球关于新冠肺炎疫情的论文数量达到 20 万篇，依托自然语言处理技术的专用搜索引擎可以帮助科研人员快速在庞大资料集中找到有用的信息。从资金流向看，斯坦福大学数据显示，2020 年，癌症、分子、药物发现项目获得 138 亿美元的投资，成为获得人工智能投资最多的领域。在管理领域，全球多个国家通过人工智能和大数据技术开展疫情趋势研判、人群追踪、流行病调查等工作，大幅提升了工作效率。在生活领域，智能机器人、智能教育、智能出行、智能识别等产品和技术，都为全球的"隔离"生活带来便利。生命科学成为人工智能的应用热点，百度推出的全球首个 mRNA 疫苗基因序列设计算法 LinearDesign，能在 16 分钟内大大提升疫苗设计的稳定性和蛋白质表达水平，从而有效解决了 mRNA 疫苗研发中最重要的稳定性问题，加速了疫苗研发速度。

（三）人工智能安全、伦理等风险不断暴露，人脸识别、深度伪造等问题引公众担忧

新技术的演进速度往往领先于监管、法规的进步，人工智能也不例外。人工智能在提高工作效率和生产率的同时，也为社会带来了巨大的挑战，引起诸多关注。据斯坦福大学研究团队分析，人工智能道德伦理成为 2020 年最受关注的人工智能发展主题，各类人工智能会议论文中关于安全伦理的关键词相比 2015 年增长了近 3 倍，人脸识别、深度伪造等"热门"话题尤为突出。

作为发展最为成熟的人工智能技术，人脸识别技术在实际应用中普及程度也最高，大到交通、安防，小到移动通信，人脸识别技术随处可见，根据《2020 年人脸识别行业研究报告》数据，到 2024 年人脸识别市场规模将突破 100 亿元，2018 年这一数据还只有 25.1 亿元。快速拓展的应用范围和应用深度已逐步触碰到人们的敏感神经，人脸识别在安全、隐私等

方面的风险逐渐暴露，引起各国的高度关注。一方面，由于人工智能技术本身的黑箱性质，人脸识别技术也无法避免算法歧视、识别失误等情况。另一方面，数据采集和使用涉及个人隐私保护，容易引起使用者的怀疑。各国针对人脸识别技术带来的风险，采取了不同的应对措施，美国旧金山、萨默维尔市、奥克兰市早在 2019 年便禁止全市相关部门使用人脸识别技术，2020 年，波特兰市、纽约州等美国城市相继宣布禁止政策，微软、IBM 等互联网巨头也纷纷宣布退出人脸识别业务。英国、瑞典、比利时等国对人脸识别应用都做出了一定限制。

深度伪造技术已逐步呈现泛化特点。2019 年，基于深度学习技术生成的"深度伪造"（Deepfake）假视频开始泛滥，这些逼真的假视频引发人们对技术滥用的担忧，据安全分析公司 Sensity 公司统计，截至 2020 年 12 月，深度伪造视频已达 85047 个，比 2019 年同期增长了 251%。同时，随着网络视频的迅速普及，带动了人工智能技术、人脸识别甚至是深度伪造技术网络开源，这些技术使用门槛大大降低，其适用范围更广泛，已经体现出泛化的特点。2020 年，"蚂蚁呀嘿"娱乐视频播放达到 27.3 亿次，相关特效被 741 万人使用，而其使用的正是"换脸"技术，继 2019 年 ZAO 软件后，又一次把换脸技术带来的风险推上风口浪尖，"蚂蚁呀嘿"从"爆红"到"下架"仅用了 7 天。

（四）人工智能领域新基建扩容趋势明显，支撑人工智能进入高速发展阶段

人工智能新基建包含智能芯片、5G、感知网络、数据中心等支持人工智能发展的生产性设施建设。2020 年，全球人工智能领域新基建业务持续扩容，各国政府部门、跨国企业积极参与到人工智能新基建的建设中，将成为"后疫情时代"经济复苏的新动力。随着人工智能终端设备数量的增长及边缘计算需求的逐步提升，全球人工智能芯片需求量快速增长，市场规模不断扩大。5G 与人工智能技术融合发展，加速了全球人工智能应用突破与落地。全球数据中心建设加快，有力地推动了人工智能的发展，

Cisco 统计数据显示，2020 年全球超大型数据中心达到 485 个。未来，在大数据、算法和算力三大要素的共同驱动下，人工智能即将进入高速发展阶段。

二、中国：新基建带来人工智能新机遇，疫情防控驱动融合应用加速落地

2020 年，中国提出加快包括大数据中心、人工智能等在内的新型基础设施建设，推动产业信息化、数字化、智能化转型发展。面对新冠肺炎疫情的冲击，中国更是充分发挥人工智能技术和产品在疫情研判、精准防控、辅助诊断、精准测温与目标识别等方面的作用。同时，中国也在积极推进人工智能治理等关键问题的研究深度。可以说，2020 年是中国人工智能产业技术和应用持续深化发展的一年，也是其向着安全发展、防风险发展转变的重要一年。

（一）政府支持力度进一步提升，产业实力迅速扩张

2020 年，中国各级政府进一步加大对人工智能产业的支持力度，中国人工智能产业在各方的共同推动下进入爆发式增长阶段，市场发展潜力巨大。在政策支持方面，中央明确提出加快人工智能等新型基础设施建设，中央层面全年出台 60 余项专项及相关政策，地方层面出台上百项涉及人工智能发展的政策文件，以政策支持、项目申报、释放资金等为抓手，推动数据要素、基础研究、融合应用、人才培养和职业、安全治理、标准制定等多个领域加速发展。税收优惠等政策手段成为标配，例如，财政部等四部委联合发布《关于促进集成电路产业和软件产业高质量发展企业所得税政策的公告》专项政策，促进集成电路和软件产业高质量发展，数十万级、百万级的项目补贴也比较普遍，起到突出支撑和带动作用的项目补贴可达千万元。表 1-1 给出了中央及各部委人工智能相关政策文件(部分)。

表 1-1 中央及各部委人工智能相关政策文件与规范（部分）

主体	文件/政策	时间	主要内容
中共中央、国务院	《关于构建更加完善的要素市场化配置体制机制的意见》	2020-04-09	提升社会数据资源价值。培育数字经济新产业、新业态和新模式，支持构建农业、工业、交通、教育、安防、城市管理、公共资源交易等领域规范化数据开发利用的场景。发挥行业协会商会作用，推动人工智能、可穿戴设备、车联网、物联网等领域数据采集标准化。
科技部、国家发展和改革委员会、教育部、中国科学院、自然科学基金委	《加强"从0到1"基础研究工作方案》	2020-03-03	国家科技计划突出支持关键核心技术中重大科学问题。面向国家重大需求，对关键核心技术中的重大科学问题给予长期支持。重点支持人工智能、网络协同制造、3D打印和激光制造、重点基础材料、先进电子材料、结构与功能材料、制造技术与关键部件、云计算和大数据、高性能计算、宽带通信和新型网络、地球观测与导航、光电子器件及集成、生物育种、高端医疗器械、集成电路和微波器件、重大科学仪器设备等重大领域，推动关键核心技术突破
工业和信息化部	《充分发挥人工智能赋能效用 协力抗击新型冠状病毒感染的肺炎疫情倡议书》	2020-02-04	倡议进一步发挥人工智能赋能效用，组织科研和生产力量，把加快有效支撑疫情防控的相关产品攻关和应用作为优先工作。具体倡议如下：一是加大科研攻关力度，尽快利用人工智能技术补齐疫情管控技术短板，快速推动产业生产与应用服务。以需求为导向，鼓励人工智能企业和应用单位、上下游企业联合攻关，在疫情发现、预警、防治等方面积极做出应有贡献。人工智能产业创新重点任务入围揭榜企业更要将投身疫情防控技术支撑工作作为揭榜攻关的磨刀石和试金石。二是充分挖掘新型冠状病毒感染肺炎诊疗以及疫情防控的应用场景，攻关并批量生产一批辅助诊断、快速测试、智能化设备、精准测温与目标识别等产品，助力疫病智能诊治，降低医护人员感染风险，

B.1 2020年全球人工智能应用落地持续深化

续表

主体	文件/政策	时间	主要内容
工业和信息化部	《充分发挥人工智能赋能效用 协力抗击新型冠状病毒感染的肺炎疫情倡议书》	2020-02-04	提高管控工作效率。三是着力保障疫期工作生活有序开展。开放远程办公、视频会议服务和AI教育资源，助力办公远程化、教育在线化和生产智能化，推动实施"居家能办公，停课不停学，停工不停产"。四是优化AI算法和算力，助力病毒基因测序、疫苗/药物研发、蛋白筛选等药物研发攻关
科技部	支持重庆、成都、西安、济南四地建设国家新一代人工智能创新发展试验区	2020-03-09	科技部宣布支持重庆、成都、西安、济南四地建设国家新一代人工智能创新发展试验区，提出试验区建设要围绕国家重大战略和经济社会发展需求，探索新一代人工智能发展的新路径新机制，形成可复制、可推广经验
教育部	《关于"双一流"建设高校促进学科融合 加快人工智能领域研究生培养的若干意见》	2020-03-03	依托"双一流"建设，深化人工智能内涵，构建基础理论人才与"人工智能+X"复合型人才并重的培养体系，探索深度融合的学科建设和人才培养新模式，着力提升人工智能领域研究生培养水平，为我国抢占世界科技前沿，实现引领性原创成果的重大突破，提供更加充分的人才支撑
人力资源和社会保障部	《关于拟发布新职业信息公示的通告》	2020-01-02	将拟发布包括人工智能训练师、智能制造工程技术人员、无人机装调工等16个新职业。其中，人工智能训练师被定义为使用智能训练软件，在人工智能产品实际使用过程中进行数据库管理、算法参数设置、人机交互设计、性能测试跟踪及其他辅助作业的人员
国家药品监督管理局	《肺炎CT影像辅助分诊与评估软件审评要点（试行）》	2020-03-05	从适用范围、基本要求、风险管理、软件研究、临床研究、说明书、软件更新考量七个方面对疫情期间的AI软件审批进行了描述。这基本上指明了人工智能辅助诊断产品取证（医疗器械产品注册证）的通道和规则
国家市场监督管理总局、国家标准化管理委员会	《信息安全技术个人信息安全规范》	2020-03-06	规范细化与完善了个人生物识别信息在收集、储存、使用做出了明确规定，并规定了个人信息主体具有查询、更正、删除、撤回授权、注销账户、获取个人信息副本等权力

续表

主体	文件/政策	时间	主要内容
国家发展和改革委员会、中共中央网络安全和信息化委员会办公室	《关于推进"上云用数赋智"行动培育新经济发展实施方案》	2020-04-07	加快数字化转型共性技术、关键技术研发应用。支持在具备条件的行业领域和企业范围探索大数据、人工智能、云计算、数字孪生、5G、物联网和区块链等新一代数字技术应用和集成创新。加大对共性开发平台、开源社区、共性解决方案、基础软硬件支持力度,鼓励相关代码、标准、平台开源发展
工业和信息化部	《工业和信息化部办公厅关于开展2020年中小企业公共服务体系助力复工复产重点服务活动的通知》	2020-04-09	充分运用大数据、云计算、人工智能、5G等新一代信息技术,创新服务方式、拓宽服务渠道,有针对性地推出复工复产服务包、租金减免优惠包等专项服务产品,通过"互联网+"服务等形式,精准满足中小企业需求
工业和信息化部	《产业人才需求预测工作实施方案(2020—2022年)》	2020-04-28	到2020年,覆盖"两个强国"重点领域的产业人才大数据平台初步建立,有力支撑集成电路、航空工业、智能制造、工业互联网、智能网联汽车、人工智能、关键软件、区块链等重点领域人才需求预测工作取得新突破,产业和人才融合发展的工作体系更加完善
民政部	《智慧健康养老产品及服务推广目录(2020年版)》	2020-06-08	工业和信息化部、民政部、国家卫生健康委员会3个部委曾经发布组织申报《智慧健康养老产品及服务推广目录(2020年版)》,2020年9月公示了118家入围目录拟入围智慧健康养老产品推广目录名单和118个拟入围智慧健康养老服务推广清单
中央全面深化改革委员会	中央全面深化改革委员会第十四次会议	2020-06-30	会议审议通过了《关于深化新一代信息技术与制造业融合发展的指导意见》,并强调,加快推进新一代信息技术和制造业融合发展,要顺应新一轮科技革命和产业变革趋势,以供给侧结构性改革为主线,以智能制造为主攻方向,加快工业互联网创新发展,加快制造业生产方式和企业形态根本性变革,夯实融合发展的基础支撑,健全法律法规,提升制造业数字化、网络化、智能化发展水平

B.1　2020年全球人工智能应用落地持续深化

续表

主体	文件/政策	时间	主要内容
国家发展和改革委员会	《关于支持新业态新模式健康发展 激活消费市场带动扩大就业的意见》	2020-07-14	从问题出发深化改革、加强制度供给,更有效发挥数字化创新对实体经济提质增效的带动作用,推动"互联网+"和大数据、平台经济等迈向新阶段。以重大项目为抓手创造新的需求,培育新的就业形态,带动多元投资,形成强大国内市场,更好地满足人民群众对美好生活的新期待,推动构建现代化经济体系,实现经济高质量发展
中共中央网络安全和信息化委员会办公室、农业农村部、国家发展和改革委员会	《关于开展国家数字乡村试点工作的通知》	2020-07-18	完善乡村新一代信息基础设施。加强基础设施共建共享,打造集约高效、绿色智能、安全适用的乡村信息基础设施。加快农村光纤宽带、移动互联网、数字电视网和下一代互联网发展,提升4G网络覆盖水平,探索5G、人工智能、物联网等新型基础设施建设和应用。加快推动农村水利、公路、电力、冷链物流、农业生产加工等传统基础设施的数字化、智能化转型,推进智慧水利、智慧交通、智能电网、智慧农业、智慧物流建设
国家标准化管理委员会、中共中央网络安全和信息化委员会办公室、国家发展和改革委员会、科技部、工业和信息化部	《国家新一代人工智能标准体系建设指南》	2020-07-27	到2023年,初步建立人工智能标准体系,重点研制数据、算法、系统、服务等重点急需标准,并率先在制造、交通、金融、安防、家居、养老、环保、教育、医疗健康、司法等重点行业和领域进行推进。建设人工智能标准试验验证平台,提供公共服务能力
科技部	《国家新一代人工智能创新发展试验区建设工作指引》	2020-09-06	国家新一代人工智能创新发展试验区是依托地方开展人工智能技术示范、政策试验和社会实验,在推动人工智能创新发展方面先行先试、发挥引领带动作用的区域。试验区建设以促进人工智能与经济社会发展深度融合为主线,创新体制机制,深化产学研用结合,集成优势资源,构建有利于人工智能发展的良好生态,全面提升人工智能创新能力和水平,打造一批新一代人工智能创新发展样板,形成一批可复制可推广的经验,引领带动全国人工智能健康发展

资料来源:国家工业信息安全发展研究中心整理。

（二）人工智能技术自主创新加速，基础和应用技术突破显著

2020年，中国高校、科研院所、企业等创新主体加快自主创新的步伐，在开源框架、芯片、自然语言处理等人工智能基础软硬件领域取得巨大突破。

从基础支撑领域来看，2020年中国开源框架实现了爆发式的增长。继百度飞桨后，百度进一步发布国内首个量子机器学习开发工具"量桨"，清华大学开源AI框架计图（Jittor）、深度强化学习算法平台"天授"，旷视开源训练推理一体化深度学习框架"天元"（MegEngine），华为开源全场景AI计算框架MindSpore。大量开源框架的发布，给人工智能技术人员提供了更多选项，这些开源框架兼容并包、灵活高效等特点也显著降低了模型开发门槛。智能芯片新架构、高性能等特点显著，清华大学研发全球首款基于忆阻器的卷积神经网络（CNN）存算一体芯片，在处理CNN时能效比高性能的GPU高两个数量级，这一芯片的设计思路或可促进针对深度神经网络和边缘计算提供基于忆阻器的非冯·诺伊曼硬件解决方案，大幅提升计算设备的算力，成功实现以更小的功耗和更低的硬件成本完成复杂的计算。阿里发布的含光800，算力相当于10颗GPU，比目前业界最好的AI芯片性能高4倍；地平线发布最强AIoT芯片"旭日3"。浙江大学联合之江实验室成功研制了完全基于自主知识产权的国际神经元规模最大的类脑芯片的类脑计算机。这一系列突破都离不开中国技术人员的自主创新，也离不开近几年国家的大力支持和多年的技术积淀。

从应用技术发展来看，中国企业在自然语言处理领域国际竞赛中收获颇丰。京东AI研究院EL-QA模型获得QuAC机器阅读理解竞赛冠军；字节跳动发布性能优越的预训练语言模型AMBERT，性能优于现有最佳性能模型；阿里达摩院提出的优化模型StructBERT获得全球自然语言处理领域顶级赛事GLUE Benchmark第一名，刷新了自然语言理解技术世界纪录。计算机视觉领域积极走在全球前列，百度飞桨宣布开源业界首个口罩

人脸检测及分类模型；商汤科技升级 OpenMMLab 体系为迄今最完备的计算机视觉算法体系和框架——人工智能算法开放体系。

（三）人工智能与实体经济融合不断拓展，疫情防控需求加速技术应用落地

2020年，在国际形势日益复杂、经济增长放缓、新冠肺炎疫情冲击等多重因素的影响下，以及新型基础设施建设加速的背景下，中国企业加速了数字化、智能化转型进度，为人工智能的融合应用提供了强大的动力和沃土。德勤数据显示，2020年，63%的被调查中国企业已经处于人工智能应用的成熟阶段[1]，18%的企业已经进入精通阶段[2]，相比全球47%的企业进入成熟阶段、28%的企业进入精通阶段，中国人工智能技术的应用普及性已经远超全球水平。从具体融合应用来看，中国在医疗领域有较大突破，2020年，数坤科技、深睿医疗、Airdoc等9家企业的10个人工智能产品获得医疗器械三类证，涵盖冠脉、骨科、眼科、肺结节等多个部位和科室，实现了智能医疗产品医疗器械三类证的巨大零突破。

在疫情防控工作中，人工智能、大数据、5G等技术在抗击新冠肺炎疫情中发挥了不可替代的作用。国家工业信息安全发展研究中心数据显示，2020年中国人工智能疫情防控相关专利申请超过3000件。在疫情防控领域，百度、国家电网等企业推出疫情地图、疫情溯源、密接查询等信息服务系统，有效保障了人群出行及疫情源头的追踪溯源。在疾病筛查方面，阿里云向全球公共科研机构免费开放一切 AI 算力，加速了新型肺炎新药和疫苗研发，辅助研究人员从海量样本中筛选出几十至几百个具备潜力的候选药物分子。在资源调配方面，疫情期间自动驾驶技术得到了良好

---

[1] 普遍已经启动了多个人工智能生产系统，在人工智能实施项目的数量或人工智能的专业能力上有所落后，抑或者两者兼有。

[2] 树立人工智能应用成熟度的标杆，已开展大量的人工智能生产部署，在人工智能技术和供应商选择、用例识别、解决方案构建和管理、信息技术环境和业务流程的人工智能整合，以及技术人员雇佣与管理等方面发展形成了全方位的专业能力。

应用，百度 Apollo 宣布对服务疫情的企业免费开放低速微型车套件及自动驾驶云服务，助力自动驾驶的消毒车、配送车快速研发。智能机器人利用自主识别读取地图，自主识别读取工作环境，建立信息库，自主规划路径，完成物资的点对点配送，减少医护人员进入隔离区的频次，加强隔离保护，为疫情防控提供了强有力的后勤保障服务。中国企业积极"走出去"，为更多国家和地区提供人工智能产品，阿里巴巴、百度、腾讯、华为、推想科技等 13 个龙头企业向海外提供了人工智能算力、医学影像辅助诊断、智能机器人等 17 项疫情防控技术和产品。

（四）高度关注安全治理，加快推动标准制定和管理体系建设

近年来，随着人工智能技术的快速发展，全球对人工智能安全发展的关注度更加提升，疫情防控中人工智能深度应用也暴露出了数据隐私安全等隐患，2020 年中国进一步加强了对人工智能治理、标准体系的建设。在法律规范方面，2020 年 2 月，中央网信办发布《关于做好个人信息保护利用大数据支撑联防联控工作的通知》；2020 年 7 月，全国人大对《数据安全法（草案）》公开征求意见，而在最新的《民法典》中明确要求，个人信息受法律保护。在标准体系建设方面，多家机构主导或牵头制定国际标准，其中，科大讯飞主导的全双工语音交互国际标准获批 ISO/IEC 立项；支付宝在 IEEE 成立"移动设备生物特征识别"标准工作组；微众银行发起制定国际上首个针对人工智能协同技术框架订立的标准——联邦学习国际标准（IEEE P3652.1），经 IEEE 标准委员会正式通过。在治理组织方面，2020 年，上海世界人工智能大会成立上海国家新一代人工智能创新发展试验区专家咨询委员会治理工作组，发布"协同落实人工智能治理原则的行动建议"；清华大学成立智能社会治理研究院，围绕人工智能技术与应用对社会产生的影响等问题开展研究；科大讯飞等企业开展人工智能发展自治。

三、美国：力争保持竞争优势，推动人工智能安全与创新发展

（一）美国人工智能战略进入推动实施阶段，致力维护其人工智能领域领先优势

美国将人工智能上升至国家战略层面以来，一直致力于维护其在人工智能领域的国际领先地位，目前已制定了较为完整的人工智能顶层战略，并进入推动实施阶段。2020年1月，美国白宫科学技术政策办公室成立人工智能倡议办公室，致力成为国家人工智能研究和政策的中心枢纽，负责协调和监督国家人工智能政策计划，进一步筹划和扩展白宫推出的其他人工智能推动项目。2020年2月28日，美国白宫科技政策办公室（OSTP）发布《美国人工智能倡议首年年度报告》，为美国人工智能计划提供了长期愿景，强调了6个方面的关键做法，包括投资人工智能研发、释放人工智能资源、清除人工智能创新障碍、培育人工智能人才、改善人工智能创新的国际环境、为政府服务和任务提供可信人工智能六个方面。2021年1月，美国人工智能国家安全委员会发布了《人工智能国家安全委员会最终报告（草案）》，就美国政府在未来十年内如何推进人工智能领域进展提出了建议，包括对白宫、联邦机构、国会和其他实体的详尽建议，涉及从劳动力、知识产权到伦理的各个主题。

美国智库机构也发布了保持人工智能领先优势的相关报告。例如，2020年7月，兰德公司发布研究报告《保持人工智能和机器学习的竞争优势》。该报告从组织计划、文化、结构三个方面对中国和美国的人工智能战略进行了比较分析，提出了美国空军维持人工智能优势的若干建议。2020年8月，美国智库新美国安全中心发布《巩固美国人工智能的领导地位：人工智能研究与开发》报告，提出了人工智能研发的六大关键原则，并提出14条建议，以帮助指导美国人工智能国家战略。

（二）各部门着力构建可信人工智能，人脸识别成关注焦点

美国对人工智能安全、伦理、治理的问题关注度日益提升，已从国家层面出台政策规范人工智能发展。2020年1月，美国白宫发布《人工智能应用规范指南》文件，提出公众信任、公众参与、科学完整性与信息质量、风险评估与管理、收益与成本、灵活性、公平和非歧视、公开与透明、安全与保障和机构间协调原则10条人工智能监管原则，强调"鼓励人工智能的创新和发展"和"减少部署和使用人工智能的障碍"。

2020年以来，美国政策制定主体逐渐下沉至国防、交通、医疗等部门和领域。2020年2月，美国国防部正式采纳国防创新委员会建议的5项新人工智能道德原则，包括负责任、公平、可追溯、可靠和可控管理，为国防部设计、开发、部署和使用人工智能奠定了道德基础。2020年2月，美国白宫和交通部共同发布自动驾驶汽车准则4.0，确立了自动驾驶的三大类十大原则：一是保护用户和社区团体，优先考虑安全、强调网络安全、确保隐私和数据安全，并增强移动性和可及性；二是促进高效市场，保持技术中立、保护美国的创新和创造力，并使法规现代化；三是促进协调一致，促进一致的标准和政策，确保一致的联邦方针，提高运输系统水平。2021年1月，美国卫生部发布《人工智能战略》，概述了该部使用和监管人工智能的方法，包括成立美国卫生部人工智能委员会来引领这项工作，希望在整个部门大规模采用"值得信赖的人工智能"，以期利用人工智能"解决以前无法解决的问题"。

由于涉及隐私、歧视等问题，人脸识别近年在美国引起诸多争议，公众社会对人脸识别的态度日渐消极，针对人脸识别的监管日益严格。2020年1月，美国消费者联盟、电子前沿基金会、电子隐私信息中心等40家社会组织联名致信隐私和公民自由监督委员会，呼吁美国政府暂停应用人脸识别技术。目前，已有旧金山、波士顿等多个城市禁止政府部门和执法机构使用人脸识别。2020年3月，美国华盛顿州通过《面部识别法》，旨

在规范美国华盛顿州内各地政府机构使用面部识别技术，其要求面部识别技术的使用必须有益于社会，并且不得对个人的自由和隐私造成损害。2020年9月，波特兰市推出最严人脸识别禁令，宣布出于保护公众个人隐私和消除歧视的目的，禁止在公共场所使用人脸识别技术；2020年12月，纽约州宣布禁止在学校中使用人脸识别和其他生物识别技术。IBM、亚马逊、微软等公司也纷纷宣布退出人脸识别业务。2020年6月8日，IBM在写给国会议员的公开信中表示，IBM将退出通用人脸识别业务，并反对将该项技术用于大规模监控和种族画像。2020年6月10日，亚马逊宣布暂停执法部门使用其人脸识别软件一年。2020年6月12日，微软也加入这一行列，宣布不会向美国警方出售人脸识别服务，除非美国未来出台相关法律能够有效管控和约束这项技术。

（三）各大龙头企业推出开源产品，推动人工智能创新发展

随着人工智能领域竞争激烈化，美国各大科技巨头纷纷推出开源产品，帮助开发者实现更高效的开发，培育打造各自开源生态，推动深度学习、计算机视觉、量子计算等领域创新发展。2020年1月11日，亚马逊正式推出了用于深度学习的开源库AutoGluon，能够识别包括图像和文本分类、目标检测和表格预测等任务的模型，帮助开发者编写代码。2020年3月9日，谷歌与滑铁卢大学等机构合作发布用于快速建立量子机器学习模型的开源库TensorFlow Quantum，希望该框架为量子计算和机器学习研究界探索自然和人工量子系统的模型提供必要的工具。2020年4月21日，英伟达联合伦敦国王学院推出基于PyTorch的开源框架MONAI，该框架面向医疗研究，根据医疗数据的需求进行相应优化，可以处理不同格式、分辨率和特定元信息的医疗图像。2020年5月21日，谷歌开源计算机视觉预训练新范式BiT（BigTransfer），该方法使用图像数据集对实际特征进行有效的预训练，在用大量通用数据进行预训练的情况下，简单的迁移策略就能让计算机视觉模型在下游任务上获得良好的性能。

（四）美国芯片企业掀起并购热潮，行业或将进入整合期

芯片行业目前处于并购热潮之中，正通过大额并购进行整合。AMD、英伟达和英特尔三大芯片巨头均希望扩大自身在高性能计算领域的版图，并通过收购获取 CPU、GPU 和 FPGA 等，实现云端、PC 和移动的芯片组合，以完善其在数据中心、人工智能、5G 和物联网等产品线的布局。早在 2016 年，英特尔就花 167 亿美元收购了 FPGA 市场份额第二名的 Altera，将自家的 CPU 与 FPGA 融合得非常成功。2020 年 12 月，英特尔宣布以 20 亿美元收购以色列云端 AI 芯片初创企业 Habana Labs。2020 年 4 月，英伟达完成对以色列芯片厂商 Mellanox 70 亿美元的收购，这也是英伟达史上最大数额的收购。2020 年 9 月，英伟达宣布将斥资 400 亿美元收购 ARM，形成芯片行业史上的最大收购。此项交易尚须获得中国、美国、欧盟和英国的批准，预计监管审批可能长达一年半。ARM 在手机微处理器方面占据主导地位，如果英伟达的收购获批，并将自身技术纳入 ARM 的知识产权授权产品组合中，不仅可以弥补其在移动芯片产业链的不足，甚至还会形成垄断局面，而 ARM 长期处于中立状态的生态系统也将会被打破。2020 年 10 月，AMD 就收购 FPGA 龙头厂商赛灵思进行高级谈判，交易价值可能超过 300 亿美元。赛灵思的 FPGA 产品广泛应用于 5G 基础设施、云服务器、人工智能等领域，而 AMD 在上述领域几乎没有过布局机会。在人工智能领域，AMD 虽然也有 GPU 技术，但是其开发生态与英伟达相比相差太远，基本没有人工智能模型会部署在 AMD 的 GPU 上，收购赛灵思将可以帮助 AMD 进入上述前沿领域市场。英特尔收购 Altera，英伟达意欲收购 Arm，AMD 向赛灵思出手，若收购都能成行，未来半导体市场将是英特尔+Altera、英伟达+Arm 及 AMD +赛灵思三分天下。

四、欧盟：奋起直追，促发展、严监管双管齐下

2020年，欧盟发布一系列高级别政策文件，进一步夯实以人工智能为代表的数字产业在欧盟经济发展中的重要位置，首次提出促发展政策论调，指出欧盟将走"监管与发展并重"的道路，通过建立自主生态系统、谋求规则主导权、设立数字贸易壁垒，将欧洲建设成为全球人工智能研究和创新的"灯塔中心"。

（一）"严监管"下沉至实操层面，加快落地实践进度

为了使自己在全球人工智能监管方面有更强话语权，欧盟始终致力于依靠其市场和监管力量，通过制定行业标准、监管规则等引领全球人工智能发展方向。欧盟逐步形成了以《可信人工智能伦理指南》为核心的可信人工智能规范政策体系。2020年，欧盟仍然沿袭其严监管原则，但更加注重对实操层面的规范，并希望通过立法的形式加强、细化监管方式，推动人工智能应用的负面影响和潜在损害最小化。2020年2月，欧盟发布《人工智能白皮书——欧洲追求卓越和信任的策略》（以下简称《白皮书》），对人工智能监管做出细化规定。《白皮书》提出全球首个具有可操作性的人工智能监管框架，在人工智能训练数据、数据记录、信息提供与透明度、安全性和准确性、人类监督和干预五个方面提出了较为细致的法律要求。提出实行分类监管模式，重点关注高风险人工智能应用，对可能会产生人身伤害、公共危险等人工智能高风险应用领域开展强制性事前合格评定，非高风险人工智能应用可自愿申请是否被监管。

2020年10月，欧盟进一步通过三份关于如何更好地监管人工智能的立法倡议报告，推动人工智能的立法进程，涵盖人工智能伦理框架、人工智能民事责任、知识产权三个领域。欧盟认为，新的法律框架旨在避免欧洲在人工智能开发、部署和使用方面落后于其他国家及地区，并希望通过

制定新的规则助力欧盟在这一领域的领先地位。欧盟议会认为，完善法律条款有助于为人工智能解决方案的开发者和部署者提供法律确定性，从而提高商业可预测性并促进投资，同时，也有利于在全球范围内创建公平的监管竞争环境，促进行业发展。预计 2021 年将会正式形成关于人工智能立法的提案，在此之前，欧盟议会通过成立专门小组，分析人工智能对欧盟经济的影响，为后期立法工作打好基础。

（二）"促发展"打造创新"灯塔"，构建人工智能卓越生态

2020 年 2 月，欧盟发布《人工智能白皮书——欧洲追求卓越和信任的策略》系列文件，将"促发展"理念列为人工智能发展的又一立场，致力于构建人工智能发展的卓越生态系统。一方面，通过加强成员国之间及与欧盟外部的合作，整合资源和力量，打造集聚研究、创新和专业知识的"灯塔型"人工智能中心。另一方面，增加资金投入支持技术研究和应用，在未来十年中，欧盟将实现每年吸引 200 亿欧元的投资，支持人工智能基础技术的研究，数字创新中心和人工智能平台建设，促进中小企业应用人工智能技术等。在政府部门促发展的导向之下，欧盟诸多机构加大了对人工智能的支持力度。

欧盟整合协调"数字欧洲计划""欧洲地平线"及"欧洲结构投资基金"等重大项目、资金支持计划，大力推进人工智能发展。2020 年 12 月，欧洲投资银行集团启动了一项 1.5 亿欧元的融资计划，侧重支持致力于人工智能突破性技术研发的早期及成长阶段企业，预计在未来四年内支持 20～30 家中小型公司。欧盟同时还大力支持对人工智能和机器人项目的投资，如 SIMBAD（机器人项目）和 ConCreTe（开源项目）[1] 等。2019 年成立的 AI4EU（欧洲人工智能联盟）项目也由欧洲地平线 2020 计划资助，致力于建设人工智能基础平台和生态系统，促进人工智能技术的应用。通过这一系列项目，欧盟将在 2021—2027 年继续支持人工智能等新兴产业

---

[1] 欧盟未来新兴技术（FET）旗舰计划资助项目，FET 是欧洲地平线 2020 计划的一部分。

的加快发展。

五、多技术融合发展已成趋势，人工智能应用场景将加速向纵深发展

（一）技术研发与落地应用结合日益紧密，多技术融合创新进一步加速

计算机视觉、智能语音等单项人工智能技术发展趋于成熟，未来，多技术融合、集成化创新将加速发展。在底层硬件技术层面，人工智能芯片不断取得突破，未来发展趋势在于进一步迭代优化算力、芯片设计由通用向专用过渡，同时更加密切地寻求商业应用落地途径，在更多细分场景寻求人工智能芯片的应用切入点。在通用技术层面，通用知识图谱技术和行业知识图谱技术均将在具体的细分行业领域（如公共治理、电商金融等）发挥更大作用。未来，知识图谱将朝着多模态方向深入发展，并与区块链、深度学习技术实现进一步协同发展。技术标准化建设的顶层设计与知识图谱公共服务平台的建设也将加以推进。从开源框架来看，谷歌、脸书等科技巨头仍然主导开源框架格局，国内开源项目市场份额逐年攀升。在应用技术层面，为摆脱落地应用能力弱造成的技术热门而投资遇冷的困境，自然语言处理技术将继续向少样本、多模态的方向发展，进一步提升技术实用性；声纹识别技术这一更适合远程操作的非接触式身份识别认证技术有望逐渐迎来更广泛的应用，标准化建设也将受到更多关注；随着各个在战略层面进一步布局底层技术及新冠肺炎疫情防控应用带来的计算机视觉技术应用持续深化，计算机视觉技术的泛化能力有望得到提升，应用成本也有望降低，在教育教学模式创新、制造业智能化等场景中，将进一步发挥创新赋能作用。

（二）人工智能从理论比拼向实践检验迈进，传统行业应用场景将向纵深发展

人工智能技术日臻完善，在试验场景的准确率已经接近极值，进入从理论比拼向实践检验的角逐期，商业落地能力成为资本考核人工智能技术的重要因素，人工智能领军企业纷纷进入应用场景"跑马圈地"阶段，即将进入大规模产业化应用阶段。根据美国研究公司 Tractica 的报告，预计到 2030 年，全球人工智能市场规模将扩大到 3671 亿美元。人工智能与传统行业融合加速，不断推进制造、物流、交通、金融等领域模式创新和业态创新，推动数字经济进入智能经济新阶段。德国、日本等传统工业大国，致力于发展人工智能与制造业融合应用，未来几年内，人工智能在制造业将得到更多环节、更深层次的推广应用。此外，集成人工智能算法、芯片、系统和软硬件平台的完整解决方案，也将率先在自动驾驶和智能家居领域快速渗透。

（三）人工智能发展与监管逐渐取得平衡，全球人才争夺愈演愈烈

全球主要国家和地区人工智能监管措施相继出台，尽管各方监管的目的和初衷存在显著差异，但这也为未来人工智能的发展树立了标准，将对产业发展带来持续性影响，人工智能发展和监管终将找到互相支撑的平衡点。在推进监管措施的同时，美、欧、日、韩等发达经济体持续加强在人工智能领域的科研投入，下一轮人工智能技术主权的竞争日趋加剧，但人工智能技术的竞争说到底还是人才的竞争，未来人工智能人才的争夺成为制胜的关键，人工智能人才培养从高校培养向全民素质培养推广普及。在基础理论、学科建设、领军人才、创业者等方面，美国将继续领跑全球。此外，美国通过加大对人工智能等领域的投资和出口管制力度，避免技术

和人才流失；英国、法国等国家也对在人工智能等领域的投资加强了政府干预。未来，科技巨头通过收购等方式快速获得技术和人才的便捷通道将逐步收窄。

参考资料

1. 疫情防控凸显人工智能优势. http://news.sciencenet.cn/htmlnews/2020/6/441740.shtm。

2. "疫"中育机——人工智能领域全球新基建扩容趋势明显. https://baijiahao.baidu.com/s?id=1671996873846054044&wfr=spider&for=pc。

3. 深度报告：2020 全球 5G 和新基建产业展望. https://www.sohu.com/a/409859876_99950678。

4. 2020 年 AI 应用又有大动作：人工智能搭上"新基建"快车. https://baijiahao.baidu.com/s?id=1686837094621621860&wfr=spider&for=pc。

5. WHITE PAPER On Artificial Intelligence - A European approach to excellence and trust（2020-2-19），2020。

6. 2020 年十大人工智能发展趋势大起底. http://www.78soft.com/article/39163.html。

7. 关于 2021 年及未来，人工智能的五大趋势预测. http://www.iheima.com/article-312107.html。

8. 智归科创中心. 2021 年中国人工智能产业发展趋势. https://www.163.com/dy/article/G9IDKOAD0538GH66.html。

9. 未来的人工智能发展趋势？融合平台、智能大脑、情感计算. https://baijiahao.baidu.com/s?id=1667378868446099365&wfr=spider&for=pc。

Ⅱ 技术篇
Technology Articles

B.2
人工智能芯片积极推进更多应用场景落地

张瑶 李恒欣 张若丹[1]

摘 要： 2020年，在继续提升基于传统人工智能（AI）芯片性能的基础上，基于神经拟态、模拟内存计算、光电技术的新型人工智能芯片取得多项成果，能效比不断提升。英伟达等传统芯片巨头仍占据着人工智能芯片市场的霸主地位，专用人工智能芯片持续寻求在更多应用场景的落地。独角兽企业通过上市寻求更多融资机会，初创企业仍获资本高度青睐，推进规模化落地。人工智能芯片产业发展仍处于初级阶段，随着技术和市场空间的发展，其未来前景巨大。在下一步发展中，仍需重点突破内存墙和高功耗等技术瓶

---

[1] 张瑶，国家工业信息安全发展研究中心工程师，硕士，主要跟踪国内外人工智能、智能语音、计算机视觉等多个领域企业、战略规划和产业的发展动向，在人工智能产业发展、政策规划及安全、伦理、就业相关领域具有丰富的研究经验；李恒欣，国家工业信息安全发展研究中心工程师，硕士，主要从事人工智能领域资讯动态跟踪研究、人工智能大赛论坛活动策划分析研究；张若丹，河北农业大学，硕士，主要从事人工智能领域资讯动态跟踪研究，人工智能领域大赛、培训活动策划分析研究。

B.2 人工智能芯片积极推进更多应用场景落地

颈，并解决应用落地和增加营收等困境，在推进数据中心、智能语音/视觉、自动驾驶领域加速落地的同时，寻求更多细分应用场景。

关键词： 人工智能芯片；神经拟态计算；寒武纪；英伟达

Abstract: In 2020, on the basis of improving the performance of traditional AI chips, new AI chips based on neuromorphic computing, analog memory computing and optoelectronic technologies have made many achievements in improving the energy efficiency ratio, improving the energy efficiency ratio. Nvidia and other traditional chip giants still occupy the dominant position in the AI chips market, while the AI chips for special purpose are still seeking for the application in more scenarios. Unicorns expect to become listed to meet more funding opportunities, whereas the Start-ups are still highly favoured by capitals and aim to put business into practice in large scale. Although the development of AI chip industry is still at primary stage. The technology development and huge market demands indicate a promising future of the industry. The next step in development still needs to focus on breaking through technical bottlenecks such as memory walls and high power consumption, as well as solving dilemmas such as application landing and increasing revenue, seeking more segmented vertical scenarios while promoting accelerated landing in data centers, intelligent voice and vision, and autonomous driving.

Keywords: AI Chips; Neuromorphic Computing; Cambricon; Nvidia

一、多技术发展路径推动人工智能芯片不断突破性能上限

人工智能芯片是指针对人工智能算法做了特殊加速设计的芯片，使芯片能够高效处理大量文本、视频、图片、语音等非结构化数据，按功能可划分为训练芯片和推理芯片；按技术架构划分为冯·诺依曼计算架构的传统计算架构芯片和新架构芯片，前者包括图像处理单元（GPU）、中央处理器（CPU）、数字信号处理器（DSP）、现场可编程门阵列（FPGA）、专用集成电路（ASIC）等；按应用场景划分为云端（服务器端）和终端（移动端）。人工智能芯片是支撑人工智能技术和产业发展的关键基础设施，具有重要的战略地位。

（一）神经拟态芯片系统已可媲美小型哺乳动物大脑

神经拟态计算架构采用存算一体的结构，可模拟人类大脑的计算方式，不需要预先积累所有数据样本，几乎可以实时地自动从数据中学习、计算和产生答案，并将数据传输距离、功耗和时间减至最小，消除了大规模部署人工智能所面临的能耗障碍。神经拟态研究于 2011 年由美国英特尔公司提出，并持续推进架构、算法、软件和系统的研究。2017 年，英特尔推出了首款神经拟态芯片 Loihi，采用 14nm 工艺，包含 20 亿个晶体管、13 万个神经元和 1.28 亿个突触，芯片速度和能效分别比传统处理器高 1000 倍和 10000 倍，且能量消耗极低。

2020 年 3 月，英特尔采用数据中心机架式结构、24 个 Nahuku 主板、每个主板 32 颗 Loihi 芯片组成了神经拟态计算系统 Pohoiki Springs，神经元总数达到 1 亿个神经元，可媲美小型哺乳动物的大脑容量，功耗小于 500W。对于神经拟态芯片的后续发展，英特尔希望能快速高效学习并适应不断演变的应用，具备和冯·诺依曼架构相似的通用性。

（二）基于模拟内存计算的人工智能芯片可行性获得证实

2020年7月，比利时微电子中心（IMEC）实现基于模拟内存计算（AiMC）架构的模拟推理加速器（AnIA），证实了AiMC架构的可行性。AiMC架构通过使用新的内存技术，可在模拟域的内存计算硬件上执行深度神经网络计算，能效比数字加速器提高了10～100倍，显著降低了终端人工智能系统的功耗，促进了人工智能技术在嵌入式硬件中的使用。

AnIA芯片采用格芯（GF）公司位于德国德累斯顿的22nm全耗尽绝缘体上硅（FD-SOI）低功耗工艺，面积为4mm^2，具有1024个输入信号和512个输出信号，性能可与同代GPU相媲美，精度达到1%，每瓦能效仅为2900TOPS（每秒可进行一万亿次操作），预计于2022年上市。

（三）具备超高能效比的低位数四核人工智能芯片问世

随着人工智能模型复杂程度的增加，人工智能芯片功耗急剧增加。为了能在保证训练和推理计算性能的同时降低功耗和面积，2020年3月美国IBM公司研制出了被称为"混合FP8格式"的超低精度技术，并推出首款采用该技术的四核人工智能芯片。该芯片采用7纳米工艺，可在保持相同能耗的前提下提高性能，在图像分类、语音和对象检测等深度学习应用中保持模型精度。由于配备了集成的电源管理功能，可通过在高功耗的计算阶段降速来实现自身性能最大化。实验表明，"混合FP8格式"训练利用率超过80%，推理利用率达到60%，远高于典型的GPU低于30%的利用率。

研究人员下一步将扩大芯片规模并进行商业部署，以支持复杂的人工智能应用，包括从语音到文本的人工智能服务和金融交易欺诈检测等大规模云深度训练模型，以及自动驾驶车辆、安全摄像头和移动电话等需要低功耗应用的终端应用。

（四）光子人工智能芯片取得多项突破

随着摩尔定律滞缓，硅光子技术有望成为超越摩尔定律的研究方向之一。在人工智能芯片的设计实现上，光子计算的实现路径也获关注。

2020年6月，法国LightOn公司发表论文，指出其光学神经网络训练芯片在运行基于MNIST手写数字数据集训练的模型时，学习率为0.01，测试准确率达95.8%；同一算法在GPU上的学习率为0.001，准确率达97.6%，且该光学芯片的能效比GPU高一个数量级。

2020年8月，美国Lightmatter公司展示了利用硅光电学和微机电系统（MEMS）技术制成的人工智能推理芯片Mars，Mars能以光速执行神经网络计算，相较传统电子芯片计算速度提升数个量级，在完成BERT、Resnet-50推理等工作时，能效和吞吐量分别是英伟达A100的20倍和5倍。该款芯片计划在2021年秋季上市，并配备必要的软件工具链。

2020年12月，中国光子算数公司研发出可编程光子阵列芯片（FPPGA）及面向服务器的光电混合人工智能加速计算卡，能完成包括机器学习推理、时间序列分析在内的一系列定制化加速任务。该计算卡已交由服务器厂商客户进行测试，在运行功耗小于70W的情况能实现三四十路1080P视频同步处理，混合精度下峰值算力接近20TOPS。

二、人工智能芯片行业呈现高速发展态势

传统芯片巨头仍占据着人工智能芯片市场的霸主地位，为特定应用而设计的专用人工智能芯片持续寻求在更多应用场景落地，独角兽企业开始迈向上市，初创企业也在加速规模化落地，在智能语音/图像等领域生态对抗加剧。

（一）市场持续放大，终端人工智能芯片发展更迅速

随着人工智能技术日趋成熟，数字化基础设施不断完善，人工智能商

业化应用加速落地，推动了人工智能芯片市场高速增长。艾媒咨询2021年1月的研究数据表明，预计2025年全球人工智能芯片市场规模将从2019年的110亿美元增长到726亿美元；在政策、市场、技术等合力作用下，我国人工智能芯片行业也将快速发展，2023年市场规模将突破千亿元。

GPU在云端人工智能芯片中应用范围最广、最成熟，是数据中心算力的主力军。根据美国弗若斯特沙利文（Frost&Sullivan）公司2020年11月的数据，2020年GPU芯片在人工智能芯片中占比达35.95%，占据最主要的市场份额，在未来五年仍将主导人工智能芯片市场，并以提升效率和扩大应用场景为发展目标。

随着对隐私、网络安全和低延迟需求的不断增加，以及低成本和超低功耗人工智能芯片技术的发展，终端人工智能芯片市场规模将持续上涨。美国ABI公司2020年8月的研究数据表明，终端人工智能芯片市场规模有望在2025年达到122亿美元，并首次超过云端人工智能芯片市场，云端人工智能芯片市场预计在2025年将达到119亿美元。

（二）国内投融资热度不减，人工智能芯片企业谋求更多融资渠道

2020年，人工智能行业整体融资趋缓，但人工智能芯片领域有多家公司获得多轮投资，并刷新单笔融资纪录。例如，奕斯伟于2020年6月完成超过20亿元B轮融资；壁仞科技在2020年共获四笔融资，其中2020年6月完成的11亿元A轮融资刷新了国内高端芯片设计业A轮融资规模的纪录。2020年国内主要人工智能芯片企业融资情况如表2-1所示。

表2-1　2020年国内主要人工智能芯片企业融资情况

序号	公司	最新融资时间	最新轮次	金额
1	壁仞科技	2020-11-29（2020年有四轮）	B	NA
2	奕斯伟	2020-09-12（2020年有两轮）	战略融资	超过20亿元

续表

序号	公司	最新融资时间	最新轮次	金额
3	希姆计算	2020-03-04	A	NA
4	地平线机器人	2021-01-07（2020年有两轮）	C+	4亿美元
5	星宸科技	2020-05-08	股权融资	ARA
6	芯驰半导体	2020-09-28（2020年有两轮）	A	5亿元
7	燧原科技	2021-01-05（2020年有两轮）	C	18亿元
8	云天励飞	2020-09-28（2020年有三轮）	战略融资	超过10亿元
9	清微智能	2020-03-04	股权融资	NA
10	SynSense	2020-05-08（2020年有两轮）	股权融资	NA
11	依图科技	2020-06-02（2020年有两轮）	战略融资	NA
12	国芯科技	2020-10-19	C	数亿元
13	智砹芯半导体	2020-05-19	战略融资	NA
14	瀚博半导体	2020-11-30	A	5000万美元
15	湃方科技	2020-03-10	A	数千万元
16	中星微人工智能	2020-12-28（2020年有两轮）	股权融资	NA
17	鲲云科技	2020-08-25	A+	数千万元
18	登临科技	2020-09-15（2020年有两轮）	股权融资	NA
19	知存科技	2020-10-13	A+	NA
20	耐能	2020-02-01	A++	4000万美元
21	Moffett AI	2020-03-06	天使	近千万美元
22	锐思智芯	2021-01-14（2020年有一轮）	股权融资	NA
23	肇观电子	2020-07-22（2020年有三轮）	股权融资	NA

B.2 人工智能芯片积极推进更多应用场景落地

续表

序号	公司	最新融资时间	最新轮次	金额
24	曦智科技	2020-07-06（2020年有两轮）	A+	数千万美元
25	西井科技	2020-12-30（2020年有三轮）	股权融资	NA
26	埃瓦科技	2020-05-12	Pre-A	数千万元
27	博流智能	2020-03-05	B	数千万美元
28	启英泰伦	2020-03-23	战略融资	数千万元

数据来源：企名片。

寒武纪成为A股市场第一家人工智能芯片企业。2020年7月，寒武纪成功登陆科创板，成为A股第一家人工智能芯片设计公司。募集的资金主要用于新一代云端训练芯片及系统项目、新一代云端推理芯片及系统项目、新一代终端人工智能芯片及系统项目和补充流动资金。

（三）四大应用领域市场高度竞争，龙头企业与初创企业积极突围

受益于深度学习和神经网络等技术上的突破，以及市场对人工智能计算需求的与日俱增，谷歌、苹果、阿里巴巴和华为等国内外科技巨头，以及大量初创企业科技巨头均加大人工智能芯片发展力度，覆盖云端训练/推理、智能视觉/语音推理、自动驾驶、智能手机等领域。

1. 四大领域应用持续深化和丰富

云端训练和推理领域市场日趋热闹。云端人工智能芯片领域，英伟达占据绝对霸主地位，但随着英特尔在智能移动CPU和神经拟态芯片领域的发展，以及美国Blaize和中国寒武纪、比特大陆、燧原科技等都推出了云端人工智能芯片，云端人工智能芯片市场日趋热闹。英特尔从第十代Ice Lake酷睿处理器开始，将人工智能加速能力融入移动CPU中。第三代至强可扩展处理器的人工智能训练能力将比上一代提升60%，10nm移动处

理器 Tiger Lake 大幅提高了其人工智能性能和图形性能。

自动驾驶领域持续推进。高通推出全新 Snapdragon Ride 平台，由安全系统级芯片、安全加速器、自动驾驶软件栈构成，搭载多个骁龙汽车系统级芯片（SoC），可为 L1/L2 级高级辅助驾驶系统（ADAS）提供 30TOPS 算力，也可为 L4/L5 级自动驾驶打造出算力超过 700TOPS、功耗 130W 的设备。地平线推出了车规级人工智能芯片征程二代和新一代自动驾驶平台 Matrix 2，等效算力达 16TOPS，功耗仅为上一代的 2/3，可低延迟实现最多 23 类语义分割及五大类目标检测，并已成功实现大陆、SK 电讯等一系列智能驾驶成果落地。

智能视觉/语音推理领域产品丰富。瑞芯微推出多款搭载其语音芯片的人工智能语音产品，包括百度小度音箱、阿里巴巴智能家居语音中枢、网易有道翻译笔等，以及多款智能视觉落地方案和终端产品。耐能推出首款人工智能芯片 KL520 及搭载该芯片的多个人工智能产品。嘉楠推出人工智能 SoC 勘智 K210，支持视听觉多模态识别。

智能手机领域工艺达 5nm，竞争激烈。苹果发布采用 5nm 工艺的 A14 Bionic 处理器，晶体管数量达到了 118 亿颗，人工智能算力提升到了 11.8 万亿次，机器学习速度提升了 70%。高通发布采用 5nm 工艺的骁龙 888 芯片，采用第六代人工智能引擎，实现了 Scalar、Tensor、Vector 三个人工智能加速器之间的内存共享，拥有每秒 26 万亿次的算力，性能提升了 73%，每瓦特性能是前代产品的 3 倍。华为发布 5nm 工艺 5G SoC 麒麟 9000 芯片，采用升级的达芬奇架构 2.0 和华为 SmartCache2.0，INT8 性能相较竞品提升了 60%，能效提升了 150%，还可实现超低功耗感知等需要芯片时刻待命的人工智能操作，且全天候待机耗电只有 3mA。

2. 国外人工智能芯片产品性能显著提升

美国英伟达公司发布超高性能 7 纳米 Tesla A100。2020 年 5 月，英伟达发布基于全新的安培（Ampere）架构的 Tesla A100，采用 7nm 和 3D 堆叠工艺，面积为 826mm^2，包含 540 亿个晶体管，最大功率达到 400W，内置英伟达第三代张量核芯，扩展功能支持包括面向人工智能的新数学格式TF32，可将单精度浮点计算峰值提升至上一代的20倍；支持多实例GPU技术，满足不同任务计算所需。

ARM公司推出超低功耗芯片和神经处理单元。2020年2月，ARM公司发布了Cortex-M55架构芯片和Ethos-U55架构的神经处理单元。Cortex-M55面向嵌入式市场，是首款基于ARM公司Helium技术的处理器核心架构方案，拥有执行SIMD指令的能力，与上一代Cortex-M处理器相比，Cortex-M55数字信号和机器学习处理能力分别提升了5倍和15倍。Ethos-U55针对低功耗领域设计，需和Cortex-M系列微处理器配套使用，处理单元的规模可扩展，最小只有32个MAC引擎，最大可以配置到256个MAC引擎。

美国英特尔公司推出首款人工智能优化的FPGA。2020年6月，英特尔发布Stratix 10 NX，是首款专为人工智能优化的FPGA，可带来高带宽、低延迟的人工智能加速。核心芯片采用14nm工艺制造，拥有高性能张量区块，支持INT4、INT8、FP16、FP32等格式，其中INT8整数计算性能最大可以达到现有Stratix 10 MX方案的15倍，且可针对不同的人工智能工作负载进行硬件编程，更加灵活高效；采用嵌入式多芯片互连桥接（EMBI）技术对核心芯片、HBM存储、I/O扩展进行了封装集成。

美国高通公司投产Cloud AI 100推理芯片平台。2020年9月，高通表示其2019年发布的Cloud AI 100推理芯片平台已投产并开始出样，预计2021上半年实现商业发货，是高通首次涉足数据中心的人工智能推理加速器业务。该芯片包含16组人工智能内核，采用7nm工艺，具备400 TOPS的INT8推理吞吐量，支持INT8/INT16和FP16/FP32精度，能够带来足够的灵活性，为Cloud AI 100平台配备了144MB的片上SRAM高速缓存，可达成尽可能高的存储流量。

美国超级计算机中心采购两套全球最大人工智能芯片。2020年6月，美国匹兹堡超级计算机中心（PSC）耗资500万美元购入了两套CS-1系统。CS-1为美国Cerebras公司与能源部基于全球世界上最大半导体人工智能芯片 WSE 合作开发的全球最快深度学习计算系统。WSE 于 2019 年 8 月发布，基于 16nm 工艺，核心面积超过 46225mm²，集成 1.2 万亿个晶体管，40 万个人工智能核心，功耗为 15kW。CS-1 性能相当于一个拥有 1000 颗 NVIDIA V100 GPU 的集群，后者功耗为 500kW；性能相当于 Google TPU v3 系统的 3 倍，但功耗和体积分别只有 Google TPU v3 的 1/5 和 1/30。第一台 CS-1 已向美国能源部阿贡国家实验室交付完毕，投入处理大规模的人工智能计算问题。PSC 将联合 Cerebras、HPE，用 CS-1 打造一台新的人工智能超级计算机 Neocortex，用于医疗健康、能源、交通等领域的人工智能模型训练。

3. 国内人工智能芯片产品全面发力主要应用领域

寒武纪推出 7nm 云端训练芯片。2021 年 1 月，寒武纪推出首颗采用 7nm 工艺的云端训练芯片思元 290 和基于思元 290 的玄思 1000 加速器。思元 290 集成 460 亿个晶体管，具备 64 个机器学习单元（MLU）核；对 MLUv02 架构进行了多项扩展，包括 MLU-Link™多芯互联技术、高带宽 HBM2 内存、高速片上总线 NOC 及新一代 PCIe 4.0 接口，内存带宽达到 1.23Tbps，总带宽达到 600Gbps，较上一代产品思元 270 的峰值算力、缓存带宽、片间通信带宽分别提高了 4 倍、12 倍和 19 倍，全面支持人工智能训练、推理或混合型人工智能计算加速任务。

清微智能基于可重构架构的视觉芯片月出货量达十万颗。清微智能继 2019 年语音人工智能芯片 TX210 出货量达数百万颗后，于 2020 年 7 月底开始量产首款同时支持视觉和语音处理的多模态智能计算芯片 TX510，迄今为止出货量已达数十万颗。两款芯片基于清华大学无须指令驱动的动态可重构计算架构（CGRA），兼具通用芯片的灵活与专用集成电路的高效。TX510 基于阿里巴巴平头哥无剑平台设计，内置平头哥玄铁系列 804/805 异构处理器和清微智能可重构计算引擎，峰值算力达 1.2T（Int8）/9.6T（Binary），典型工作功耗为 350mW，能效比达 5.6TOPS/W，休眠功耗仅为 0.01mW，具有成本低、能效比高、算法免费、易上手等优势，已用于智能门锁、智能门禁、扫地机器人等场景。

燧原科技提供云端训练+云端推理完整解决方案。2020年10月，燧原科技宣布其于2019年9月推出的首款云端训练产品"云燧T10"及软件全栈"驭算"已实现落地商用。云燧T10是基于邃思芯片打造的面向云端数据中心的人工智能训练加速产品，具有高性能、通用性强、生态开放等优势。2020年12月，推出首款云端推理计算卡"云燧i10"及推理引擎"鉴算TopsInference"。云燧i10是单槽位标准卡，支持PCIe 4.0，FP32算力可达17.6TFLOPS，BF16/FP16算力可达70.4TFLOPS，最大功耗仅为150W，已独立适配8款人工智能服务器。

鲲云CAISA完成浪潮人工智能服务器认证测试。2021年1月，鲲云科技的全球首款数据流人工智能芯片鲲云CAISA完成在浪潮人工智能服务器NF5280M5上的认证测试。鲲云CAISA专为人工智能推理场景而设计，可提供10.9TOPS的算力，最高可实现95.4%的芯片利用率，延迟低至3ms，支持目标检测、语义分割、视频结构化等算法的快速部署，已应用在智能制造、智慧城市、智慧交通等领域。

三、人工智能芯片发展面临算力不足、落地困难等问题

在技术方面，随着人工智能芯片处理数据量的快速增加，采用传统冯·诺依曼架构的人工智能芯片的算力提升仍受制于内存墙和高功耗，以及人工智能算法和人工智能芯片发展速度不匹配。在产业方面，寒武纪因成为"人工智能芯片第一股"而备受瞩目，其招股书中可以充分反映出人工智能芯片企业面临的发展困境。

（一）技术上急需解决内存墙和高功耗等问题

仍受制于冯·诺依曼瓶颈。在传统冯·诺伊曼体系结构中，由于运算部件和存储部件存在速度差异，当运算能力达到一定程度时，访问存储器

的速度无法跟上运算部件处理数据的速度，无法支持高效数据访问，形成内存墙问题。算力不足将成为限制人工智能芯片应用的重要因素。

功耗大制约大规模部署。目前主流人工智能芯片的核心主要是利用乘加计算（MAC）加速阵列来实现对卷积神经网络（CNN）中最主要的卷积运算的加速。内存大量访问和 MAC 阵列的大量运算，造成人工智能芯片整体功耗的增加，限制了人工智能在终端设备中的应用和大批量部署。

软硬件发展速度不匹配。人工智能对算力要求高，提升算力最好的方法是做硬件加速。人工智能算法发展迅速，而人工智能芯片开发周期则需 1~3 年。新的算法可能在已经固化的硬件加速器上无法得到很好的支持，难以平衡性能和灵活度。

（二）人工智能芯片企业仍面临亏损和落地难

人工智能芯片企业普遍面临亏损严重、盈利能力不足、融资难度加大等问题，中尾部企业面临的生存环境更恶劣。

盈利能力不足和亏损严重。人工智能芯片企业的运营资金普遍依赖外部融资。尽管依托资本的力量得到了快速发展，但在整体规模、资金实力、研发储备等方面仍与英伟达、英特尔等大型芯片厂商相比存在较大差距，实现自我造血难度大，变现困难，如果无法获得足够资金的持续，将受到重大不利影响。以人工智能芯片第一股寒武纪为例，由于投入了远超营收的巨额研发资金，如 2017 年的研发费用是 2986 万元，是 784 万元营收的 4 倍，2019 年的研发费用是 5.4 亿元，仍超过 4.4 亿元的营收，导致 2017 年、2018 年和 2019 年亏损金额分别为 3.8 亿元、4.1 亿元和 11.8 亿元，且无法保证未来几年内实现盈利。

行业整体仍面临资金短缺的困境。高投入是芯片研发的特质，尽管明星人工智能企业获得了多轮投资，且部分投资刷新了纪录，但人工智能芯片厂商普遍面临缺钱的现状。知名、头部人工智能芯片企业经过数年的发展，已经发展到一定体量，融资和被收购难度均较大，因此部分人工智能芯片企业尝试从公开市场上募集资金，如寒武纪、亿图、云飞励天等，更多中小人工智能芯片企业可能面临"无钱可烧"的困难处境。

四、技术创新推动人工智能芯片在更多应用场景加速落地

人工智能芯片产业发展仍处于初级阶段，随着技术和市场空间的发展，其未来前景巨大。在技术方面，人工智能芯片将向具备更高灵活性、更低能耗的方向发展。在产业方面，将在数据中心、智能语音/视觉、自动驾驶领域加速落地，并寻求更多细分垂直应用场景。

（一）持续突破性能、功耗和通用性瓶颈将指引技术发展

为突破传统架构的性能和能效瓶颈，人工智能芯片需要不断探索颠覆性的技术，体现在以下几个方面：一是更高效的大卷积解构/复用，在超大型神经网络中，合理地分解、映射这些超大卷积到有效的硬件上，可以减少总线上的数据通信；二是更少的神经网络参数计算位宽，从32位浮点逐步减少到16位浮点/定点、8位定点，甚至是4位定点，可以实现更高的计算效率；三是更多样的分布式存储器定制设计，研究新型存储结构，减少存储器的访问延时；四是更稀疏的大规模向量实现，以高效地减少神经网络中的无用能效；五是计算和存储一体化，通过使用新型非易失性存储器件，在存储阵列里面加上神经网络计算功能，实现了计算存储一体化的神经网络处理，显著降低了能耗。

为了满足人工智能算法的不断演进，人工智能芯片还将在保持芯片高能效比的同时不断提高通用性，如发展完全可编程、可重构架构（CGRA）芯片，以及采用通用加专用芯片的发展模式，同时打造易用、完整的异构计算平台，推进软硬件协同。

（二）深入理解需求以积极推进更多应用场景落地

新型基础设施的普及将催生更多、更丰富的应用场景，给人工智能芯

片在云端和终端的落地带来新动能,为人工智能芯片厂商释放新增长点。人工智能芯片企业必须要更深入、精准地理解场景需求,完善生态建设,通过软硬件一体化的全栈能力和整合场景的解决方案,推进技术落地和提升竞争壁垒。

人工智能芯片在数据中心将发挥更大作用。未来,云端推理市场将超过训练的市场规模,FPGA尤其是ASIC芯片在云端推理领域未来将有大规模增长。人工智能芯片要落地数据中心,必须具备系统集群、板卡、高性能/高算力芯片、全栈软件四大要素,并在完备性、生产率、成本、功耗和性能五个维度具备足够的优势,从而实现市场化、产业化和规模化。

人工智能芯片在自动驾驶领域的应用将持续推进。自动驾驶技术是人工智能芯片厂商最看重的领域之一,因为安全等原因仍未实际落地,要实现在自动驾驶领域的突围,需要大算力芯片及车规级高性能计算平台作支撑,还需自主研发核心IP、车规安全认证和成熟的工具链及围绕车规级高性能计算平台构建完整生态系统。

人工智能芯片在语音/视觉领域的竞争将日趋激烈。相比自动驾驶,人工智能芯片在智能语音/视觉领域的技术发展更成熟,已有智能音箱等出货量非常大的产品。未来随着智能家居市场规模快速增加,语音/视觉人工智能芯片厂商也将面临更激烈的竞争,需要从算法和架构创新两方面寻求突围。

参考资料

1. https://zhidx.com/p/185835.html。
2. https://www.jianshu.com/p/4b4c403820b6。
3. https://ai.51cto.com/art/202012/633958.htm。
4. https://www.sdnlab.com/24062.html。
5. https://www.rivai.ai/news_show.php?id=27。

6. http://finance.eastmoney.com/a/202103031828363985.html。
7. http://www.cnsoftnews.com/news/202103/83596.html。
8. http://www.nbd.com.cn/articles/2021-03-01/1641340.html。
9. https://zhidx.com/p/185835.html。
10. http://article.cechina.cn/21/0303/09/20210303092029.htm。

自然语言处理发展呈现技术"热"、投资"冷"现象

明书聪[1]

摘　要： 2020年，在模型不断优化的基础上，自然语言处理技术深化发展，但投融资仍处于低位，整体呈现出技术"热"投资"冷"趋势。在技术方面，Transformer[2]网络架构不断优化，在效率、长文本等方面突破显著，自然语言处理模型研究呈现出更强的大参数依赖性。在应用方面，自然语言处理技术落地进一步拓展在疫情防控和药物研发等方面发挥了积极作用。未来，自然语言处理技术将继续向少样本、多模态方向发展。

关键词： 自然语言处理；Transformer；融合应用

Abstract： In 2020, on the basis of continuous optimization of Natural Language Processing (NLP) models, the NLP technology has made steady progress, but the investment and financing was still at a low level, showing a trend of "hot" technology and "cold" investment. The optimization of the Transformer network architecture lead to the breakthrough in computing efficiency and

---

[1] 明书聪，国家工业信息安全发展研究中心助理工程师，硕士，主要从事国内外新一代信息技术、人工智能等领域研究工作。

[2] 自然语言处理技术的基础模型架构。

long text processing, and also indicated the growing parameter dependency of NLP model study. In terms of application, the ever expanding implementation of NLP technology has played an active role in drug research and epidemic prevention and control. In the future, NLP technology will continue to develop in the direction of less samples and multimodality.

Keywords: Natural Nanguage Processing; Transformer; Application

2020年,自然语言处理技术这一人工智能皇冠上的明珠,在全球科研人员及实用性需求的推动下,各项发展特点凸显,模型优化等成为新的任务点,向多语言、实应用方向拓展,在全球范围内不断出现新的突破,有望进一步实现融合落地。

一、自然语言处理模型不断优化,实用性发展趋势显著

2020年,在技术进步及落地需求的驱动下,自然语言处理模型在效率、长文本序列处理等方面的性能不断优化,以提高自然语言处理技术的实用性为目标,自然语言处理模型的大参数依赖性更加显著。

(一)自然语言预处理模型不断优化

2017年,谷歌提出Transformer网络后,该架构便成为自然语言处理领域的基石,近四年的自然语言处理模型大多基于Transformer网络不断更新迭代。2020年,随着对自然语言处理实用需求的提升,优化Transformer网络成为一项热点工作。一是体现在效率方面,2020年3月,谷歌团队提出Reformer,通过可逆层、在前馈层(Feed-Forward Layer)分开激活和分块处理、引入基于局部敏感哈希(Locality-Sensitive Hashing,

LSH）的近似注意力计算等方式，在一定程度上解决了 Transformer 占用内存过大等问题，以更加高效的方式实现了更优的训练效果。2020 年 7 月，谷歌提出 Big Bird 模型，引入稀疏注意力机制，解决了 Transformer 全注意力机制带来的高复杂性问题，将复杂度降到线性。二是体现在长文本序列处理方面，Self-Attention 机制是成功实现 Transformer 体系结构的关键因素之一，但它也使得基于 Transformer 的模型很难应用于长文档。2020 年 4 月，艾伦人工智能研究所提出 Longformer 模型，将局部自注意力和全局自注意力相结合，在提高效率的同时又不失效果，可以处理具有数千个 tokens 的文档，在字符级语言建模任务上取得了最先进的结果。2020 年 10 月，谷歌联手 DeepMind 提出 Performer 线性扩展人工智能模型架构，引入高效的（线性的）通用注意力框架，既可以实现处理更长序列，也能够保障训练速度的提升。

（二）自然语言处理模型性能超大参数量依赖性显著

在过去自然语言预训练模型的基础上，涌现出越来越多新的自然语言处理模型，这些模型虽然获得了很高的性能，达到了 SOTA，但都具有巨大的参数量，给模型的实际部署应用带来了极大的困难。2020 年，巨型语言模型占据自然语言处理的半壁江山（见表 3-1）。2020 年 2 月，微软 AI & Research 研究推出基于 Transformer 架构最大的语言生成模型 Turing NLG（以下简称 T-NLG），T-NLG 有 170 亿个参数，是当时第二大 Transformer 模型——英伟达 Megatron 的 2 倍。仅 3 个月后，OpenAI 公布 GPT-3，语言参数量高达 1750 亿个，是 T-NLG 的 10 倍之多，更是 GPT-2 模型参数的 116 倍，成为迄今为止最大的训练模型。同时，GPT-3 还完美地弥补了 BERT 的两个不足，既不用对领域内标记的数据过分依赖，也不会对领域数据分布过拟合；能够实现答题、翻译、算数、完成推理任务、替换同义词等任务，撰写新闻可以达到有理有据，难辨真假。中文领域，2020 年 11 月中旬，智源研究院发布以中文为核心的大规模预训练模型开源计划清源CPM，并开放第一阶段26亿参数规模的中文语言模型（CPM-LM）和217亿条参数规模的结构化知识表示模型（CPM-KM）。

表3-1 自然语言处理模型规模变化

时间	机构	模型名称	模型规模	数据规模
2018-06	OpenAI	GPT	110MB	4GB
2018-10	谷歌	BERT	330MB	16GB
2019-02	OpenAI	GPT-2	1.5B	40GB
2019-07	脸书	RoBERTa	330MB	160GB
2019-10	谷歌	T5	11B	800GB
2020-02	微软	T-NLG	17B	—
2020-06	OpenAI	GPT-3	175B	2TB

资料来源：国家工业信息安全发展研究中心整理。

（三）多语言自然处理模型取得亮眼成绩

2020年，多语言NLP有诸多亮点。一是更加关注利用机器翻译助力解决多样化语言带来的沟通问题。Masakhane项目[1]与非洲研究人员、数据科学家等合作，推动创建连接非洲的神经机器翻译，肯尼亚卢希亚部落成员Kathleen Siminyu为促进发展人工智能，与数据科学挑战网站Zindi发起非洲语言数据集挑战赛。二是推出多种语言的新通用基准。当前，自然语言处理基准多数以英语为主，2020年，为推动自然语言处理多语种发展，各机构提出多个覆盖多种语言的任务基准。在中文领域，中国计算机学会、中国中文信息学会、百度共同发起"千言"项目，其中第一期建设涵盖七大任务、20余个中文开源数据集，希望能够推动解决中文自然语言技术面临的挑战，积极推进中文信息处理技术的进步。2020年4月，卡耐基梅隆大学、谷歌研究院和DeepMind联合提出跨12个语种、覆盖40种语言的大规模多语言多任务基准XTREME。微软提出XGLUE，该基准由跨19种语言的11个任务组成，可使用多语言和双语语料库来训练大规模

---

[1] Masakhane项目是一个专注于研究并为非洲居民提供机器翻译的研究计划。

跨语言预训练模型,并评估它们在不同跨语言任务集上的性能。同时,现有模型及数据集也逐渐拓展到更多语种中。基于 BERT 的模型已经拓展至多种除英语以外的语言进行了训练,如专门面向阿拉伯语的自然语言理解模型 AraBERT,面向印尼语的自然语言理解模型 IndoBERT。基于 SquAD 数据集,衍生出 XquAD(包含 10 种语言的 240 段和 1190 对问题回答)、MLQA(涵盖 7 种语言的跨语言问答性能评估基准数据集)、FquAD(法语问答数据集)等,基于 Natural Questions 衍生了 TyDiQA(涵盖了 11 种不同类型语言、204000 个问答对的问答语料库)、MKQA(涵盖 26 种类型语言,260000 个问答对的问答语料库)。

(四)自然语言处理论文仍保持高速增长

2018 年和 2019 年全球诸多企业、研究机构在 Transformer 模型基础上推出了一批具有重大突破的 NLP 模型,自然语言处理论文出现爆发式增长。国家工业信息安全发展研究中心整理数据显示,截至 2019 年年底,全球共发表近 7000 篇自然语言处理相关论文,其中 2019 年相比 2018 年增加了 64.96%至 2575 篇,2020 年比 2019 年增加了 33.05%至 3426 篇(见图 3-1)。

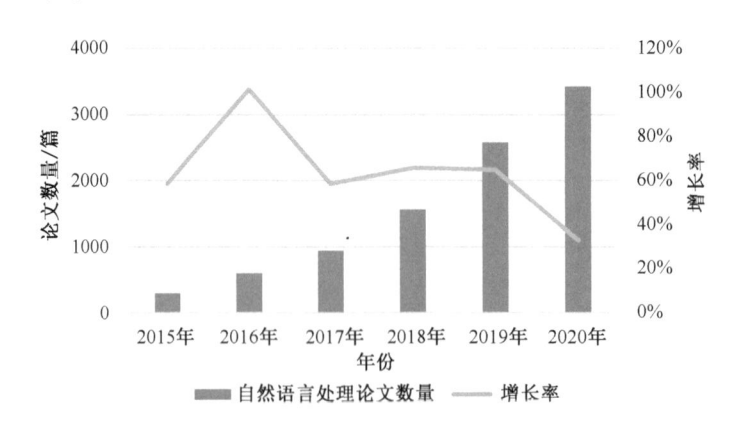

图 3-1 自然语言处理论文数量及增长率

资料来源:arXiv.org,国家工业信息安全发展研究中心整理。

B.3 自然语言处理发展呈现技术"热"、投资"冷"现象 ★

国际顶级会议论文投稿增长显著。2020 年，ACL（Association of Computational Linguistics）会议论文投稿数为 3429 篇（见图 3-2），相比 2019 年增加超过 18%，更是 2018 年的两倍之多；从论文的接收数量来看，2020 年共接收论文 779 篇，相比 2019 年增加 219 篇，增长率与投稿数持平。从接收率看，2019—2020 年保持稳定，基本持平。从国家来看（见图 3-3），中美依旧是 ACL 的最大输出国，贡献了超过 64%的论文，其中中国投稿数量相比 2019 年增长率高达 43.70%，共投稿 1174 篇，成为 2020 年投稿数量最多的国家，美国投稿 1039 篇，接收 305 篇，远高于中国的 205 篇。从领域来看，论文更多关注语言生成、翻译、对话、问答、抽取、句法等领域，用到的方法多涉及神经网络、注意力图等（见图 3-4）。

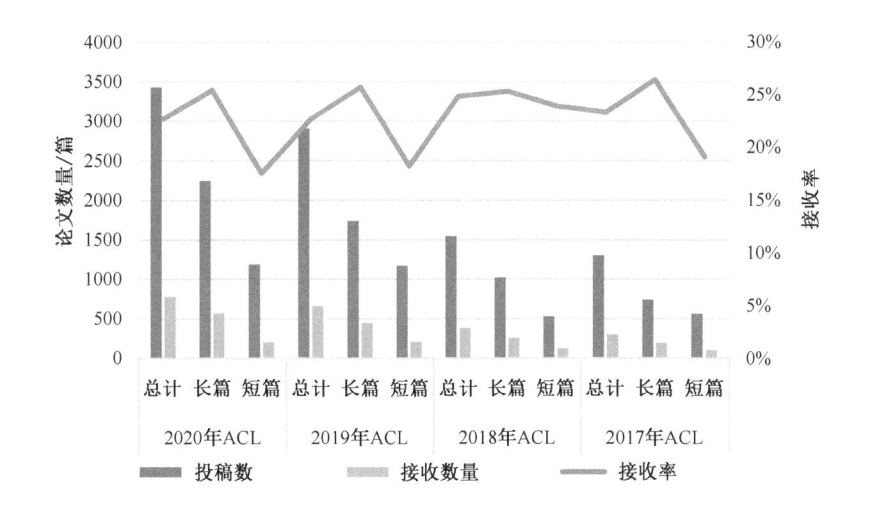

图 3-2　2017—2020 年 ACL 各类型论文接收情况

资料来源：ACL 官网，国家工业信息安全发展研究中心整理。

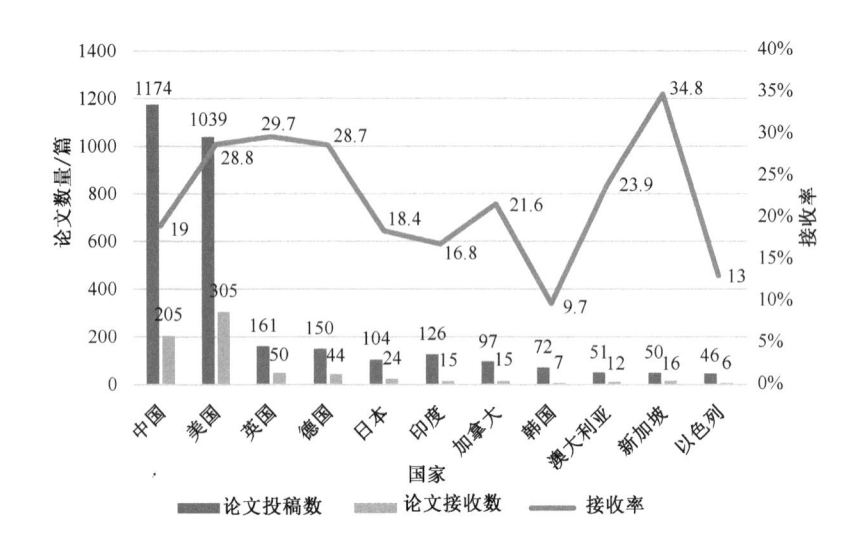

图 3-3 2020 年 ACL 会议论文国家分布

资料来源：ACL 官网，国家工业信息安全发展研究中心整理。

图 3-4 2020 年 ACL 词云

资料来源：《车万翔教授总结 ACL 2010—2020 研究趋势》。

二、自然语言处理融合落地持续推进，但投融资仍处低位

2020年，在技术持续升级优化、疫情防控等实际应用需求的双向拉动作用下，自然语言处理在市场规模、发展热度及落地应用等方面表现出持续向好趋势，但市场投资延续了2019年的走低趋势，有待进一步激发资本活力。

（一）自然语言处理市场规模持续走强

自然语言处理技术实用性趋势的走强，带动各方加大对技术研发的投入，也推动市场快速发展。人工智能企业Gradient Flow的调查显示，2020年自然语言处理领域预算相比2019年增加了10%~30%，Markets and Markets数据显示，2020年全球自然语言处理市场规模达到116亿美元，并将于2026年增长到351亿美元。在自然语言处理技术大规模创新突破的带动下，全球自然语言处理论文呈现爆发式增长，国内外巨头纷纷围绕自身业务抢滩布局，推动自然语言处理技术在客服、医疗等实体经济领域实现落地应用。

（二）自然语言处理企业数量增速减缓

根据Markets and Markets的研究，NLP市场规模预计将从2019年的102亿美元增长到2024年的264亿美元。企业是自然语言处理技术发展的主体，2017年以来，企业数量增长减缓趋势明显。IT桔子统计数据显示，截至2020年12月，全球共有407家自然语言处理相关企业，从企业增长数量来看，2016年增长86家，达到企业数量增长的顶峰，2017年增长57家，2018年增长31家，2019年和2020年分别仅增长10家和1家。国内外企业加速在自然语言处理领域的布局，国外以谷歌、微软、脸书等科技巨头为主，国内以科大讯飞、思必驰、百度、云知声等为代表，围绕自身业务布局自然语言处理。

（三）自然语言处理投融资热度继续降低

2020年，自然语言处理领域投融资数量和金额继续下降。IT桔子数据显示，2020年自然语言处理领域投融资数量为61起（见图3-5），相比2019年下降19.7%，投融资金额为126.0508亿元，比2019年下降11.88%。究其原因，一方面，随着人工智能技术的发展，资本市场对人工智能领域企业的投资逐步回归理性，投融资数量有明显的下降，自然语言处理作为人工智能领域发展相对不成熟的分支，融资会更加困难。另一方面，自然语言处理领域企业数量维持较低的水平，尤其在2018—2020年三年间新增企业数量较少，被投主体较少，导致2020年投融资热度继续下降。

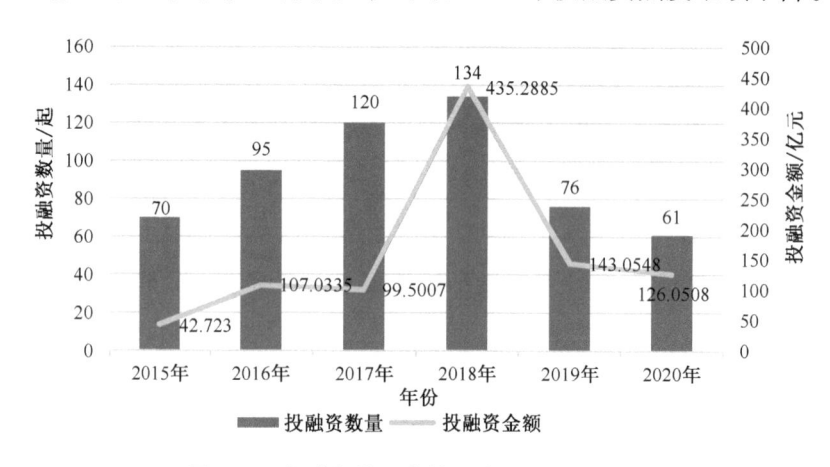

图 3-5 全球自然语言处理产业投融资状况

资料来源：IT桔子，国家工业信息安全发展研究中心整理。

（四）自然语言处理会议和竞赛热度不减

由于新冠肺炎疫情影响，2020年自然语言处理会议多改为线上进行，但全球企业、研究机构及科研人员参与热度不减。ACL（国际计算语言学协会）会议投稿数量相比2019年提升18%，COLING（国际计算语言学大会）2020年收到投稿2180篇。从竞赛情况看，2020语言与智能技术竞赛吸引了5307支队伍，相比前两届参赛队伍数量翻倍，创历年新高，成为

B.3 自然语言处理发展呈现技术"热"、投资"冷"现象

中文 NLP 领域参赛人数最多的比赛。中国队伍在各类比赛中收获颇丰，并不断刷新最佳纪录。在 SemEval 国际语义测评大赛中，百度持续优化 ERNIE 2.0 构建持续学习语义理解框架，在 16 个任务上成为最优模型，并首次超越 90 分大关登顶自然语言处理领域最权威的 GLUE 评测榜单。在由斯坦福大学发起的 SQuAD2.0 挑战赛中，上海交通大学以回顾式阅读器（Retro-Reader）在比赛中夺得桂冠（见表3-2），并刷新了单模型和集成模型的最佳纪录。

表 3-2 2020 年自然语言处理领域重要赛事

竞赛名称	技术领域	时间	冠军团队	获奖技术介绍
SQuAD2.0 挑战赛	机器阅读理解	2020-01	上海交通大学	上海交大提交的"Retro-Reader on ALBERT (ensemble)"模型，在比赛中凭借 EM 指标（精准匹配率）达到 90.115，F1 指标（模糊匹配率）达到 92.580 登顶
2020 语言与智能技术竞赛	机器阅读理解	2020-03	云知声	云知声认知智能团队针对阅读理解系统存在的过敏感、过稳定和泛化性不足三个问题进行了有针对性的优化，增强了阅读理解系统在真实场景中的鲁棒性；该团队还借助云知声预训练语言模型平台 UniPLM，对模型进行了快速迭代和高效训练；最后利用模型集成的方法进一步提高了阅读理解模型的性能指标
GLUE Benchmark（通用语言理解评估基准）比赛	机器阅读理解	2020-03	阿里巴巴	达摩院 NLP 团队在 BERT 的基础上提出优化模型 StructBERT，能让机器更好地掌握人类语法。使机器在面对语序错乱或不符合语法习惯的词句时，仍能准确理解并给出正确的表达和回应，大大提高了机器对词语、句子及语言整体的理解力
SemEval 国际语义测评大赛——视觉媒体的关键文本片段挖掘、多语攻击性语言检测和混合语种的情感分析	语义理解	2020-03	百度	ERNIE 2.0 构建了持续学习语义理解框架，在中英文 16 个任务上超越业界最好模型。ERNIE 模型以历史上首次超越 90 分大关的成绩登顶自然语言处理领域最权威的 GLUE 评测榜单。本次比赛，ERNIE 夺得五项世界冠军

049

续表

竞赛名称	技术领域	时间	冠军团队	获奖技术介绍
WMT2020国际机器翻译大赛	机器翻译	2020-07	腾讯（中文—英文）	微信翻译在技术上以更深和更宽的Transformer结构和自研的Deep Transition结构（DTMT）为基础，用融合领域内知识的数据增强方法迭代生成高质量的伪数据，并利用Self-Bleu的组合剪枝策略集成模型并利用集成模型的知识蒸馏单模型，除了常规的交叉熵训练，还采用三种改进的训练方法来缓解偏差问题，包括改进的Scheduled Sampling训练方法、针对目标端输入的抗噪训练和更稳定的最小化贝叶斯风险训练
2020国际语音合成大赛	语音合成	2020-08	云知声—上海师范大学	云知声搭建的DeepFlow集群，该异构化硬件服务器集群可向上提供密集的计算和存储能力，保证云知声研发团队充足算力的支持。目前该集群规模在1000GPU以上，计算能力达1亿亿次/秒。中文普通话合成自然度MOS达到4.2，上海话合成自然度MOS达到4.0，双双领跑
全国机器翻译大赛	机器翻译	2020-10	OPPO	OPPO机器翻译团队引进了业界先进的多语言混合翻译方法，并通过多任务学习思路，混合不同分词结果和不同粒度输入，不断训练提高自己机器翻译模型的准确性。针对不同评测任务的数据特点，设计了不同数据处理流程，以业界领先的Transformer神经翻译网络架构为基础，结合业界领先的多种数据增强技术以及多维度特征对结果进行重排序，提升机器翻译质量
第9届国际自然语言处理与中文计算会议NLPCC 2020轻量级预训练中文语言模型测评	语义表达	2020-10	华为云	采用TinyBERT两步蒸馏的方式让模型更好地学到任务相关的知识，蒸馏过程中用语言模型预测并替换部分token的方式进行数据增强可以使小模型拥有更强泛化性。自研的NEZHA预训练语言模型采用相对位置编码替换BERT的参数化绝对位置编码，能更直接地建模token间的相对位置关系，从而提升语言模型的表达能力

资料来源：国家工业信息安全发展研究中心整理。

（五）自然语言处理融合应用不断深化

面对2020年新冠肺炎疫情的冲击，自然语言处理技术在一定程度上加速了与各个领域的落地融合，不断拓展应用的广度和深度。在医疗领域，自然语言处理技术为整理处理量大、非标准、多维度数据提供了有效手段，也有助于提供智能交互、数据监测等功能。2020年，受疫情防控需求，通过自然语言处理技术对患者EMR、健康码等信息进行整合分析，相关部门能够对可疑患者及其密接人群进行可视化追踪。医疗信息化方面，云知声基于自然语言处理技术构建涵盖50万个医学概念，超过169万个医学术语库和398万个医学关系库的医疗知识图谱。在新药研发领域，DeepMind的AlphaFold2模型成功破解"蛋白质折叠预测"，将在很大程度上加速新药的研发。同时，自然语言处理技术在药物研发和制造过程中，可以快速从历史研究及新药匹配中提取信息，更高效率地获取更多信息。在疫情防控工作中，自然语言处理技术广泛应用于智能外呼、信息整理、智能客服等领域，在人员信息采集、人员管控、疫情问答等方面提供服务。

三、自然语言处理技术面临数据标注不足、知识依赖性强等难题

自然语言处理作为认知智能范畴的核心技术，虽然自2017年来技术经历了一个快速发展的阶段，但其技术发展和产业落地仍然面临较大的挑战。

（一）自然语言处理技术依赖高质量的数据标注

自然语言处理技术对标注数据依赖性较高，在缺乏标注数据的任务、语言或领域内难以发挥作用，但目前数据标注产业仍难以满足快速发展的人工智能技术对数据的需求，尤其在自然语言领域，缺人才、缺数据、专业化程度低等痛点，数据复杂多变、数据获取难等难点都可能制约自然语

言处理技术的下一步发展。

（二）自然语言理解和生成知识依赖性较强，应用需求难以满足

语言交流受到不同文化的影响，依赖历史语料库的积累和场景，在开放语境中，现有模型在分词、上下文关联性、常识性知识积累和应用等方面仍然存在较大不足，无法像人类一样高效综合视觉、听觉等多途径获取信息，使得当前自然语言处理无法正确理解或回应语言文本需求。

（三）跨模态语言理解存在明显融通局限

现实世界是由图像、文本、声音等多种不同模态信息构成的，不同模态的相互关联和高度相关性对正确理解事项、做出准确判断和反馈至关重要。目前对跨模态语言理解的研究方兴未艾，是新的重要研究前沿，但当前跨模态关系因缺乏深层结构化语义分析和世界知识，导致推理能力较弱，存在"形合意迷"的问题。

（四）以人类思维开展思考是自然语言处理技术面临的终极难题

语言与认知是紧密相连的，每个人的语言背后是一套完整的思维和逻辑，若要实现高效的语言理解、流畅问答等行为，则需要机器或模型构建起思维能力及其知识体系，并能够不断更新迭代，在这一点上，可以说自然语言处理技术涉及了人工智能的终极命题。

四、自然语言处理技术将有望进一步突破向纵深发展

未来自然语言处理将继续向纵深发展。一是持续优化底层技术，研究人员将会继续致力于优化 Transformer 架构并不断为其寻找新的用武之地，同时，在全球科研人员的努力下，有望推出更优的基础架构模型。二是重

点发展多模态驱动的自然语言处理。未来，在多模态自然语言处理领域将会有很大的发展空间，例如，图片标题生成、视觉问答等，从而实现综合多种信息来回答一系列问题，达到多种信息之间的交互，这些信息中相当一部分来自非语言学知识。三是自然语言处理模型将向轻量级发展。由于可用数据量和计算能力的限制，难以满足深度学习模型训练对语料数据量和参数数量的要求，未来算法模型将会继续朝着轻量级发展，通过较少的训练数据和参数量即可达到更好的结果。四是自然语言处理技术应用将会更加广泛。未来，自然语言处理技术的应用拓展将不仅体现在各个行业中，也将体现在不同语种中，能够利用自然语言处理技术辅助工作的区域和人口将会越来越多。

参考资料

1. 清华大学—中国工程院知识智能联合研究中心. 人工智能发展报告 2020，2020。
2. 埃森哲. 技术展望 2021，2020。
3. 斯坦福大学. 2020 年度 AI 指数报告，2020。
4. 清华大学. 人工智能发展报告 2011—2020，2019。
5. 亿欧智库. 2021 年人工智能商业落地研究及趋势洞察，2021。
6. 艾瑞咨询. 面向人工智能"新基建"的知识图谱行业白皮书，2020。
7. Sebastian Ruder. 2020 年机器学习和自然语言处理领域十大研究热点, 2020. https://link.zhihu.com/?target=https%3A//ruder.io/research-highlights-2020/。
8. 36kr. 2020 年中国智能客服行业研究报告，2020。
9. 阿里达摩院. 2021 十大科技趋势，2020。
10. 清华大学，北京智源，清华大学—中国工程院知识智能联合研究中心. 人工智能之人机交互，2020。

B.4 知识图谱保持较快发展

高云龙[1]

摘　要： 知识图谱是利用"实体—关系—实体""实体—属性—性值"三元组形式形成的网状知识结构，经历了三个阶段的快速发展，目前处于繁荣发展阶段。知识图谱是认知智能的基石，是强人工智能发展的核心驱动，日益成为解决问题的有效手段。知识图谱技术呈稳中有进的发展态势，研究发展知识图谱具有十分重大的意义。知识图谱应用及市场规模正处于蓬勃发展的状态，尤其是垂直赋能应用领域更是快速发展。然而，知识图谱也面临着技术瓶颈难突破、标准化建设难推进、公共服务平台建设发展缓慢等诸多挑战。未来，多模态知识图谱构建将成趋势，知识图谱与深度学习、区块链融合发展前景广阔。

关键词： 知识图谱；知识图谱研究意义；知识图谱技术；知识图谱应用；知识图谱市场

Abstract: Knowledge graph is a mesh knowledge structure in the form of "entity-relationship-entity" and "entity-attribute-value" combinations, which has experienced three stages of rapid development and is now prosperous. It is the cornerstone of cognitive intelligence and

---

[1] 高云龙，国家工业信息安全发展研究中心工程师，理学博士，主要从事大数据、人工智能、工业互联网等相关领域研究。

the core driving force of the development of strong artificial intelligence, and increasingly becomes an effective means to solve problems, bringing significance to the studying and the developing of knowledge graph. Although the market scale and application of knowledge graph technology is vigorously expanding, especially in the fields of vertical empowering application, it also faces with many difficulties like technology bottlenecks and the lack of both public service platforms and standardized industry rules. Despite the situation now and in consider of the trends of building multimodal knowledge graph, the development prospect of the integration of knowledge graph, deep learning, and blockchain is still promising.

Keywords: Knowledge Graph; Significance of Knowledge Graph; Knowledge Graph Technology; Knowledge Graph Application; Knowledge Graph Market

知识图谱是一种用图模型来描述知识和建模世界万物之间关联关系的结构化语义知识网络，是人工智能的重要研究领域——知识工程的主要表现形式。知识图谱利用三元组，即"实体—关系—实体""实体—属性—性值"集合的形式，以实体或概念作为节点，关系或属性作为边，通过NLP技术、图计算、知识表示学习等手段，对海量结构化、半结构化、非结构化数据进行知识萃取并关联形成的网状知识结构，帮助机器实现认知智能的"理解"和"解释"能力。基于知识图谱和逻辑规则或统计规律，机器能推理出实体或概念间深层的、隐含的关系，实现认知智能的"推理"。知识图谱的发展除人工智能还得益于很多其他研究领域，涉及专家系统、语言学、语义网、数据库、信息抽取等众多领域，是交叉融合的产物。

一、知识图谱继续保持良好发展

知识图谱研究可以追溯到 20 世纪 50 年代，发展至今共经历了三个阶段，目前处于繁荣发展期。从总体上看，2020 年知识图谱技术呈现稳中有进的发展态势，在信息抽取、知识融合、知识加工等领域均取得进展。知识图谱的相关研究对提升认知智能水平、推动强人工智能发展、解决实际问题等具有重要意义。

（一）知识图谱正处于繁荣发展阶段

知识图谱始于 20 世纪 50 年代，经历了三个阶段的快速发展，如图 4-1 所示。

第一阶段（.1950—1977 年）是知识图谱的起源阶段，包含基础概念时期和专家系统时期的开端，这一阶段中引文网络分析开始成为一种研究当代科学发展脉络的常用方法，文献索引的符号逻辑被提出并且应用。

第二阶段（1977—2012 年）是知识图谱的成长阶段，包含大部分专家系统时期和 Web 1.0 时期、Web 2.0 时期，在此阶段出现了很多如 WordNet、Cyc、Hownet 等大规模的人工知识库，"知识本体"的研究开始成为计算机科学的一个重要领域，知识图谱吸收了语义网、本体在知识组织和表达方面的理念，知识工程成为人工智能重要的研究领域。

第三阶段（2012 年至今）是知识图谱的繁荣阶段，2012 年谷歌正式提出知识图谱概念，开启了现代知识图谱的序章，在人工智能的蓬勃发展下，知识图谱涉及的知识抽取、表示、融合、推理、问答等关键问题得到一定程度的解决和突破，知识图谱成为知识服务领域的一个新热点，受到国内外学者和工业界广泛关注。目前，知识图谱处于第三阶段，随着人工智能新基建的快速推进，知识图谱领域将迎来迅速发展。

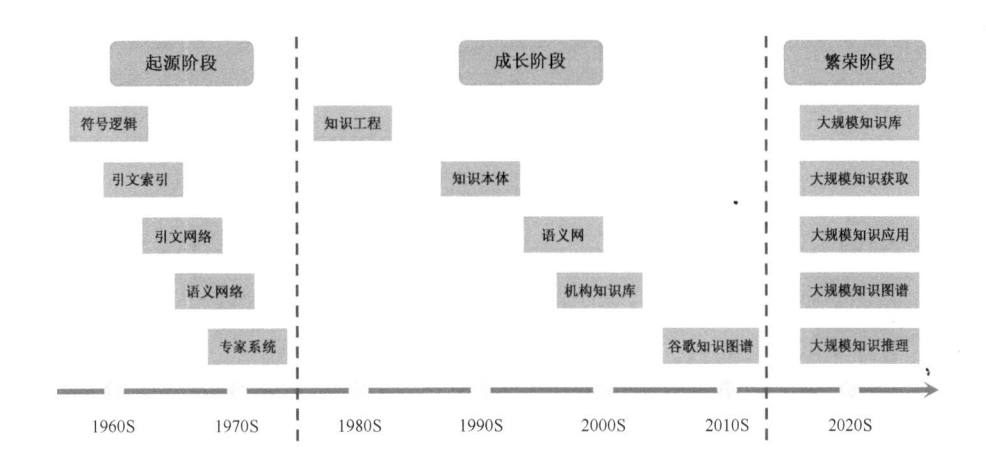

图 4-1　知识图谱发展历程

资料来源：国家工业信息安全发展研究中心整理。

（二）知识图谱技术呈稳中有进的发展态势

知识图谱技术是指在建立知识图谱过程中使用的技术，是融合认知计算、知识表示与推理、信息检索与抽取、自然语言处理与语义Web、数据挖掘与机器学习等技术的交叉研究。知识图谱研究，一方面探索从互联网语言资源中获取知识的理论和方法；另一方面促进知识驱动的语言理解研究。

2020年，知识图谱自动构建相关研究取得长足进展，在信息抽取、知识融合和知识加工等技术领域取得技术突破。具体来看，对于信息抽取，瞄准复杂应用场景的相关研究逐步增多，小样本学习受到关注；对于知识融合，聚焦解决、应对知识融合数据和数据质量挑战的研究是2020年的主旋律；对于知识加工，围绕知识推理等重要加工环节，若干创新性解决方法在顶会、论坛中被提出。

同时，学术界也研究知识图谱和机器学习、数据库等先进技术的融合前景。2020年，学术界对知识图谱结合机器学习的研究逐渐增多，探索图嵌入、知识图谱结合推荐系统等前沿应用。研究者还探索了用图数据库节省磁盘的 I/O 操作时间，进而减少数据搜索时间的可能性。

知识图谱体系构建如图 4-2 所示。

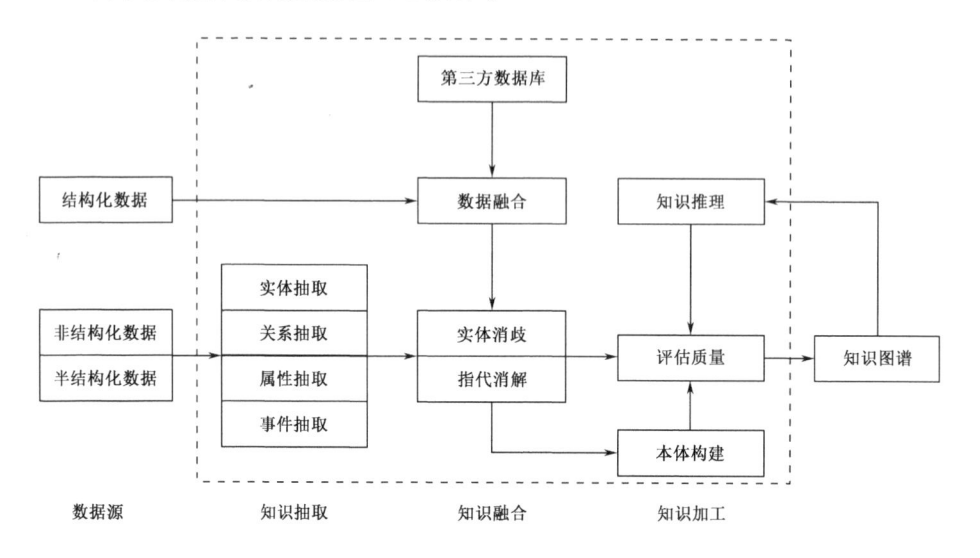

图 4-2 知识图谱体系构建

资料来源：国家工业信息安全发展研究中心整理。

1. 信息抽取是指抽取结构化数据的过程

信息抽取是从结构化、半结构化和非结构化的信息资源中，抽取实体、关系和属性等计算机可理解和计算的结构化数据的过程，涉及的关键技术包括实体抽取、关系抽取、属性抽取和事件抽取。

2020 年，信息抽取领域技术取得长足发展。从总体上看，呈现出注重多模态研究、关注任务复杂化情景、尝试零次学习和小样本学习等特点。

对于多模态研究，2020 年研究热度明显升高。例如，多模态知识图谱正在成为自然语言处理多模态研究的一个热门方向。目前，多模态研究的基础是模态融合和语义对齐，较多研究从图片、文本等资料中提取结构化知识，进行语义对齐。

对于任务复杂化研究，2020 年相关研究更注重与实际复杂场景相融合。在技术竞赛方面，2020 LIC 比赛中关系抽取赛题相比 2019 年增加了复杂关系抽取。在业界应用方面，以拓尔思为代表的企业使用属性、关系抽取等方法，破解任务复杂化难题。

对于尝试零次学习和小样本学习，2020年学术界和业界利用集成学习、多任务学习、预训练模型、知识表示方法等方法进行探索。

2. 知识融合是将本体与实体有效链接的过程

知识融合是从概念层和数据层两方面通过知识库的对齐、关联、合并等方式，对众多分散、异构资源上的知识获取、匹配、集成、挖掘等，将多个知识图谱或信息源中的本体与实体进行链接，补充不完全知识和获取新知识，同时优化知识结构和内涵，形成一个更加统一、稠密的新知识图谱，是知识组织与信息融合的交叉学科。

2020年，知识融合主要聚焦解决数据规模和数据质量两方面的问题。对于数据规模问题，行业算力的提升和创新的知识融合方法是两大关键。一方面，较强的算力支撑将使得大规模知识图谱数据处理成为可能。另一方面，学术界还积极探索知识融合方法。例如，2020年度数据挖掘及知识发现国际会议（ACM SIGKDD）提出了基于互信息最大化的多知识图谱语义融合，来促进知识融合。对于数据质量问题，研究者们也积极探索解决方法。又如，2020年度数据挖掘及知识发现国际会议提出了一种鲁棒的实体对齐模式，解决不同知识图谱中语义相似的实体进行关联时的噪声问题。

3. 知识加工是深度加工知识图谱的过程

经过知识抽取和知识融合，实体和本体从信息源中被识别、抽取，并且消歧、统一，得到实体关系三元组等客观事实表达形式，但客观事实还不是知识图谱需要的知识体系，想要得到具有逻辑层次和高质量的知识图谱，还需要经过本体构建、知识推理和质量评估等知识加工过程。

2020年，学术界对知识推理等知识加工核心环节提出了创新的思路想法。2020年度数据挖掘及知识发现国际会议提出了利用不同结构的知识源进行常识问答的方法，以及利用递归神经网络完成知识图谱推理的方案。

（三）研究发展知识图谱意义重大

知识图谱已成为推动机器基于人类知识获取认知能力的重要途径，并将逐渐成为未来智能社会的重要生产资料，研究发展知识图谱意义重大。首先，知识图谱是认知智能的基石。认知智能"理解"可以视作建立从数据到知识图谱中的实体、概念、属性之间映射的过程，认知智能"解释"可以视作将知识图谱中的知识与问题或数据进行关联的过程。其次，知识图谱是强人工智能发展的核心驱动。知识图谱将信息中的知识或数据加以关联，实现人类知识的描述及推理计算，并最终实现像人类一样对事物进行理解与解释。最后，知识图谱日益成为解决问题的有效手段。知识图谱关系可以突破基于统计学习的纯数据驱动方法的效果瓶颈，打破数据驱动方法效果"天花板"。

二、知识图谱应用正处于蓬勃发展的状态

2020年，知识图谱加速应用于各领域。一方面，通用知识图谱赋能各行各业，包括语义搜索、大数据分析、智能推荐、自动人机交互、决策支持在内的通用知识图谱技术发挥作用。另一方面，垂直行业的知识图谱应用也加速落地，在公共治理、电商金融、制造与能源、生物医药、教育科研等领域表现出色，应用场景的丰富也推动了知识图谱产业规模的扩张。

（一）知识图谱正快速应用至各领域

知识图谱作为人工智能符号学派中知识工程的代表应用，其核心在于对多模、多源异构数据和多维复杂关系的高效处理与可视化展示，将人类社会生活与生产活动中难以用数学模型直接表示的关联属性，融合形成一张以关系为纽带的数据网络。通过对关系的挖掘与分析，能够找到隐藏在

行为之下的关联，并进行直观的图例展示。知识图谱提供了形象的数据表现方式，是人工智能的底层技术，是人工智能应用链条的第一步。知识图谱的产品应用可以分为算法支撑和原图应用两大类。原图应用指基于知识图谱的图结构和语义关系，直接通过图谱产生价值的服务形式。知识图谱根据概念层和数据层的区别可以分为应用相对广泛的通用知识图谱和专属于某个特定领域的行业知识图谱。常见知识图谱如表 4-1 所示。

表 4-1 常见知识图谱

知识图谱	构建团队	领域	构建方式	语言	类型
Cyc	Cycorp 公司	通用	人工	英语	常识图谱
WordNet	普林斯顿大学	通用	人工	英语	词汇图谱
ConceptNet	麻省理工学院	通用	自动	多语言	常识图谱
Freebase	MetaWeb	通用	半自动	英语	百科图谱
GeoNames	Geonames.org	领域	半自动	多语言	地理图谱
DBpedia	柏林自由大学、莱比锡大学、OpenLink	通用	半自动	多语言	百科图谱
Yago	马克斯—普朗克计算机科学研究所	通用	自动	多语言	百科图谱
OpenIE	华盛顿大学	通用	自动	英语	文本图谱
BabelNet	罗马萨皮恩大学	通用	自动	多语言	词汇图谱
WikiData	维基媒体基金会	通用	半自动	多语言	百科图谱
Google 知识图谱	Google	通用	自动	多语言	综合知识图谱
百度知心	百度公司	通用	自动	汉语	百科图谱
搜狗知立方	搜狗公司	通用	自动	汉语	百科图谱
AN-DBpedia	复旦大学	通用	自动	汉语	百科图谱
OpenCyc	Cycorp	通用	自动	多语言	常识图谱
NELL	卡耐基梅隆大学	通用	自动	英语	词汇图谱
ProbaseIsA	复旦大学	通用	自动	汉语	百科图谱
XLORE	清华大学	通用	自动	多语言	百科图谱

资料来源：国家工业信息安全发展研究中心整理。

1. 通用知识图谱

通用知识图谱覆盖范围广，注重横向广度，强调融合更多的实体，通常采用自底向上的构建方式，从开放链接数据中抽取出置信度高的实体，再逐层构建实体与实体之间的联系，被视为下一代搜索引擎的核心技术。

（1）知识图谱助力智能化语义搜索。语义搜索是将用户输入的问句进行解析，找出问句中的实体和关系，利用知识图谱挖掘实体和关系的深层含义，精准理解用户搜索意图，实现多粒度、多模态搜索，并以有向图方式提供满足用户需求的结构化语义内容。2020年，中国电力科学研究院有限公司构筑了电力运检知识管理与认知推理系统，提供了修订记录语义比对功能。该功能基于长短时记忆（LSTM）模型，通过深度匹配的文本局部性表达和全局性表达技术，实现检修任务完成情况的智能量化。

（2）知识图谱提供创新大数据分析。利用知识图谱的知识，对大数据进行分析处理，使机器能够更加准确地理解大数据，促进大数据精准分析与精细分析，发挥数据应有价值，提高数据价值变现能力，为行业、企业高效利用数据提供保障。2020年，北京京航计算通讯研究所借助知识图谱，构建了新型大数据分析平台。在航天质量管理领域，装备的设计、生产、试验中出现的质量问题与各承研单位存在千丝万缕的关系，这类关系模型的本质是一张互联互通的图，传统大数据平台难以处理。运用知识图谱，北京京航计算通讯研究所有效解决了传统数据库底层二维存储的问题，实现了大数据情景下的实体快速追踪，为航天质量管理提供了保障。

（3）知识图谱帮助智能推荐满足用户需求。借助知识图谱收集用户的兴趣偏好和产品的属性内容等，分析用户和产品之间的关系，利用推理算法，为用户提供场景化推荐、冷启动阶段下的推荐、跨领域推荐、知识型内容推荐，满足用户需求。2020年，小米电商平台通过搜索引擎快速定位用户搜索的目标商品，并根据客户喜好、浏览足迹、用户购买率等因素推荐客户可能感兴趣的商品。知识图谱通过"图谱网络+关联计算"技术，将商品的标签、场景、主商品词、属性词、同义词等计算及关联，构建实时的图谱网络，挖掘同义词及场景概念词，为用户搜索推荐和提供相关内容，快速满足用户需求，大大提升了商品购买转化率。2019—2020年商品图谱的应用使得小米有品的用户购买转化率相对提升10%；小米商城的用户购买转化率提高27.8%。

（4）知识图谱提升自然人机交互智能化水平。自然人机交互包括自然语言问答、对话等，要求机器能够理解人类自然语言。知识图谱为机器提供了强大的背景知识，使机器具有较高的认知智能水平，提高人机交互过程中的语言理解能力，使问答式、对话式交互越来越自然简单。2020年，佳都科技使用知识图谱的方法建立智能客服系统，具体包括意图理解、语义槽填充、语义匹配、标签挖掘等技术。结合轨道交通乘客服务业务，研究地铁客服相关的知识库构建与问答，通过构建车站+地图POI+设施等相互关联关系，完成周边查询、设施查询、票务咨询、安检安防等方面的问答功能。

（5）知识图谱有效支持用户决策分析。利用知识图谱定义良好的结构化大规模知识，对数据进行分析处理，深入挖掘实体之间的深层次关系，再通过逻辑推理得出结论，为用户决策分析提供有效支持。2020年，北京国双科技有限公司基于油气知识图谱构建的智能油气层识别应用，利用专家知识和经验，实现了油气层的快速识别，油层识别的准确率达91%，气层识别的准确率达100%，实际油田应用效果达到人类专家水平。随着知识规模的扩大，该知识库将成为油气行业的"智能大脑"，像资深油气专家一样思考、推理和预测，为油气决策提供全面支持。

2. 行业知识图谱

行业知识图谱指向特定垂直行业，注重具体场景中的纵向认知深度，以及与行业know-how的结合程度，具有丰富的实体属性和数据模式，能很好地满足垂直领域知识类查询的需求，通常采用自顶向下的构建方式，先定义好本体与数据模式，再抽取实体加入知识库。表4-2给出了知识图谱各行各业应用概况。

表 4-2　知识图谱各行各业应用概况

领域	行业知识库	关联搜索	预警应用	研判应用	推荐应用	数据中台
政务领域	√	√	√	√	√	√
公安领域	√	√	√	√		
司法领域	√			√	√	
金融领域	√	√	√	√	√	√
企服领域	√	√			√	√
电商领域	√	√		√	√	√
营销领域	√	√		√	√	
工业领域	√	√	√	√		√
能源领域	√	√	√	√		√
医疗领域	√	√			√	
教育领域	√	√		√	√	√
生活领域	√	√				

资料来源：国家工业信息安全发展研究中心整理。

（1）知识图谱提升公共治理效率效果。

疫情防控和复工复产领域。基于知识图谱技术，通过疫情相关大数据实时采集、知识关联与融合分析，高效追踪人群流动方向和地点，挖掘可疑病毒携带者的行动轨迹，及时发现"高危群体"和超级传播源。可以帮助疫情防控相关部门准确识别各阶段需要重点关注的关键节点，生成内容丰富的可视化分析报告，支撑各疫情防控工作的跨域跨部门协同。2020年，电科云使用卫健委发布的权威结构化数据，群众提供的半结构化数据和涵盖确认病例行动轨迹的非结构化轨迹文本数据，筛选出确诊病例密切接触者的相关数据，以关联知识网络的数据结构存储到图数据库中，支撑疫情防控领域知识图谱构建，为政府监控疫情数据、助力复工复产提供了帮助。

公共安全领域。公安大数据是助推公安工作质量变革、效率变革、动力变革的重要力量，知识图谱通过构建具有公安特性的多维多层的实体与实体、实体与事件的关系网络，在解决公安大数据缺乏关联性、缺乏全警种智能应用等问题方面发挥了重要作用。公安知识图谱将公安部门技战法进行总结和可视化处理,与技术算法相互转换,集成犯罪和预测模型,实现案情辅助分析、关系网络挖掘分析、亲密关系人图谱分析、物品关系图谱分析、团伙关系图谱分析、社交关系图谱分析、人员分类"冒烟指数"分析和类案分析思路案例推演分析,提升了公安信息化、智能化水平。2020年,北京百分点科技集团股份有限公司为某市公安部门提供智能融合大数据分析平台,依托该平台的图谱构建与服务能力,构建"知识图谱+闭环数据+警务场景(业务知识)"融合的警务业务应用服务,提升对警务数据的处理和应对能力,实现了从对风险的被动处置向主动预防转变。

司法领域。司法知识图谱将法律领域中的实体、属性和关系进行体系化梳理,建立逻辑关联,利用知识图谱和大数据技术进行数据挖掘。司法知识图谱能有效解决"案多人少""同案不同判"等现实问题,实现法律知识检索和推送、证据索引和分析、类案检索及推送、结果预判、文书生成、知识智能问答、数据可视化、智慧调解等功能,为司法人员办案提供辅助参考。2020年,北京国双科技有限公司利用智能图谱等技术研发国双智讼辅助办案平台。部署该平台后,相似案例检索可以从人工检索转化为智能检索,文书校对可以从线下换人三读校对转化为智能校对。在该系统的帮助下,阅卷效率可以从3小时缩减到1小时,相关文书生成时间从30分钟缩减到5分钟,助力"智慧司法"逐步落地。

(2)知识图谱优化电商金融智能化水平。

电商营销领域。基于电商营销的知识图谱能够汇聚多源客户信息,构建客户多维画像和标签体系,将客户的关系、事件、行为等进行关联,更准确地捕捉用户和产品属性的潜在匹配关系,深层次地发现用户兴趣,整理出有价值的营销策略,有针对性地推荐产品,提高用户对推荐结果的满意度。2020年,京东商品图谱以京东电商平台的海量商品为基础,全面沉淀商品相关的数据、概念和知识,实现商品、渠道、供应商、价格销量等数据的关联和管理,为商品采销管理、营销文案写作、商品问答等应用提供知识来源,实现了基于图神经网络的图谱对齐模型,用于跨电商渠道之间的商品匹配。

投研与投顾领域。投研知识图谱利用自然语言处理等技术，将数据、信息、决策进行智能整合，实现数据之间的智能化关联，将市场的发展变化抽象导入数字层面，实现一、二级市场的投资研究，为知识查询和应用开发提供实现基础。投顾知识图谱根据投资者的不同特点，通过算法和产品搭建数据模型，利用大数据技术匹配客户多样化需求，实现理财顾问服务。2020年，达而观信息科技（上海）有限公司构建知识图谱存储系统，分析产业新闻、研究报告、企业工商信息等数据，搭建智能投研平台。该平台基于事件传导链条分析的风控模型能够挖掘深层风险，提前设计风险预案，减少相关损失。同时，在该平台的帮助下，投研报告写作辅助能减少80%以上的资料收集时间，且能获得更加全面的信息。

风险预测与信用评估领域。风险预测知识图谱基于金融数据建立客户、企业和行业间的关系联系，串联金融业务中产生的大量多源异构数据形成知识库或知识中台，挖掘数据深层价值，从关联角度预测行业或企业在未来可能面临的风险。信用评估知识图谱根据客户、企业和行业信息建立关系挖掘模型，展示风险状况与关联程度，全面、准确地进行信用等级评估。2020年，京东金融图谱以金融实体和事件为中心构建，在产业研报、新闻公告中应用信息抽取实现对上市公司发展潜力及风险的实时预测和分析。其中，事件抽取方面引入实体和事件类型的向量表示作为先验知识，将句法信息通过图卷积网络进行编码，强化实体与事件之间的交互，提高了抽取的准确率。关系抽取方面采用联合模型进行抽取，在共享BERT编码层的基础上，采用先识别头实体、再基于各个关系识别尾实体的方式实现联合抽取。

（3）知识图谱助力制造、能源行业实现智能化管理。

制造业领域。制造知识图谱将工厂车间、人力资源、物料组件、设备制具、工艺流程等制造业的基础数据分类和建模，通过对数据知识的抽取、融合及对实体之间复杂关系的挖掘，构建制造业知识服务平台，实现产品规划、设计、生产、试制、量产、使用、服务、营销等全生命周期的互联，提升资源管理能力、生产效率和产品质量。当前，已广泛应用于石油化工、钢铁、设备制造等领域。2020年，厦门邑通软件科技有限公司利用智能图谱技术打造建筑领域ETOM IEM平台，该平台应用于工业领域的生产、操控、运行环节，以知识图谱对知识的管理方法为技术路线、通过沉淀、优化工人操作，在安全、合规等条件约束下达到安全控制、节能降耗、良率提升等优化目标。

油气领域。油气领域知识图谱将领域知识与实时数据有机结合，在数字化程度高、数据类型复杂的油气领域搭建认知网络，为油气勘探、开发生产、综合研究、生产管理提供智能化分析手段，帮助决策者从海量的数据中洞悉规律，提升管理能力和水平。2020年，华为利用知识图谱等技术，搭建勘探开发知识计算分析通用平台，为油气勘探开发科研、生产管理提供智能化分析手段，支撑油气勘探开发增储上产、降本增效，通过系统建设培养相关人才，为更大范围开展认知计算应用积累了经验。

电网领域。电网领域知识图谱凭借对多源异构数据关联性挖掘和知识体系信息化搭建等能力，构建设备运维、客户服务、电力管理等的知识图谱。当前，知识图谱已广泛应用于电力设备缺陷记录检索、电网公司客户服务、智能变电站二次安全措施自动生成、全业务统一数据中心、设备故障诊断与管理等领域。2020年，联想（北京）有限公司聚合电力供应链领域上下游数据，打造联想电力供应链领域知识图谱系统。该系统在解决需结合多方面知识统筹协调的任务时凸显出了更直观、更高效、解释性更强的特点；在供应链的不同业务阶段，产生了不同成效的应用，如知识检索与可视化分析、企业画像、供应商精准推荐、设备维护/维修、风险监控预警、物流/仓储优化等，提升了电力供应链管理水平。

（4）知识图谱提高诊断用药、药物研发效率。

诊断用药领域。诊断用药知识图谱旨在从临床数据、医学文献和医学经验等数据中获取知识，通过数据、模型等辅助，模拟医生思维，完整分析患者诊断、主诉、检验检查结果及电子病历、影像等历史数据，动态推理患者病情，给出医疗用药方案，完成临床决策。2020年，京东药学图谱基于京东互联网医院真实处方和大数据优势，通过药学知识图谱实现了智能处方审核和用药合理性学习。以本体论方法建模药物与其相关疾病、诊断、人群、研究文献等内容。基于自然语言处理与机器学习技术的医药术语标准化方法，完成系统实体的国际标准化。基于检索与深度语义匹配技术，实现药物相关作用与药物相容性的相关挖掘与推理。基于实体识别、文本分类、句法分析等技术在真实处方上实现用药规则学习，并在专业药师审核把关的前提下，通过知识运营不断丰富和改善图谱的准确性。

药物研发领域。药物研发知识图谱将多源、大量的生物医药数据相关联，构建药物相关的知识图谱。基于知识图谱建立智能关系模型，通过图谱模型推断辅助探索药物设计、药物靶点结合、药物释放等，降低研发成本，提高研发效率和成功率。2020年，天津大学搭建海洋药物大数据信息检索系统，该系统数据量为9000万条，通过数据分析构建的知识图谱中有42000个实体、36万余种关系。天津大学搭建该系统旨在利用信息处理手段，实现信息的快速检索和结果的有效预测，加快药物研发进程，提高药品研发效率。

（5）知识图谱创新教育科研方式方法。

个性教学领域。个性教学知识图谱面对受教育者搭建个人知识图谱，对其学习进度实时关联，形成知识掌握情况可视化个人画像，并与人工构建的知识图谱对比分析，描述学生知识结构情况，同时制订面向学习目标的个性化学习路径，构建千人千面的学习方案。2020年，科大讯飞阿尔法蛋将人工智能与儿童教育深度结合，利用数据深度挖掘、语义分析、知识串联等技术，为每个孩子提供人工智能学习助手。少儿知识图谱全面升级了阿尔法蛋的知识储备，使其变得更加"聪明"，大大提升了交互体验，激发孩子的学习兴趣。

图书情报领域。图书情报知识图谱是指聚焦特定细分行业，通过结合语义技术对各类数据资源进行语义组织，以整合行业内资源为目标的知识图谱，提供知识搜索、知识标引等知识服务，助力科研工作者开展科学研究、企业从业者进行市场分析等。2020年，同方知网数字出版技术股份有限公司以知识本体为基础，以知识图谱为知识表达方式，重新组织数据，打造中国知网数字人文研究平台。该平台为人文研究提供数字化、可量化、多样化的研究工具集，利用大数据技术辅助提高人文研究算力，推动和引领数字人文研究范式的转变。

（二）知识图谱产业规模呈现增长趋势

知识图谱行业产业链上游主要以各类数据源企业或机构为主，主要负责数据采集、数据挖掘，并对数据进行预处理和前期结构化。当前，知识图谱服务平台均自建数据服务团队开展前期数据采集、挖掘、预处理，再根据实际业务需要从第三方数据服务商处购买相关数据服务以完善前期数据库。因此，数据提供方主要可分为知识图谱平台自建数据库和第三方数据库。产业链中游主要以提供知识图谱解决方案的大数据智能公司、互联网公司和AI公司为主，主要负责构建知识图谱和提供具体场景应用服务，是知识图谱产业链的核心环节。

2020年，知识图谱产业链中游市场较为活跃，竞争者主要包括互联网巨头旗下知识图谱平台、传统解决方案商旗下知识图谱平台和初创型知识图谱平台。产业链下游主体为知识图谱服务的最终用户，包括企业、政府、组织、个人等。中游的知识图谱服务平台为下游用户提供各类具体应用场景服务。当前，应用场景以公安、金融、工业、能源、政务、医疗、教育、司法领域等为主。

随着人工智能算法和算力的不断提升，数据来源越来越广泛，大规模自动化的知识获取和全新的知识表示成为可能，有效促进知识图谱领域升级，知识图谱管理平台与建模服务、垂直行业知识图谱应用产品及解决方案等方面得到较快发展。随着数据、算法、算力基础的完善和通用，以及垂直领域的市场需求，知识图谱领域产业规模将持续走高，但在行业可落地性和理性建设的限制下，预计市场增速将呈现下降趋势，从整体发展来看增速处于良性区间，对真正有价值的公司、产品和解决方案有正向意义。

三、知识图谱发展仍然面临严峻挑战

2020年，知识图谱发展取得长足进展，同时仍然面临一系列挑战。首先，知识图谱在信息抽取、知识表示、知识推理等方面仍面临技术困难，需要研究攻关。其次，知识图谱标准化工作还处于起步阶段，标准设计顶层设计有待加强。最后，知识图谱公共服务平台建设发展缓慢，知识图谱各利益相关方合作机制建设有待探索。

（一）知识图谱技术瓶颈难突破

现阶段的知识图谱在信息抽取、知识表示、知识推理等方面面临技术困难。在信息抽取方面，方法可拓展空间小，难以实现在大规模开放链接中高效抽取信息。在知识表示方面，在应对复杂多源的信息数据时，表达能力薄弱，尤其对于垂直领域知识图谱，难以全面表达知识体系。在知识推理方面，常出现推理知识准确率低、冗余度高、逻辑性弱等问题，将推理所得知识加入知识库前还需进行可证明性检查、冗余性检查等。知识图谱赋能应用仍然面临较大的技术难题，需要进一步突破技术瓶颈。

（二）知识图谱标准化建设难推进

标准化是知识图谱技术与应用发展的基础和前提。现阶段的知识图谱标准化工作还处于起步阶段，需要加强标准化顶层设计，基于知识图谱技术和应用现状，把握技术演进趋势和产业发展方向，扎实推进通用领域及垂直领域知识图谱标准体系建设，发挥标准对产业发展的支撑保障作用。

（三）知识图谱公共服务平台建设发展缓慢

知识图谱的构建数据积累和算力性能还处于初级阶段，需要围绕知识图谱技术验证、标准测试数据集开发、构建工具研制、数据开放与共享等问题，加快通用领域及垂直领域知识图谱公共服务平台建设，探索知识图谱用户、产品供应商、工具开发方等合作交流与需求对接，促进知识图谱公共服务。

四、知识图谱仍然具有较大发展前景

作为提升认知智能水平、推动强人工智能发展、解决实际问题的基石，智能图谱未来仍然具有较大发展前景。首先，多模态知识图谱构建将继续2020年的趋势，获得长足发展。其次，知识图谱与深度学习将进一步系统发展，优势互补。最后，知识图谱与区块链可能进一步融合，保证知识图谱信息的公开、透明、不可篡改。

（一）多模态知识图谱构建将成趋势

大数据时代，数据不仅包含文本数据，还包含视觉、听觉数据等。传统的知识图谱致力于处理结构化数据和文本数据，缺乏有效的技术手段从视觉、听觉等数据中抽取知识，只能将不同模态的数据分别完成抽取，再通过图谱融合形成多模态图谱。该方法没有从源头上考虑不同模态特征之间的依赖和对应关系，使知识融合结果无法完美刻画多模态数据本身蕴含的各种关联。多模态知识图谱在传统知识图谱的基础上，把多模态化的认知体验与相应的符号关联，构建多模态下的实体，以及多模态实体间多种模态的语义关系，使得图谱构建之初开始就具备多模态的特性。

（二）知识图谱与深度学习协同发展前景广阔

深度学习属于机器学习分支，擅长解决端到端的问题；知识图谱属于知识工程分支，擅长处理知识类问题。现阶段的深度学习模型得出的结果常和先验知识相冲突，而知识图谱作为知识表示方式，能生成各类机器友好的知识图谱，为深度学习模型提供先验知识作为训练数据，指导深度学习模型训练和学习。现阶段的知识图谱在信息抽取、知识推理、知识融合等方面也遇到技术瓶颈，而深度学习模型能有效完成端对端的实体识别、关系抽取、关系补全等工作，对知识图谱进行完善。知识图谱和深度学习互补作用明显，是知识图谱的重要发展思路。

（三）知识图谱与区块链结合发展成为方向

区块链技术具有去中心化、透明化等特点。利用区块链去中心化特点能够实现多节点知识输入、储存和更新，使开放链接知识库在更多分布节点获取知识，鼓励广大人群共同参与知识图谱搭建，同时解决容错性问题，提升系统的抗攻击性，使知识图谱或知识管理平台不因局部故障停止工作。利用区块链透明化特点使知识图谱记录数据不可逆、不可篡改，在系统层面实现信息公开，平台信息高度透明，每次记录或标注数据和知识都能追溯到源头，改善知识产权保护缺失的问题，实现知识确权。探索实现知识图谱与区块链技术相结合，成为知识图谱发展的重要趋势。

参考资料

1. 肖仰华，等. 知识图谱概念与技术. 北京：电子工业出版社，2020-01。
2. 朱小燕，李晶，郝宇，等. 人工智能知识图谱前沿技术. 北京：电子工业出版社，2020-06。
3. 刘知远，韩旭，孙茂松. 知识图谱与深度学习. 北京：清华大学出版社，2020-06。
4. 清华大学人工智能研究院，等. 人工智能之认知图谱，2020-08。
5. 爱分析. 2020 爱分析知识图谱厂商全景报告，2020-08。
6. 艾瑞咨询. 面向人工智能"新基建"的知识图谱行业白皮书，2020。
7. 清华大学人工智能研究院，等. 人工智能知识图谱，2019-01。

8. 中国电子技术标准化研究院. 知识图谱标准化白皮书，2019-08。

9. 头豹研究院. 2019年中国知识图谱行业市场研究，2019。

10. 艾瑞咨询. 去往认知海洋的一艘船——中国知识图谱行业研究报告，2019。

声纹识别技术应用进入落地阶段

李阳　李美桃　杨天　马晓雪[1]

摘　要： 近年来，随着深度学习技术的突破，人工智能领域加速崛起。在人工智能热潮的影响下，声纹识别技术呈现出快速发展的态势。声纹识别作为身份识别的研究热点之一，逐渐从理论研究走向实际应用。目前，国内外越来越多的公司在声纹识别市场加大产业布局和资本投入，已在公共安全、金融、保险等领域实现项目成功落地。但是，声纹识别技术应用仍面临标准滞后、技术缺失、引导不足三大瓶颈，需要政府引导、技术研发和市场需求的共同作用，以推动声纹识别产业高质量发展。

关键词： 声纹识别；产业布局；项目落地；引导发展

Abstract: In recent years, with the breakthrough of deep learning technology, the field of artificial intelligence has accelerated its rise. Under the influence of the artificial intelligence boom, voiceprint recognition

---

[1] 李阳，国家工业信息安全发展研究中心助理工程师，电子与通信工程硕士，主要从事人工智能技术研究及国内外发展情况分析工作；李美桃，国家工业信息安全发展研究中心人工智能所工程师，主要从事人工智能产业发展研究与技术、产品测评研究工作；杨天，国家工业信息安全发展研究中心助理工程师，主要从事国内外人工智能应用及相关检验检测领域研究工作；马晓雪，国家工业信息安全发展研究中心助理工程师，资源与环境专业学士，从事人工智能、大数据等领域基础研究工作。

technology has shown a rapid development trend. As one of the research hotspots of identity recognition, voiceprint recognition has gradually moved from theoretical research to practical application. At present, more and more companies at home and abroad have increased their industrial layout and capital investment in the voiceprint recognition market, and have successfully implemented projects in the fields of public security, finance, and insurance. However, the application of voiceprint recognition technology still faces three major bottlenecks: lagging standards, lack of technology, and insufficient guidance. Government guidance, technology research and development, and market demand are needed to promote the high quality development of voiceprint recognition industry.

Keywords： Voiceprint Recognition; Industrial Layout; Project Landing; Guide Development

一、声纹识别以安全性为优点，相关研究持续增长

云计算、大数据、人工智能等新一代信息技术的快速发展和不断融合，推动了生物特征识别技术向多元化、应用安全、算法创新的方向发展。生物特征识别技术作为一种身份识别手段具有先天优势，主要是因为生物特征具有唯一性，并且在一定时期内不发生改变，如指纹、虹膜、声纹等。相对比指纹、虹膜等生物特征，声纹则在解决不可撤销和隐私侵犯等问题上表现出更加安全的特性，这也使声纹识别技术研究一度成为最热门的研究方向。

（一）声纹识别可分为说话人辨认和确认两类

声纹识别（Voiceprint Recognition，VPR）又称为说话人识别（Speaker Recognition），根据场景不同可以分为说话人辨认（Speaker Identification）和说话人确认（Speaker Verification）两类。其中，说话人辨认技术是用来判断若干人中是谁所说的某段语音，属于"多选一"判别问题；而说话人确认技术是用来判断是否是指定的某个人所说的某段语音，属于"一对一"判别问题。不同的场景和任务所使用的声纹识别技术也不尽相同，如辨认技术可用于缩小刑侦范围，而确认技术可用于银行交易时的身份核验。无论是辨认还是确认，都需要经过模型"训练"或"学习"过程，并构建说话人的声纹模型库。

在模型训练过程中，提取说话人 A 和说话人 B 的声音特征，并且将提取后的声音特征经过模型训练，构建独有的模型库，用以在识别过程中验证被识别人声纹匹配度，进而确定被识别人身份。具体流程如图 5-1 所示。

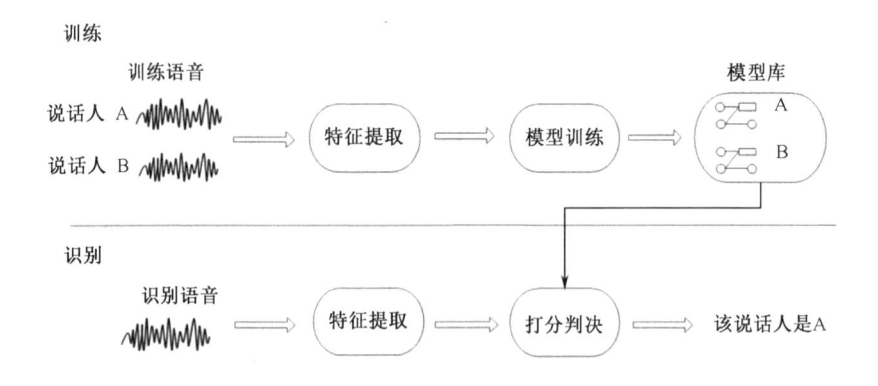

图 5-1 一个基本的说话人识别系统框架

资料来源：《声纹识别技术及其应用现状》。

（二）与其他生物特征识别技术相比，声纹识别技术具有更高的安全性和稳定性

常见的生物特征包括指纹、人脸、虹膜、视网膜、声纹、静脉等，代表着每个人所固有的特点。但在实际应用中，这些生物特征的认证都有其一定的局限性，例如，手指脱皮或受伤情况下会影响指纹识别的准确度；冒用其他人指纹从事非法犯罪行为，使案件的侦破难度加大；而虹膜识别和视网膜识别都需要昂贵的采集设备，并有影响使用者眼睛健康的可能性。

声纹独特的特征主要是由声带振动频率和声腔尺寸两个因素决定的。即使两个人说话内容相同，但在语谱图上的纹路并不一样；并且声纹特征在成年后相当长的时间内变化性不大；也正是声纹特征同时具备特定性和稳定性，为声纹识别提供了可行性条件。与此同时，语音采集设备成本低廉，并且使用简单；语音信息易获取，在采集过程中涉及个人隐私信息较少；声纹信息难以伪造，由于声纹特征属于个体所特有属性，其伪造难度大，因而其安全性更高。声纹识别技术与其他识别技术相比较如表5-1所示。

表5-1 声纹识别技术与其他识别技术相比较

识别技术	错误接受率	错误拒绝率/%	容易实用性	处理速度/人	易仿冒程度	生物特征
指纹	很低	较低	好	≤1s	一般	生理特征
掌纹	低	5	使用困难	5~10s	一般	生理特征
虹膜	很低	约10	需要培训才能使用，手工操作对虹膜有困难	自动对准虹膜需要3~5s，手工操作需要5~25s	极难	生理特征
视网膜	未知	未知	不好	15~30s	极难	生理特征
人脸	低	<0.2	非常好	≤5s	一般	生理特征
声纹	低	低	可以	1~3s	难	行为特征
签名	低	10	一般	5~10s	一般	行为特征

资料来源：美国圣何塞州立大学—国家生物特征测评中心。

（三）声纹识别专利申请量持续增长

声纹识别相关专利申请量增速迅猛。通过对声纹识别领域相关专利进行检索，全球现有 3368 项专利（专利数据均截至 2021 年，数据来源于佰腾网），总体发展趋势呈现增长态势。

目前，中国拥有声纹识别相关专利 2596 项（专利数据均截至 2021 年，数据来源于佰腾网），具体如图 5-2 所示，特别是近 5 年的发展优势更为明显，专利申请量保持迅猛增速，但多数专利申请尚处于实审过程中。

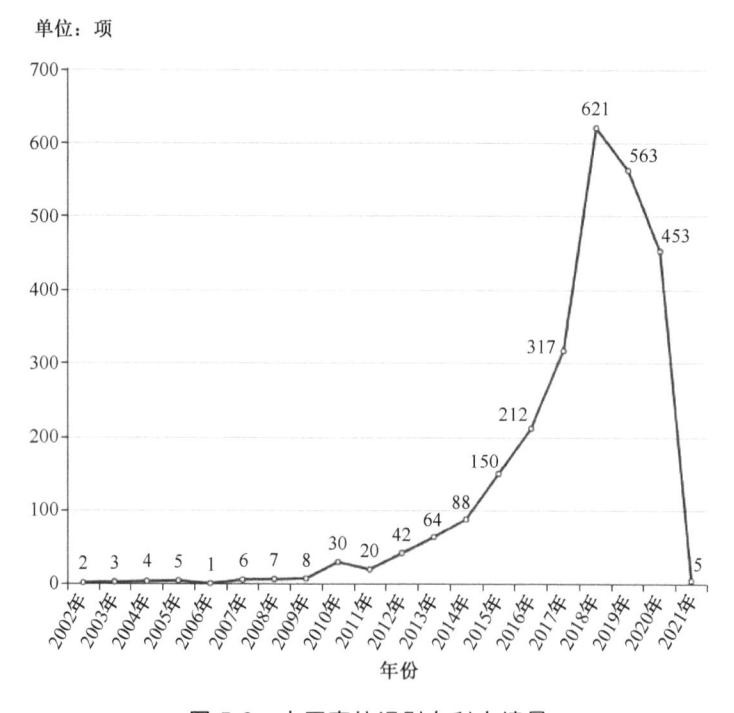

单位：项

年份	数量
2002年	2
2003年	3
2004年	4
2005年	5
2006年	1
2007年	6
2008年	7
2009年	8
2010年	30
2011年	20
2012年	42
2013年	64
2014年	88
2015年	150
2016年	212
2017年	317
2018年	621
2019年	563
2020年	453
2021年	5

图 5-2 中国声纹识别专利申请量

资料来源：佰腾网。

越来越多的企业认识到了声纹识别的技术优势，并给予了一定的重视，主要体现在以下两个方面，一是结合已有技术探索更广的应用场景，这类专利的申请量较大，如智能家居设备和移动终端等，但是申请突破性并不大，技术原创度不高；二是在基础专利上做文章，如百度、腾讯、芋头科技等公司从研究底层算法入手，目的是从声纹识别的准确率、鲁棒性等方面提高声纹识别技术的可靠性。因此，在这一阶段可以看出大企业专利布局开始从量向质的方向转变，这为声纹识别技术的可持续健康发展也打下了基础。

二、声纹识别技术逐渐兴起，但应用场景仍较缺乏

（一）声纹识别产业正在起步阶段

1. 声纹识别市场规模不断扩大

与指纹、虹膜、掌纹等研究和发展相比，声纹识别虽然还处于非常初级的阶段，但行业已初步形成规模，并不断扩大。中国市场调查网数据显示，2018年，我国声纹识别行业生产规模为15.57亿元，同比增长35.4%；2020年，我国声纹识别行业生产规模为30.32亿元，同比增长33.2%。与此同时，我国声纹识别行业企业数量不断增加，2018年，我国声纹识别行业企业数量为32家，2020年，我国声纹识别行业企业数量为46家，其中代表性的企业有国音智能、声扬科技、声智科技、快商通、远鉴科技、捷通华声、中科昊音、厦门天聪、思必驰和云知声等。

2. 专业厂商强势领跑声纹识别市场

声纹识别市场发展历程可大致分为三个阶段：第一阶段，2000年前后，市场主要由第一批老牌语音厂商占有；第二阶段，2005年前后，深耕声纹的专业厂商把控市场；第三阶段，2015年前后，人工智能领域的企业开始崭露头角，最近两年，百度、阿里巴巴、腾讯等大型互联网公司也相继步入声纹领域。但是，仅极少数的几家高校和科研机构有明确的技术来源，相当一部分厂商的技术来源不够清晰。

3. 正在开展声纹识别的标准化建设

2008年3月，信息产业部正式颁布实施了《自动声纹识别（说话人识

别）技术规范》。2014年8月，公安部颁布实施了《安防声纹确认应用算法技术要求和测试方法》。中国建设银行、清华大学、北京得意音通技术有限责任公司联合起草了《手机银行中基于声纹识别的增强安全应用技术规范》。2018年10月9日，中国人民银行正式发布了《移动金融基于声纹识别的安全应用技术规范》（标准编号：JR/T 0164—2018）。与此同时，《关于发布金融行业标准规范声纹识别技术金融应用的通知》（文件编号：0001-2018-S-000-005057）也一同发给了全国各大银行及各类金融机构。目前，由清华大学牵头，国家工业信息安全发展研究中心人工智能所参与的国家标准《信息安全技术 声纹识别数据安全要求》正在撰写中，不久将会发布。

（二）声纹识别主要应用于公共安全、金融行业、社会养老三大场景

声纹识别技术自研究成熟之后，逐渐与市场相融合。早在1998年，欧洲电信联盟已将声纹识别技术应用到电信与金融结合领域，而国内对声纹识别技术的研究起步相对滞后，但经过国内专家、学者的不断努力，使得声纹识别技术得到了较好的发展与应用，主要集中在公共安全、金融行业、社会养老等领域。

1. 声纹识别技术提高公共安全管理能力

声纹识别技术应用有力地保障了国家和公共安全，在国防安全、司法矫正、反电信诈骗、公安刑侦等领域表现突出。20世纪80年代末，中国刑警学院文检系和公安部物证鉴定中心就已开展了声纹鉴定技术的相关研究工作，并分别建立了声纹鉴定实验室和声纹鉴定研究课题组。目前，已然总结出一套科学的鉴定与甄别方法。

随着移动互联网的快速发展，利用网络高科技手段实施犯罪的案件层出不穷。2019年，全国共破获电信诈骗20万起；2020年，全国共破获电信诈骗25.6万起。在此期间，公安司法人员通过理解诈骗通话意图，采用

声纹识别技术精准定位诈骗人员，缩小了侦查范围，减少了单纯图像识别带来的误差，提高了生命财产的安全系数。

在车站、码头、机场、酒店等公共安检点和关键卡口中嵌入声纹识别系统，通过声纹生物特征与语音内容的双因子识别，可以有效对涉暴、涉恐、涉毒等重点人员进行甄别和警报提醒，将声纹辨别技术和通信跟踪技术相融合，完成对罪犯犯罪行为的预防和快速侦查追捕。除此之外，声纹识别技术还可以用于监听已满刑释放犯罪嫌疑人的可疑行为，可有效阻止犯罪嫌疑人再次犯科，以维护公共安全。

2. 声纹识别"黑科技"助力金融行业风控安全新升级

声纹识别最早实现规模化商用的是在金融领域，达到远程身份认证、在线交易、支付和其他金融服务的安全性要求，并已逐渐广泛应用于证券交易、银行交易及信用卡识别等金融领域。

传统的"用户名+密码"身份认证方式存在极大的安全隐患，金融机构开始积极运用指纹识别、人脸识别、声纹识别等技术，以确保客户身份鉴别数据的唯一性和准确性。客户端身份认证可采用动态声纹密码的方式，确保了个人资金和交易支付的安全。2013年5月，英国巴克莱银行成为世界上第一个使用声音识别技术进行身份认定的金融机构。2018年12月，浦发银行移动App在银行业内率先推出声纹文本认证服务，验证成功后可作为密码登录系统。目前，微信和支付宝App也都允许用户创建声音锁用于身份验证，使用声音保护账号安全。

在信贷业务、业务沟通、信审环节也都可以引入声纹识别技术完成用户身份核验，自动匹配个人信息，完成信审身份审核，可以有效降低冒用他人身份进行骗贷及多头贷款等事件的发生率。

3. 声纹识别增强社会保险身份认证与管理能力

声纹识别技术可有效解决老年人身份认证问题，方便老年人足不出户安全快捷领取养老金。

依据国际公认的老龄化社会标准，从1999年开始，中国迈入老龄化社会并呈现加速上升趋势。截至 2020 年，中国 65 岁以上的老年人达 1.8 亿，约占总人口的 13%。随之带来的是养老保险发放管理工作的难度不断增加，难以避免不同程度冒领养老金现象的发生。目前，关于身份验证主要由公安部门（社区退管组织）出具身份证明，由社保经办机构认证；或以走访、调查、慰问的方式了解退休人员生存状况，这种人工方式效率低下，并且准确率极低，容易出现验证结果伪造现象。

目前，采用声纹识别技术进行社会保险身份认证工作正在全国多省及自治区开展试点运行，明显为当地群众提供了便利。声纹识别不仅保障参保人员现场的身份认证，还支持远程的身份认证。相对于指纹和人脸等识别技术，声纹识别可有效解决需现场办理、不易采集、易伪造等问题，同时，避免了身份造假的可能性，杜绝了因养老金冒领而导致养老金流失现象发生，也方便了老年人足不出户就能领取养老金。

三、声纹识别准确率易受环境及身体状况影响，仍缺乏标准约束

近年来，声纹识别技术虽说发展迅猛，但仍处于初期起步阶段。目前，已在安防、金融等领域已有项目成功落地的案例。然而，在实际使用过程中，也暴露出许多问题，主要是因为现实环境更为复杂，众多干扰项影响了声纹识别判断的准确性。除此之外，关于声纹识别的行业及国家标准欠缺，未来发展仍离不开政府监督和引导。

（一）环境噪声、身体状况等因素影响声纹识别的准确率

与其他生物特征识别相同，声纹识别也是一种基于数据驱动的模式识别，因此，声纹识别也存在模式识别遇到的问题，除此之外，一些物理因素和计算问题也会影响声纹识别的准确率。

虽然声纹具备良好的唯一性特征，但实际上现有的设备和技术仍然难

以做出精准分辨。主要包括以下几点因素的影响：一是在环境噪声较大或混合说话人的环境下，声纹特征难以提取、建模，也正是由于环境的多样性和未知性，导致无法完全消除噪声对整个提取过程的影响，进而影响声纹识别系统的性能；二是人的声音易受身体状况、年龄、情绪等的影响，这种因为身体状况发生的变化，实质上是由于发声器官本身发生了改变，致使声音特质也随之改变，微弱的变化会削减两个语音的相似性，进而导致声纹识别系统的性能下降；三是语速快慢、音量大小、语气变化、假声说话等发音方式的不同，其听觉效果也不相同，由于发音方式是发音器官在发音时的一种行为特性，决定了语音信号频率的产生，即使在语音内容相同的情况下，也会影响声纹识别的准确判断。

（二）声纹识别缺乏系统性行业标准

标准是企业产品生产质量的重要依据，也是所处行业最基础的技术门槛。标准化落地是声纹识别产品普及的前提，标准如同社会的法律法规规范技术的发展趋势，并对整个行业发展起到至关重要的作用，是构建行业全球生态的基础。在行业应用方面，虽然声纹识别技术在金融领域具备一定的基础，但是由于没有一个系统的行业性标准，整个声纹识别还是不具备规模效应，还处于探索和发展过程中。

声纹识别产业化不仅需要攻克技术难关，行业规范及相关法律法规也需要及时到位。近年来，各方对声纹识别的关注与重视逐渐增加，2018年，中国人民银行颁布了《移动金融基于声纹识别的安全应用技术规范》，促进了基于声纹识别的各种应用的发展。但是在发展的过程中，需要保持客观冷静，不能盲目夸大声纹的作用，也不能裹足不前。要加强技术研究分析，稳妥有序地开展声纹识别技术在金融领域的研究和应用。通过制订声纹识别的技术框架、业务流程、功能要求、性能要求及安全要求，从由"技术引领"逐渐向"标准引领"转化，形成全球共识，全面推动生物识别技术与应用发展，促进产品优化升级，提高企业竞争力。

四、声纹识别应用前景进一步扩大

万物互联的发展趋势,也是各种数据信息互联的发展趋势,如何确保数据信息的安全将关系到每个人的利益,其中,声纹识别将是未来提升安防解决方案的重要手段。预计 2021 年,在声纹识别技术不断创新和市场资本的运作下,声纹识别产业将进一步发展,应用场景将更为广泛。

(一)"无接触"场景驱动声纹识别技术落地

在此次新冠肺炎疫情期间,生物特征识别技术对疫情防控发挥了重要作用,不仅指纹识别等接触式识别技术得到了广泛应用,而且虹膜、步态、人脸识别等非接触式识别技术也得到了大众认同。声纹识别作为一种无接触、不惧遮挡的身份认证方式,更适合远程身份确认。这次疫情产生的"无接触"需求,间接成了声纹识别技术升级的强势推动剂,进一步推进市场发生巨变。

(二)"声纹+"多模态融合技术提高识别准确率

"声纹+"多模态融合即在声纹识别中融合行为识别、人脸识别、图片识别、视频识别等多种识别方式,进行综合分析与应用。多模态生物识别技术通过整合多种识别技术,增加识别系统复杂性,保证结果的准确性,更加安全,并且极大地降低了生物识别对环境的依赖度,能够满足用户不同目的和环境下的使用要求。

(三)动态声纹密码登录方式将成为未来发展趋势

随着 2018 年中国人民银行《移动金融基于声纹识别的安全应用技术规范》的颁布,以及 2019 年金融科技产品认证的出台,金融业继续稳居声纹识别产业的第一大民用领域。截至2020年下旬，约有30家银行机构采购了声纹识别技术产品，其中基于"动态声纹密码"的声纹登录场景首当其冲成为金融业第一大应用场景，未来将会得到更加广泛的应用。

参考资料

1. 郑方，李蓝天，张慧，等．声纹识别技术及其应用现状，2016-01。
2. 中国声纹识别产业发展白皮书2.0——12大发展趋势（1）。
3. 曾春艳．深度学习框架下说话人识别研究综述。
4. 得意音通，清华大学，等．2019中国声纹识别产业发展白皮书，2019-04。
5. 魏莲芳．基于"互联网+"的声纹识别技术在刑事案件侦破中的应用研究．现代电子技术，2020（7）：34-38。
6. 赵宏，岳鲁鹏，孔东一，等．一种基于多特征的声纹识别方法，2020。
7. 李平，张雷．基于声纹识别的身份认证算法研究，2020。
8. 维基百科．https://en.wikipedia.org/wiki/ImageNet。
9. 杨先霞，叶利莹，张兰玉，等．声纹在综合领域的应用研究．今日财富，2020（10）：39-41。
10. 赵春昊，莫重骥，矫欣航，等．声纹识别技术发展与应用浅谈．中国安全防范技术与应用，2020（05）：18-21。
11. 王炎．浅谈声纹识别技术与安全．网络安全技术与应用，2017（1）：5-6。
12. 曾晓立，陈志彬．声纹识别技术在金融领域应用的探究．金融科技时代，2019（5）：47-50。

B.6 计算机视觉新技术、新应用加速产业化发展

朱倩倩　桓书博　朱顺辉　张蓓　刘瑞雪[1]

摘　要： 由于中国计算机视觉科研成果丰硕，不断突破新技术，在应用层面已处于国际领先地位。加上"新基建"等多项人工智能政策红利和新冠肺炎疫情防控催生众多的应用场景，进一步推动了相关产业的发展，人脸识别仍是计算机视觉市场的重要方向。已有业态的成熟加剧了相关企业的竞争，各企业从技术、业务、国家战略层面布局底层技术，并开源人工智能框架，抢占国内开发者资源，布局产业生态。但在技术应用的过程中仍会遇到成本过高、技术泛化能力差等问题。未来，随着疫情防控应用持续深化，应用场景不断拓展，应用市场更加广阔，技术前景看好。

关键词： 人工智能；计算机视觉

Abstract: Due to the fruitful scientific research achievements of Chinese computer vision and continuous breakthroughs in new technologies,

---

[1] 朱倩倩，国家工业信息安全发展研究中心工程师，软件工程硕士，主要从事计算机视觉相关研究；桓书博，国家工业信息安全发展研究中心助理工程师，软件工程和英语双学位学士，长期从事人脸识别方向产品测评与标准研究；朱顺辉，翻译硕士，国家工业信息安全发展研究中心助理工程师，长期跟踪国内外人工智能、电子信息产业领域政策与前沿热点新闻；张蓓，百度AI产品业务部高级产品经理；刘瑞雪，百度高级产品经理，计算机工程硕士，主要从事人工智能人脸识别方向产品研究与落地。

it has been in a leading position in the world in terms of application. Coupled with the "new infrastructure" and many other artificial intelligence policy dividends and the prevention and control of the new crown pneumonia epidemic has spawned numerous application scenarios, which have further promoted the development of related industries, face recognition is still an important direction of the computer vision market. The maturity of existing business formats has intensified the competition among related companies. Each company deploys the underlying technology from the technical, business, and national strategic levels, and opens up the artificial intelligence framework to seize the resources of domestic developers and lay out the industrial ecology. However, in the process of technology application, problems such as high cost and poor technology generalization ability will still be encountered. In the future, as the application of epidemic prevention and control continues to deepen, the application scenarios continue to expand, the application market is broader, and the technological prospects are promising.

Keywords: Artificial Intelligence; Computer Vision

一、计算机视觉技术不断突破，新需求、新应用迅速落地

随着计算机视觉技术的不断发展，全球相关科研成果的数量及质量均有稳步提升，我国的科研成果数量占比也大幅提升。全球新冠肺炎疫情的暴发，催生了计算机视觉的新应用，促进了计算机视觉新技术的发展。

（一）计算机视觉科研成果数量和质量均有提升

2020 年，计算机视觉领域论文投稿数量及审核质量均稳步提升。国际计算机视觉大会（ICCV）、计算机视觉模式识别大会（CVPR）和欧洲计算机视觉会议（ECCV）被称为计算机视觉三大顶级学术会议，其中计算机视觉模式识别大会每年举办一次，国际计算机视觉大会和欧洲计算机视觉会议每两年举办一次。在国际计算机视觉大会官方公布的数据中，2019 年投稿数量比 2017 年翻倍，2021 年投稿仍在进行中，按照以往经验投稿数量仍会比 2019 年有所增加。国际计算机视觉大会是计算机视觉三大会议中公认级别最高的，论文录用率较低，2019 年国际计算机视觉大会论文接收率仅为 25.02%，从侧面说明国际计算机视觉大会论文质量较高。在计算机视觉模式识别大会官方公布的数据中，2020 年共有 16955 位作者提交了 5865 篇有效论文，数量分别比 2019 年增长了 20% 和 29%。审稿人数量提高到 3664 位，比 2019 年的 2900 位增加了 26%，共产生 18207 份审稿意见。领域主席数量也有所增加，2020 年计算机视觉模式识别大会的领域主席比 2019 年增加了 50%，平均每篇文章的录用与否至少由三位领域主席做决定，整体提高了计算机视觉模式识别大会的稿件质量。在欧洲计算机视觉会议官方公布的数据中，2020 年有效投稿数为 5025 篇，其中接收论文数为 1361 篇，相较于 2018 年有效投稿数 2439 篇，接收论文数 776 篇，在数量上均翻番。但论文录用率从 2018 年的 31.8% 下降到 2020 年的 27%，在论文的质量审核上有所提升。从 2017 年到 2021 年，计算机视觉模式识别大会（CVPR）的有效稿件总数和论文接收数量均逐年增加（见图 6-1）。但计算机视觉模式识别大会（CVPR）的论文接收率却有明显的下降趋势，可见对论文的质量要求愈加严格（见图 6-2）。

（二）我国在计算机视觉科研领域已占据一席之地

2020 年，我国在计算机视觉领域的科研成果数量、论文参与人数及投稿机构数量均名列前茅。在 2019 年国际计算机视觉大会接收的论文中，

B.6 计算机视觉新技术、新应用加速产业化发展

中国投递论文数量最多，高达350多篇，第二名为美国，其次为德国、韩国。在2019年国际计算机视觉大会官方推特列出的投稿单位排名中，中国科学院、清华大学、华为、百度等高校和企业均名列前茅。中国科学院和清华大学更是以237篇和175篇的论文投稿数量遥遥领先。据2020年计算机视觉模式识别大会公布的数据，参与计算机视觉模式识别大会论文的

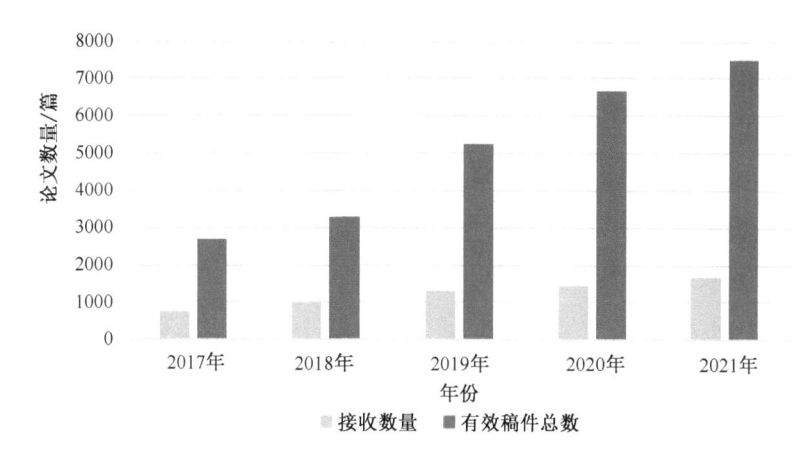

图6-1 2017—2021年计算机视觉模式识别大会（CVPR）论文数量趋势

图6-2 2017—2021年计算机视觉模式识别大会（CVPR）论文接收率趋势

资料来源：计算机视觉模式识别大会。

中国作者数量首次超过美国，位列世界第一，比例高达39.2%；美国作者数量占比为22.7%，位列第二。在论文作者所属机构的排名中，来自清华大学的作者高达340位，位列第一；来自谷歌的作者308位，位列第二；在排名前十的机构中，中国高校占据了7席，包括上海交通大学、北京大学、浙江大学、中国科学技术大学、北京航空航天大学、西安电子科技大学。2020年欧洲计算机视觉会议对投稿的研究机构进行统计，排名第一的谷歌有180位作者；排名第二的是香港中文大学的140位作者；排名第三的是北京大学的110位作者；清华大学、上海交通大学、中国自动化研究所、华为技术研究院均名列前茅。

除上述高校及科研机构外，中国科技龙头企业在计算机视觉的科研成就也有所突破。在2020年计算机视觉模式识别大会中，百度中选19篇，比2019年的17篇多了2篇；旷视科技中选16篇，比2019年的14篇有进步；华为诺亚方舟实验室高级研究员王云鹤团队中选7篇；快手中选6篇；虎牙也有1篇论文入选。在2020年欧洲计算机视觉会议中，旷视有15篇论文入选，刷新了上届入选10篇的纪录。腾讯优图实验室共有8篇论文入选。百度也有不菲的成绩，有10篇论文入选。这些成绩彰显了中国原创AI技术的领先性，也反映出中国在学术与产业前沿技术研究上的实力，从侧面印证了中国企业多年来构建的务实、高效的产学研体系所具备的价值——做源自产业的学术研究，解决制约当前发展的关键技术和理论瓶颈。

（三）4D理解、背景替换和全息瞬移成为技术新突破

2020年，4D理解、背景替换和全息瞬移三个技术突破让人倍感兴奋，新的技术突破带来了新场景应用，反作用推动了计算机视觉更深入的发展，给现实世界带来了积极的影响。

4D理解通过计算机视觉模型进行实时的空间分析，系统能够跟踪物品、人、互动行为及群组活动，并进行分析，最终做出决策。这项技术完美地诠释了"现实即服务"，如在医院或工厂这样特别关注安全和质量的

场所，摄像头会对人、地和物这些要素进行实时图像信息抓取，并通过动作理解模型对云端视频进行推理分析，判断动作流程是否按照程序或安全合规。通过整合多种计算机视觉技术，我们可以实时地提供分析及决策服务，4D理解技术将会被广泛地应用于科、教、文、卫、工等多重领域，给人们的生产和生活带来新的变革。

背景替换是利用计算机视觉模型和景深数据制做出虚拟背景，达到身临其境替换背景的效果。在2020年5月举行的微软开发者大会上，主办方就是利用这项技术将演讲者在家中的影像拍摄下来，投射到一个虚拟舞台上，完全不需要使用传统的抠图绿幕。这是因为在演讲者拍摄影像的同时，拍摄设备可以记录RGB（红绿蓝）色值和景深数据，并将这些数据输入人工智能模型生成动态的透明蒙版，然后用虚拟舞台替换掉背景，就达到了身临其境的效果。这项技术打破了传统的背景替换方式，在时效性和替换效果上都有很大提升，将广泛应用于影视及游戏制作。

全息瞬移是配合全息眼镜使用的，将人和物体的三维图像实时传输，达到类似瞬间移动的效果。在2020年5月举行的微软开发者大会上，一位名叫朱丽叶的女士戴上全息眼镜后，她的掌心便出现了一个微版的自己，经过一段炫酷的特效，一个真人大小的全息影像版朱丽叶就出现在大家面前，"复刻版"朱丽叶的表情神态和语音语调与本人如出一辙，并且用日语流利地做起了演讲，而她本人根本不会日语。这项技术综合了神经网络文本、语音、全息计算等，可自由超越时间、空间和语言的局限，一定会在不久的将来得到应用发展。

二、疫情防控催生应用场景，助力产业规模快速扩张

随着新型基础设施建设、人工智能、工业互联网、数字化转型等政策的提出，新冠肺炎疫情的防控和复工复产活动催生应用场景和解决方案，进一步加速了计算机视觉的产业发展。由于该领域的商业成熟度较高，已形成较为稳定的市场竞争格局，市场竞争的加剧使得企业纷纷开源人工智

能框架，以便提前布局产业生态。

（一）计算机视觉市场规模保持较高的增长速度

目前，计算机视觉行业增速持续保持较高的增长趋势，深度学习和卷积神经网络技术推动着计算机视觉技术，同时也驱动着整个人工智能行业的迅速发展，计算机视觉技术已在各行各业有着举足轻重的作用。前瞻产业研究院根据六大权威机构的数据判断（见表6-1），我国2020年计算机市场规模大约在700亿元。

表6-1　2020年我国计算机视觉市场规模

机构类型	机构	规模	复合增长率
国内机构	中国信息通信研究院	600亿元	96%
	腾讯研究院	660亿元	110%左右
	艾瑞咨询	725亿元	162.7%
	艾媒咨询	780亿元	125.5%
国外机构	Gartner	110亿美元	117%
	CB Insight	160亿美元	128%

资料来源：前瞻产业研究院。

纵观我国市场规模情况，人脸识别市场大约占到计算机视觉市场规模的一半，除了传统的人脸识别门禁、手机刷脸支付、人脸识别考勤等应用，新兴的应用有人脸特效、虚拟形象、无人零售、AR虚拟试妆等。2021年春节期间，人民日报新媒体基于百度大脑视频人脸融合技术，以"AI（人工智能）云拜年""舞福临门"为主题的宣传活动，通过H5页面快速在朋友圈中刮起了"换脸"热潮。2019年，浦发银行和百度共同发布的数字员工"小浦"，是业内首个综合运用3D人像实时驱动、多模态交互、自然语言处理、情绪识别、智能推荐、多因素生物认证等前沿技术，连接多个金融交易系统及物联网系统，在金融云上运行的规模化虚拟人金融应用。人脸识别市场覆盖安防、金融、营销、物流、娱乐、传媒、影视、文旅等多个领域。

（二）"新基建"等利好政策推动产业加速发展

2020年，国务院、中共中央政治局、工业和信息化部、国家发展和改革委员会等部门分别提出要加快5G、人工智能、工业互联网、物联网等建设，强调大力发展先进、智能、绿色制造业，打造产业升级、融合、创新的基础设施体系。在"新基建"的浪潮下，人工智能作为新技术基础设施的重要组成部分获得重点投入与发展，而计算机视觉作为人工智能核心技术也迎来了爆发式的商业化增长。2021年是"十四五"规划的第一年，是我国经济由高速增长转向高质量发展的关键阶段。中央各个部门及地方政府纷纷出台政策（见表6-2），全面推进产业智能化工作建设。

表6-2 近期计算机视觉国家和地方相关政策

政策名称	发布时间	发布部门	政策内容
《关于促进"互联网+社会服务"发展的意见》	2019-12	国家发展和改革委员会	鼓励新技术创新应用，培育壮大社会服务新产品新产业新业态。支持以计算机视觉为技术支撑的远程医疗、在线教育、智慧养老等领域发展
《关于加快推进国有企业数字化转型工作的通知》	2020-08	国务院国有资产监督管理委员会	组织机器学习、人机交互、计算机视觉等关键共性技术研发，推动人工智能芯片、智能机器人、智能化系统集成与软件的研发和产业化
《关于推动交通运输领域新型基础设施建设的指导意见》	2020-08	交通运输部	提出智能视频监控作为交通运输必不可少的基础建设，利用计算机视觉技术对视频信号进行处理、分析和理解，形成智慧交通监控体系
《关于山东省数字基础设施建设的指导意见》	2020-03	山东省	要前瞻布局以人工智能（包括计算机视觉技术）为代表的新型基础设施，持续推动交通、能源、水利、市政等传统基础设施数字化升级

续表

政策名称	发布时间	发布部门	政策内容
《上海市推进新型基础设施建设行动方案（2020—2022年）》	2020-05	上海市	利用以计算机视觉为代表的人工智能技术，围绕培育新经济、壮大新消费等需求，加快推动商贸、交通、物流、医疗、教育等终端基础设施智能化改造
《北京市加快新型基础设施建设行动方案（2020—2022年）》	2020-06	北京市	利用以计算机视觉为代表的人工智能技术，构建智慧政务、智慧城市、智慧民生、智慧产业

资料来源：国家工业信息安全发展研究中心整理。

在经济稳步发展、产业结构转型升级、制造业自动化及智能化进程加速、计算机视觉应用领域拓宽的机遇下，中国计算机视觉产业规模将会进一步增长。

（三）新冠肺炎疫情防控催生众多智能落地场景

随着新冠肺炎疫情的暴发，全球公共卫生环境形势严峻复杂，在公共安全领域，为了完善疫情防控体系，进一步阻断传播源头，戴口罩人脸识别和人体测温技术需求紧迫；在医疗卫生领域，由于巨大的医患数量比和大概率的病毒传染风险医生，计算机视觉远程会诊需求广泛；在教育领域，教育部提出疫情期间停课不停学，中国成为实际上第一个开启全国在线教育模式的国家，2亿多名学生为"互联网+教育"提供了真实的试验环境；在工业领域，计算机视觉在质量检测、无损检测和工业视频分析等方向均发挥了巨大的作用，在快节奏的工业操作条件下，生产质量仍至关重要，基于计算机视觉的检测解决方案具有准确、高效和低成本特点。

百度、腾讯、旷视科技、云从科技等多家企业提供了远程医疗会诊、智能服务机器人、医疗辅助诊断、智能测温、智能识别等解决方案、系统和设备（见表6-3），实现远距离戴口罩人脸检测和识别，非接触式自动筛查疑似发热人员，精准追踪重点车辆和人员轨迹。

B.6 计算机视觉新技术、新应用加速产业化发展 ★

表 6-3 新冠肺炎疫情防控需求及解决方案

需求类型	单位	解决方案	特点
远程医疗会诊	腾讯	医疗云会诊	通过企业微信群内在线医疗云会诊，可实现便捷分享患者病历，在线多人疫情电话会议沟通，通知传达
	中国电信	远程 CT 影像诊断系统	实现锁定/释放诊断、填写诊断报告、影像阅片、查询申请单、诊断模板等功能
	中国联通	5G 远程音视频会诊系统	利用 5G 远程音视频云会诊系统能够高效便捷地为医院实现跨院区的会诊服务，隔离区的医生、护士可通过手持终端连接 4G/5G 网络连接，实现隔离区或缺少高级医疗资源地区的远程会诊
智能服务机器人	中国电信	5G+医疗辅助机器人	主要在新冠隔离病房中使用，主要功能包括体征监测、刷脸发药、远程视频查房、自主导航、高精度避障
	百度	人工智能机器人抗疫解决方案	实现信息采集、体温检测、医护助理、无接触配送、消杀巡逻等功能
	云从	港口智能服务机器人	通过智能机器人采集和传送的实时现场录像，协助工作人员完成远程现场的查验任务，并辅以视觉识别技术进行物流目标检测和识别，降低检测工作者同人员和物流的接触风险
	云知声	智能配送机器人	云知声智能配送机器人支持全局定位和智能导航、模块化设计分层存储，同时可根据不同应用场景，定制化应用界面
医疗辅助诊断	阿里巴巴	新冠肺炎 CT 影像智能分析系统医疗辅助诊断阿里	快速鉴别新冠肺炎影像，同时提示病症区域，并给出相似电子计算机断层扫描（CT）图像辅助影像科医生解读新冠肺炎电子计算机断层扫描影像智能分析系统
	百度	人工智能肺炎筛查和病情预评估系统	快速完成对患者电子计算机断层扫描影像的病灶检测、病灶轮廓勾画、双肺密度分布直方图及肺部病灶的数量、体积、肺部占比等全套定量指标的计算与展示
	华为	新冠肺炎人工智能辅助诊断服务	对患者肺部多发磨玻璃密度影、肺实变进行分割及量化评价，帮助医生有效评估患者病情进展及用药疗效等

续表

需求类型	单位	解决方案	特点
医疗辅助诊断	科大讯飞	新冠肺炎 CT 影像辅助诊断系统	实现新冠肺炎影像特征识别，病灶分割，量化分析，辅助一线医生快速实现疾病鉴别诊断、病情量化分析、病情追踪、疗效评估
	腾讯	新冠肺炎 CT 辅助诊断系统	通过电子计算机断层扫描分辨新冠肺炎，按照临床诊断的需求，加入许多定制化的功能，包括病灶的精准分割与定量分析，病情随访与评估等
智能测温	百度	人工智能测温系统	在短时间内实现对逾百人同时通过的体温实时检测和自动告警，使旅客可无停留过检，缓解检测造成的出入口人员堵塞压力
	旷视	明骥—智能体温筛查比对系统	快速部署于各类公共场所人流密集场景，实现非接触式人工智能辅助筛查疑似发热人员
	平安	红外人工智能测温系统	红外智能测温系统将红外测温和人脸识别系统相关联，对人流量密集场所进出人员进行体温监测
	云从	大鸿疫情防控智能终端和疫情防控系统	配合智能前端设备实现非接触式热成像体温筛查和预警、口罩佩戴识别和预警
智能识别	百度	口罩人脸检测及分类模型	在公共场所快速进行口罩人脸检测、判断是否佩戴有口罩，以及是否佩戴正确
	平安	居家打卡监控解决方案	可用于居家隔离人员的身份认证和位置状态监测，实现对隔离人员的远程管控，助力疫情管理
	之江实验室	智能视频分析系统	人群行动轨迹的智能化追踪、分析，发现疫情可疑人员

资料来源：国家工业信息安全发展研究中心整理。

计算机视觉技术在疫情监测分析、病毒溯源、防控救治、资源调配等方面发挥了重要作用，形成了多套热成像测温、肺片识别、口罩识别、非接触配送等解决方案。一方面，人脸识别技术结合红外体温监测技术，获取人员身体健康状况信息，能及时反馈并控制疫情源头；另一方面，监控系统的全面布控，可检测获取重点人员流动信息，帮助政府防控管制。

总之，计算机视觉在后新冠肺炎疫情时代，无论在公共安全、医疗卫生、教育教学或者工业领域均会发挥至关重要的作用。随着数字化转型适应的激增，未来计算机视觉技术将会在更多的领域实现应用落地。

（四）国内企业推出开源深度学习框架布局产业生态

计算机视觉的主要任务是通过对采集的图片或视频进行处理以获得相应场景的信息。随着深度学习框架的改进和计算能力的不断提升，突破了很多难以解决的视觉难题，提升了对于图像认知的水平，加速了计算机视觉领域相关技术的进步。

我国企业在技术层面、业务层面和国家战略层面都必须研发自有的深度学习框架。在技术层面，随着深度学习技术的出现，任务复杂度不断提高，现有框架难以重新设计和扩充；在业务层面，中国人工智能产业依靠数据和应用场景的优势，如果不掌握底层技术很难支持上层应用，在国际上形成竞争力；在国家战略层面，中国政府在《新一代人工智能发展规划》等政策中都提及重视人工智能底层技术研发。因此，国内计算机视觉企业（包括传统安防企业、人工智能初创企业和互联网企业）纷纷投入深度学习框架的研发中。从而降低深度学习应用门槛、提升人工智能算法研发效率，帮助企业降本增效，布局产业发展生态，抢占未来市场份额。继2016年国内首个深度学习框架百度 PaddlePaddle 开源后，2017年腾讯开源超大规模数据集的高性能计算框架 Angle，2020年3月旷视、清华、华为陆续宣布深度学习框架开源（见表6-4），标志着我国底层技术进入新的格局。

表6-4 国内人工智能相关开源框架

开源框架	开源时间	所属单位	特点	计算机视觉应用
飞桨（PaddlePaddle）	2016年	百度	多端多平台部署的高性能推理引擎，开发便捷的深度学习框架	具有超大规模图像分类、目标检测、视频分类的预训练模型，可直接用于推荐、搜索等产品
Angle	2017年	腾讯	应对超大规模数据集的高性能计算框架	解决稀疏数据大模型训练及大规模图数据分析问题，应用于腾讯视频、腾讯社交广告及用户画像挖掘等业务

续表

开源框架	开源时间	所属单位	特点	计算机视觉应用
天元（MegEngine）	2020年	旷视	训练推理一体化，工业级深度学习开源框架	可针对视觉任务定制化优化，满足大量图像及视频训练，完成图像分类、物体检测、物体场景分割、影像分析等复杂的视觉任务
计图（Jittor）	2020年	清华	基于统一计算图的深度学习框架	应用ResNet、VGG、SSD、DeepLab、LSGAN等多个网络模型，提升推理和训练速度，助力计算机图形学、计算机视觉等领域的研究
MindSpore	2020年	华为	端边云全场景人工智能计算框架	预训练模型可以用于图像生成、神经风格转换、图像分类、图像描述、异常检测等计算机视觉任务

资料来源：国家工业信息安全发展研究中心整理。

为了实现高效且适应各种智能硬件，有较强通用性和可扩展性的目标，清华研发了Jittor，采用创新的元算子融合和动态编译技术，深度优化内存，能有效提升系统的运行性能和通用性，确保实现和优化分离，大幅提升应用开发的灵活性、可拓展性和可移植性。为解决开发门槛高、运行成本高、部署难度大等问题，华为研发了MindSpore，实现了开发算法即代码、运行高效、部署态灵活形成一体化原生适应每个场景（包括端、边缘和云），并能够在按需协同的基础上，通过实现人工智能算法即代码，着重提升易用性并降低人工智能开发者的开发门槛。为解决行业发展中的共通问题，旷视研发了MegEngine，在工业实践中，他们不断对底层框架、数据和数据设施进行迭代，完成了从研发到业务全面向自有深度学习框架和自有计算集群的迁移。鉴于开源在企业人才贡献、代码维护、企业文化、技术影响力等方面的正面效应，势必有越来越多的互联网和科技企业加入中国开源生态的建设中来。

三、人才、数据集成本偏高，限制计算机视觉突破发展

我国在人工智能产业中的有效人才缺口达 30 万人，且特定技术方向和岗位上人才供需失衡比例尤为突出，这一问题在计算机视觉用人市场较为明显。数据集是使计算机能够理解图像和视频的训练素材，近几年计算机视觉市场的大热使得获取数据的成本水涨船高。我们看到人才素质、数据成本、应用转化等问题对计算机视觉产业发展提出了多维度的要求，着力解决这些突出问题是产业健康有序发展的前提。

（一）应聘者专业技能和知识储备难达要求

《2020 年度中国计算机视觉人才调研报告》中提到，计算机视觉技术企业在快速发展中面临的首要问题便是人才招聘问题。面对计算机视觉技术的日新月异和企业对人才软硬技能的较高要求，计算机视觉学生群体普遍反馈自身面临专业技能欠缺及项目经验不足的问题。调查中发现，有近 40% 的学生群体认为自己当前学习或研究领域不符合预期，这可能因为当前计算机视觉领域，甚至人工智能专业并没有形成完善的人才培养方案，导致学生群体难以专业化、体系化进行学习与研究。

（二）数据标注成本过高

计算机视觉中的注释是标记数据的过程，可以是文本、视频、图像或音频等形式。在计算机视觉任务中，图像注释有助于计算机更好地理解图像，计算机尝试在带注释的数据中学习出适用于新数据识别的相似规则。计算机视觉相关的标注数据需求量大，数据标注需要人力，无论是内部来源的还是外包的，手工标注是一项乏味且复杂的任务。它需要专门的劳动

力培训和注释工具，还需要跟踪注释的质量和速度，不但延长了项目时间线，还容易出现人为错误。以无监督和小样本为特点的深度学习减少了计算机视觉对大量标注数据的依赖，但由于缺乏理论上的突破性技术，当前的深度学习主要还是依赖海量的数据训练，这要求训练数据要足够多、足够全面。

（三）计算机视觉泛化能力差

大多数的识别算法模型都是基于某个应用场景开发设计，从一个应用场景直接迁移到另一个应用场景的兼容性很难实现，针对某一特定应用场景可以训练出具有优秀性能的计算机视觉技术，但将这一技术移植到另一个应用场景下，其效果可能大打折扣。计算机视觉的训练需要持续收集大量特定应用场景的数据，这些数据高度定制化，限制了在其他场景复制推广，如果要在别的应用场景中快速兼容，这个过程将耗费极大的人力与物力成本。

（四）训练数据易受污染

训练数据可以被污染，也称为"数据投毒"——通过在训练数据里加入错误数据、恶意样本等破坏数据的完整性，从而导致算法决策错误。计算机视觉技术一旦发生决策失误，人身财产、工业生产都面临安全风险。人脸识别需要抓取人的面部特征，泛滥的人脸图像收集存在较高的法律安全风险，在没有得到权利人授权的情况下，侵害了对方肖像权、个人信息权益。

四、定制化能力提升将助力计算机视觉应用扩深

当前，新冠肺炎疫情在全球范围内尚不稳定，计算机视觉技术将必定发挥更重要的防控作用。同时，计算机视觉将凭借其强大的赋能效应为众

B.6 计算机视觉新技术、新应用加速产业化发展

多行业开拓创新，形成了针对各种业务模式的定制化解决方案。

（一）应用场景将拓展渗透各行业

考虑计算机视觉可广泛应用在众多场景，计算机视觉极有可能成为下一个智能时代的基础能力。著名市场研究与咨询机构 Tractica 分析，计算机视觉技术将扩大增强现实、虚拟现实、机器人、无人驾驶和自动驾驶汽车等面向消费者的应用，以及企业端应用，如医疗图像分析、视频监控、房地产开发优化、广告插入、文本数字化等。汽车领域的辅助驾驶、自动驾驶技术应用越来越成熟，这些应用的实现离不开计算机视觉和图像处理技术。

（二）行业龙头头部效应未来愈加明显

计算机视觉行业有着巨大的发展前景，未来市场将涌现出更多计算机视觉领域优秀企业。但行业的高速发展必将伴随高竞争性，行业竞争需要比拼企业的核心技术算法、人才、融资能力、市场转化能力等，对企业综合实力要求高，缺乏核心竞争力的中小型企业将难以生存，被头部企业兼并或挤出市场的可能性越来越大。

（三）技术供应商定制化服务能力要求提升

新技术与传统行业融合程度低，因此计算机视觉技术在传统行业的应用落地往往涉及对具体业务的硬件设备改造、软件集成及本地计算设备的部署，算法设计、技术路线选择、硬件配置等需要在对某个传统行业深度理解后再进行针对性开发，为应对这种特殊的市场需求，计算机视觉技术供应商不断优化定制化服务能力，灵活地为客户提供定制化服务是抢占市场关键能力之一。

参考资料

1. 人工智能应用需求报告（新冠抗疫篇），2020-05。
2. 2020 年人脸识别行业研究报告，2020-12。
3. 中国计算机视觉人才调研报告，2020。
4. 2019 年计算机视觉行业研究报告，2019。
5. 2019 年中国计算机视觉行业市场前景研究报告，2019。
6. 2020 年中国 AI+零售行业发展研究报告。
7. 2021 年度 AI 指数报告。
8. 2021 年人工智能指数报告。
9. 新一代人工智能发展年度报告（2019—2020）。

Ⅲ 融合篇
Fusion Articles

B.7

"人工智能+制造"围绕三大方向加速落地发展

王淼　张振乾[1]

摘　要： 人工智能与制造业融合发展从研发设计、生产制造、管理活动三大方向切入，与质量检测、设备健康管理、计划排程等领域融合发展已较为成熟。随着融合发展政策环境不断优化，我国制造业企业与人工智能企业两大主体共同发力，制造业细分行业呈现领军者、追赶者、探索者三大梯队特色发展格局。现阶段，"人工智能+制造"仍面临着一定挑战。未来，随着深度学习、知识图谱等人工智能技术的逐步应用及制造业自动化和信息化水平的提高，"人工智能+制造"将不断向更深层次迈进。

关键词： 人工智能；人工智能+制造；质量检测；智能化升级

---

[1] 王淼，国家工业信息安全发展研究中心工程师，管理学博士，主要从事人工智能相关领域战略、政策、产业发展研究；张振乾，中国农业大学农业电气化与自动化专业博士研究生，主要从事机器人、人工智能、物联网领域技术与战略研究。

Abstract: The integration of artificial intelligence and manufacturing industry has three major directions: research and development, production and manufacturing, and management activities. The integration of artificial intelligence with quality control, equipment health management, planning and scheduling is relatively mature. With the continuous optimization of the policy environment, manufacturing enterprises and artificial intelligence enterprises have made joint efforts, and the segmentation of manufacturing industries can be divided into three major echelons: leaders, pursuers and explorers. At the present stage, "AI + Manufacturing" still faces many challenges. In the future, with the gradual application of artificial intelligence technologies such as deep learning and knowledge mapping, as well as the improvement of the level of automation and informatization in the manufacturing industry, "AI + manufacturing" will continue to advance to a deeper level.

Keywords: Artificial Intelligence; AI in Manufacturing; Quality Control; Intelligent Upgrade

一、"人工智能+制造"赋能研发设计、生产制造与管理活动，推动提质降本增效

人工智能和制造业融合，简称"人工智能+制造"，是人工智能技术在制造业中的应用，主要体现为人工智能在制造业各领域、环节、产品中的渗透融合。传统的工业机器人只是被动执行指令，仍需要人来设置和干预。人工智能和制造业融合使制造业拥有了更高的自主性，通过深度学习模型和大量数据训练实现了自主决策并使机器拥有了学习能力，提高了生产效

B.7 "人工智能+制造"围绕三大方向加速落地发展

率,减少了人力成本。目前,人工智能与制造业融合主要涵盖研发设计、生产制造、管理活动三大方向,在质量检测、设备健康管理、计划排程等领域的融合发展已较为成熟,人工智能的应用有效提高了制造业生产效率,降低了生产运营成本,提升了产品竞争力。

(一)人工智能与制造业融合路径主要涵盖三大方向、八大领域

从融合路径来看,人工智能技术与制造业融合主要从研发设计、生产制造、管理活动三大方向切入,涵盖研发设计、计划排程、生产过程、质量检测、园区物流、设备健康管理、营销服务、供应链管理八大领域。专家系统、传统机器学习方法等早期人工智能技术已在多个环节得到较广泛的应用,但深度学习、自然语言处理、AR/VR等新一代人工智能技术规模化应用时间较短,仍然以探索性、局部性突破为主。如图7-1所示为人工智能技术在制造业不同领域的应用情况,图中颜色越深代表该技术在该环节的应用程度越深。

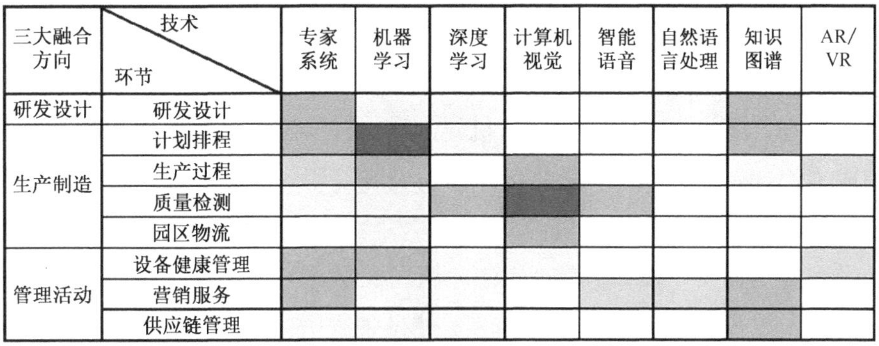

三大融合方向	技术环节	专家系统	机器学习	深度学习	计算机视觉	智能语音	自然语言处理	知识图谱	AR/VR
研发设计	研发设计								
生产制造	计划排程								
	生产过程								
	质量检测								
	园区物流								
管理活动	设备健康管理								
	营销服务								
	供应链管理								

图 7-1 人工智能技术在制造业不同领域的应用情况表图

资料来源:国家工业信息安全发展研究中心。

（二）人工智能与质量检测、设备健康管理、计划排程领域等融合较为成熟

1."人工智能+质量检测"助力提升检测效率

在质量检测领域，运用深度学习、计算机视觉等技术可以对产品的外观、结构进行检测，提升质量检测准确率和效率。目前基于人工智能的质量检测技术已在电子元器件、汽车零部件外观检测等领域得到深入应用。2020年2月，中国江苏省常州市制造业企业精研科技借助百度与微亿智造联合打造的智能质检设备，使检测效率比人工检测提升了近10倍，解决了疫情期间工人无法复工的生产难题。2020年8月，中国信息与通信设备厂商华为在松山湖基地应用了基于Atlas的智能制造的解决方案，极大地提升了标签缺陷、螺钉缺失等检测环节的效率，使质检准确率由传统机器视觉质检的90%提高至99.9%，质检效率提升3倍。

2."人工智能+设备健康管理"助力降低维护成本

在设备健康管理领域，人工智能技术能够显著降低设备维护成本。融合专家系统、机器学习等技术构建设备健康监控系统，可以实现对设备故障隐患的预测和设备智能维护保养。例如，2020年9月，德国在线协作和通信解决方案厂商TeamViewer GmbH宣布使用人工智能算法来监测设备异常状态，提前诊断即将发生的机器故障，减少企业潜在的停机时间和维护成本。2021年2月，荷兰石油公司壳牌使用人工智能技术实现了监控上下游制造业及综合燃气资产的5200多台设备，并将在控制阀、海底电动潜水泵等设备上实现预测性维护。德国KONUX公司使用机器学习算法和智能传感器构建了设备运行模型，使设备维护成本平均降低30%，实际设备故障率降低70%。能源供应商Hansewerk AG基于硬件和负载状况预测电网中断，将主动识别电网缺陷的可能性增加了2～3倍。

3."人工智能+计划排程"助力提升设备利用率

在计划排程领域，通过专家系统、机器学习、知识图谱等技术可以完

成生产线与客户需求的精准对接,提供最优计划排程方案,实现个性化定制和柔性生产。2020年9月,中国电子商务公司阿里巴巴发布了运用云计算、人工智能等技术打造的犀牛智造平台,实现数字化柔性生产,使资源利用率提升了4倍,制造时间缩短了75%。2020年11月,《人民日报》海外版报道了中国工程机械制造商三一重工的"灯塔工厂",工厂运用大数据、人工智能等技术打造柔性生产线,两条总装配线可以实现69种产品的混装柔性生产,快速满足客户的个性化、小规模定制需求。

(三)人工智能与制造业融合发展助力提质降本增效

通过近年来的技术研发和产业布局,人工智能已渗透消费电子、服装、钢铁、汽车等制造业,在生产制造过程和产品智能化上取得了阶段性进展,促进了制造业数字化、智能化转型。人工智能与制造业的融合,实现了生产任务自主智能决策控制,提高了生产效率,降低了生产成本,提高了产品质量和产品竞争力,使得企业在同行业竞争中更具优势。

1. "人工智能+制造"有效提高了生产效率

人工智能在规划调度、生产进度监测、设备控制、质量检测等环节可以实现比人工更高的效率。宁波港大榭集装箱码头使用智能配载技术可以将装船作业开工时间平均提前3~4小时。2019年4月,美国硬盘制造商希捷通过打造人工智能平台,提升了生产线效率和产品质量,可以将生产所需的新型无尘室投资成本降低20%,流程耗时缩短10%。

2. "人工智能+制造"能够降低生产运营成本

人工智能可以帮助实现各个生产环节的精准控制,根据生产条件迅速调整生产方案,避免浪费,有效降低成本。2018年,欧洲飞机制造商空客美国分公司部署的基于人工智能的费用报告审查系统,可降低处理财务工作的成本,将人工审核的时间减少一半以上,在2020年降低了90%的人为错误。2020年5月,中国科技企业埃睿迪信息技术公司将人工智能技术与环保水务等业务融合,基于百度智能云搭建了"iReadyInsights"平台,帮助某环保水务集团实现了节能降耗，使停机时间减少50%，总成本降低5%～10%。

3."人工智能+制造"有助提高产品竞争力

通过将人工智能技术与产品深度结合，可以为用户提供智能化的产品，提高产品的易用性，拓展产品的功能，使产品具备更好的适应性和竞争力。美国网络公司Alphabet旗下自动驾驶汽车子公司Waymo推出了没有安全员的"Waymo One"无人驾驶出租车服务，已于2020年10月在美国亚利桑那州凤凰城向公众开放，率先开启了自动驾驶技术的商业化进程。2019年3月，中国家电厂商海尔将人工智能和保鲜科技结合，使冰箱能够播放语音，一次识别多种食材，并自动为每种食材提供调湿、控温、杀菌环境，保障食材的原汁原味，为用户提供了科学专业的保鲜方案。

二、人工智能与制造业融合发展已取得一定成效

现阶段，国家和地方层面纷纷出台政策，为推动人工智能与制造业融合发展提出战略指引和具体要求，人工智能与制造业融合发展政策环境持续优化。在制造业企业与人工智能企业两大主体的合力推动下，我国制造业各细分行业与人工智能融合已取得一定效果，各行业发展基础不同，目前与人工智能融合发展的程度和潜力呈现出较大差异，形成领军者、追赶者、探索者三大梯队特色发展的格局。

（一）我国政策环境不断优化，推动了人工智能在制造业的广泛应用

我国已在国家层面和地方层面出台多项战略，为人工智能与制造业融合发展提供指引，政策环境不断优化。《中共中央关于制定国民经济和社会发展第十四个五年规划和二〇三五年远景目标的建议》指出，推动互联网、大数据、人工智能等同各产业深度融合，推动先进制造业集群发

B.7 "人工智能+制造"围绕三大方向加速落地发展 ★

展。国务院《新一代人工智能发展规划》为人工智能与制造业融合发展提出了战略目标和主要任务。工业和信息化部《促进新一代人工智能产业发展三年行动计划（2018—2020年）》提出以新一代人工智能技术的产业化和集成应用为重点，推动人工智能和实体经济深度融合。此外，《"十四五"智能制造发展规划（征求意见稿）》《智能制造工程实施指南（2016—2020年）》《高端智能再制造行动计划（2018—2020年）》等文件的发布，也为人工智能与制造业融合营造了良好的政策环境。

在中央政策的指导下，北京、上海、天津、重庆、浙江、山东等省市纷纷在其人工智能产业战略规划、智能制造政策文件中为推动人工智能与制造业结合提出了具体措施和要求。表7-1给出了各地推动人工智能与制造业融合发展的政策。

表7-1 各地推动人工智能与制造业融合发展的政策

发布主体	时间	政策名称	主要内容
北京	2017-12-20	《北京市加快科技创新发展新一代信息技术产业的指导意见》	加快人工智能科研成果转化，开展行业试点示范，积极推动产研结合、产投融合发展，促进前沿技术向产品化、产业化转化。推动人工智能与行业应用深度融合
上海	2019-07	《上海市智能制造行动计划（2019—2021年）》	按照"以示范带应用，以应用带集成，以集成带装备，以装备带强基"的思路推进智能制造发展，着力优化完善智能制造发展环境，积极探索智能制造新模式，创新智能制造应用新机制，加快制造业智能化转型
天津	2020-08-06	《天津市关于进一步支持发展智能制造的政策措施》	支持制造业企业购置设备进行智能化改造；培育智能制造和工业互联网系统解决方案供应商和服务商；支持新型智能基础设施建设应用
重庆	2018-12-26	《重庆市发展智能制造实施方案（2019—2022年）》	促进重点领域基本完成数字化、加快进入网络化、逐步实现智能化。同步并行实施数字化制造普及、网络化制造提升、智能化制造引领，建设应用工业互联网，增强智能制造技术、产品供给能力，完善智能制造服务支撑体系，加快提升制造业智能制造水平

续表

发布主体	时间	政策名称	主要内容
浙江	2018-02-02	《浙江省智能制造行动计划（2018—2020年）》	推进人工智能与制造业融合。实施国家和省新一代人工智能发展规划，加快人工智能与制造业优势产业融合发展，推动我省智能安防、智能家居、智能汽车、智能机器人等产业领域产品创新，提高生产生活的智能化服务水平
山东	2019-05	《关于大力推进"现代优势产业集群+人工智能"的指导意见》	人工智能与"十强"现代优势产业集群加快融合，形成一批应用解决方案，打造一批创新平台，人工智能对现代优势产业集群发展的支撑渗透能力显著增强

资料来源：国家工业信息安全发展研究中心整理。

（二）制造业企业与人工智能企业两大主体共同发力、协同推进

在国家和地方层面政策推动和人工智能加速产业化的浪潮下，各类企业积极探索人工智能与制造业融合路径，在各制造环节展开布局。受行业特点、企业发展理念、技术基础等因素影响，不同企业以不同的方式对人工智能与制造业融合发展进行探索与实践。制造业企业与人工智能企业两大融合主体共同发力、协同推进。

1. 制造业企业发挥品牌、渠道、市场占有率优势，高度重视人工智能应用

制造业企业对融合人工智能带来的效应具有强烈的需求。企业本身具备品牌、渠道、市场占有率等优势，在自身需求驱动下，积极设立人工智能研发部门、智能化改造生产线、建设智慧工厂，在研发、供应链、生产、产品等环节融合人工智能，实现提效降本。2020年3月，中国家电厂商格力开启智能产业园建设项目，将采用智能化生产设备，构建柔性化生产模式，建立智能仓库和智能物流系统，实现园区智能化管理。2019年1月，中国汽车与电池制造商比亚迪斥资500亿元对现有生产线进行智能化升

级并建立智能终端产业园。

2. 人工智能企业依托深厚的技术积累，提供算法、算力一体化服务平台

人工智能企业在算法、算力等方面具备强大技术优势，依托深厚的技术积累，面向制造业企业智能解决方案及配套服务。人工智能龙头企业和初创企业发挥各自特点，以不同方式探索人工智能与制造业融合发展模式。

人工智能龙头企业凭借自身行业和技术优势及强大的资源整合能力，建立人工智能平台为企业提供算法和算力服务，已成为人工智能与制造业融合的重要参与者。腾讯建立"腾讯云"人工智能平台，通过结合工业大数据与人工智能打造工业生态服务，为企业提供一系列智能解决方案。百度利用自身在深度学习、自然语言处理和视觉技术等领域的优势，建立百度智能云，针对不同场景为企业提供人工智能服务，如百度与浦发银行联合打造国内首个"金融数字人"。微软将"Azure"智能云与人工智能结合，打造人工智能云平台，提供认知服务、对话式人工智能等服务。

人工智能初创企业深耕细分领域，提供面向特定领域的人工智能解决方案，这类企业把握该细分领域，将人工智能技术与特定企业进行适配，为企业提供特定场景的人工智能解决方案。滴普科技针对工业质检、安全生产等领域，为企业提供人工智能视觉检测系统。极睿科技将人工智能技术赋能时装行业，为电商用户完成商品识别、产品分析及商品智能上架、店铺智能装修服务。

（三）我国制造业细分行业形成三大梯队特色发展的格局

我国不同制造业部门呈现出不同特点，自动化、数字化程度不同，与人工智能融合情况呈现出较大的差异性，如图7-2所示为人工智能与制造业各行业融合的特点。从融合情况的特点来看，我国制造业细分行业形成了三大梯队特色发展的格局。

国家工业信息安全发展研究中心从人工智能与制造业融合发展的现

状和潜力两个角度出发,结合调研数据,对制造业 20 个细分行业融合发展情况进行分析,将细分行业划分为领军者、追赶者、探索者三类。

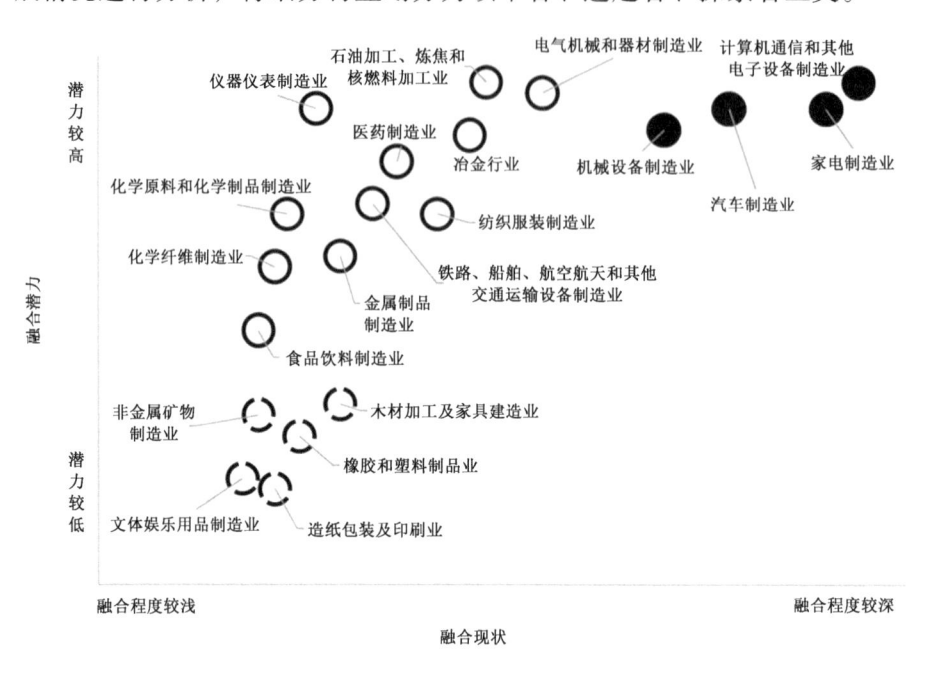

图 7-2 人工智能与制造业各行业融合的特点

资料来源:国家工业信息安全发展研究中心。

注:虚线圈为探索者,实线圈为追赶者,实心圆为领军者。

1. 领军者融合程度较高,融合前景广阔

领军者行业已经与人工智能融合程度较深,未来依然具有较大的融合潜力,包括计算机通信和其他电子设备制造业、家电制造业、机械设备制造业、汽车制造业等细分行业。领军者行业网络化、数字化程度较高,具备良好的人工智能技术应用基础与契合点,一方面已经在研发、生产等环节应用计算机视觉、自然语言处理等人工智能技术,另一方面这些行业靠近消费者,产品更新快,具有较高的深化应用潜力。表 7-2 给出了人工智能+制造业领军者行业特点与案例。

B.7 "人工智能+制造"围绕三大方向加速落地发展

表7-2 人工智能+制造业领军者行业特点与案例

行业	特点	案例
计算机通信和其他电子设备制造业	行业集中度较高，产品更新换代快，人工智能浪潮下，行业发展迅速。机器学习、计算机视觉、深度学习算法、工业机器人、图像识别等已经应用到研发设计、生产运营、质量检测、预防性维护等环节	2017年12月，中国光伏企业天合光能利用深度学习找到电池片的最合适参数 2019年4月，中国电子产品生产商富士康通过基于机器学习的高级分析实现无人运营工厂 2017年10月，芬兰通信设备商诺基亚推出预测性维护服务，可识别网络异常情况并提供专家级别的判断力，提前消除网络隐患
家电制造业	产业已实现大批量专业化生产，现阶段以人机交互为主，未来人工智能智能家电更加注重场景化应用。已经在智能产品、质量检测环节广泛使用图像识别、计算机视觉、深度学习等人工智能技术	2017年4月，中国家电厂商海尔发布智慧工厂解决方案"卡奥斯"平台，实现对生产的柔性、精准控制
机械设备制造业	行业集中度较高，龙头企业自动化程度高、数字化基础好。已经在质量检测、园区物流、生产运营、设备健康管理等环节应用了专家系统、深度学习、计算机视觉等技术	2017年7月，中国工程机械厂商徐工集团打造了工业物联网大数据平台，将机械设备工作参数传入数据中心，远程判断是否需要维修、维护
汽车制造业	行业自动化程度较高，已广泛使用硬件系统和信息管理系统，数据集成分析是未来重点方向。已经在质量检测、产品设计、故障诊断、智能维护环节使用智能机器人及计算机视觉技术	2018年10月，德国车企奥迪运用人工智能算法处理图像，识别并标记钣金零件中的裂缝 2019年7月，德国车企宝马丁戈尔芬工厂采用了基于机器视觉的质量控制系统 2021年1月，中国互联网公司百度宣布与中国汽车制造商吉利联合组建智能汽车公司

资料来源：国家工业信息安全发展研究中心整理。

2. 追赶者融合基础较好，融合潜力巨大

追赶者行业具有较好的与人工智能融合的基础，未来具有广阔的融合发展空间，包括电气机械和器材制造业，仪器仪表制造业，医药制造业，

纺织服装制造业，金属制品制造业，石油加工、炼焦和核燃料加工业、食品饮料制造业，冶金行业，化学纤维制造业，铁路、船舶、航空航天和其他交通运输设备制造业、化学原料和化学制品制造业。追赶者中流程型工业居多，存在一定技术门槛，生产过程高度标准化，有良好的智能化基础，但产品更新换代需求较低，智能化转型升级动力不足。未来人工智能有望应用于质量检测、生产流程、预测性维护、故障诊断等环节，以降低人力成本，提升生产效率和安全性。表 7-3 给出了人工智能+制造业追赶者行业特点与案例。

表 7-3　人工智能+制造业追赶者行业特点与案例

行业	特点	案例
医药制造业	已使用自然语言处理、深度学习、计算机视觉进行药物的研发与生产，在发掘药物靶向、病理生物学研究、发掘药物新适应证、预测药物分子动力学指标、化合物高通量筛选等方面均有应用	2020 年 10 月，美国人工智能生物技术公司 Dyno Therapeutics 与瑞士制药公司罗氏达成战略合作，利用人工智能设计新一代腺相关病毒载体 2020 年 10 月，日本药企大正制药与美国人工智能公司 Insilico Medicine 达成战略合作，利用人工智能开发抗老药物
食品饮料制造业	总体规模较大，行业集中度分散，以粗放式生产为主，现阶段仅大企业进入数字化阶段，数字化程度较低。在需求预测、供应链管理等方面开始使用人工智能	2021 年 3 月，中国乳制品企业伊利打造智能化全产业链，通过数据共享、标准统一、平台建设打破数字孤岛，从原奶生产到消费终端的全产业链条都真正实现了产业数字化智能化
纺织服装制造业	行业发展较早，产业规模大，但业集中度较低。行业生产流程较长，尚未形成标准化生产体系，数字化、网络化普及较低，目前进入行业转型阶段，开始在质量检测、需求预测等领域融合人工智能	2020 年 9 月，中国电子商务公司阿里巴巴打造的犀牛工厂大量应用人工智能技术为其服装行业全产业链赋能
冶金行业	运用人工智能进行质量检测、预测性维护与故障诊断等，如钢铁表面缺陷识别、钢铁产品的内在缺陷、强度及硬度等内在质量检测、钢包失效故障预警、高炉煤气预测等	2020 年 5 月，印度钢铁公司塔塔钢铁公司艾默伊登工厂使用机器视觉技术快速识别带钢表面缺陷

B.7　"人工智能+制造"围绕三大方向加速落地发展

续表

行业	特点	案例
石油加工、炼焦和核燃料加工业	石油加工、炼焦和核燃料加工业是流程加工行业的代表,市场成熟,产能过剩,行业面临转型。流程工业数据化程度高,但数据孤岛问题较为严重,与此同时,石油加工等上下游联系较为紧密的产业对行业协同苛求较高,生产管控一体化是未来发展方向,人工智能有较大应用前景	2021年,中国石油企业中国石化在下钻作业中使用了钻机管柱自动化操作智能系统,实现了作业现场井口和二层平台均无人作业
铁路、船舶、航空航天和其他交通运输设备制造业	目前已在质量检测方面应用了人工智能技术	2018年12月,英国发动机公司罗尔斯—罗伊斯宣布将利用机器学习和预测分析建立智能化预测预警模式提升发动机故障预警能力
电气机械和器材制造业	目前在质量监控、生产加工等环节应用了人工智能技术	2019年1月,丹麦丹佛斯集团天津商用压缩机工厂凭借全数字追溯系统与智能传感器、视觉检测,自动监控系统等数字工具成功改善了质量控制体系,在两年内将劳动生产率提高了30%,客户投诉率减少了57%

资料来源:国家工业信息安全发展研究中心整理。

3. 探索者积极探索人工智能应用发展路径

探索者正积极探索人工智能应用发展路径,包括橡胶和塑料制品业、非金属矿物制品业、造纸包装及印刷业、文体娱乐用品制造业、木材加工及家具建造业。探索者行业集中度低,大多为中小企业,生产成本较低,消费者更新换代需求较低,数字化程度偏低,智能化基础较弱,与人工智能融合发展的模式尚在探索中。

三、"人工智能+制造"面临价值难以衡量、数据管理能力不足、解决方案有待探索、复合型人才短缺等挑战

人工智能与制造业融合发展仍然面临一系列挑战。一是对企业来说,

人工智能作为一项新兴技术，能够带来的效益较难准确衡量，因此应用人工智能的动力尚有不足。二是部分制造业领域数字化程度还有待提升，数据管理能力不足，产业链上下游数据还有待审核。三是目前人工智能与制造业融合发展还集中在少数易于升级改造并且应用效果明显的热门领域，更多细分领域的复杂场景有待挖掘。四是同时具备人工智能和制造业知识的复合型人才较为短缺。

（一）人工智能的价值难以被准确衡量

人工智能的价值难以被准确衡量，部分企业尤其是中小企业应用人工智能的动力不足。

1. 应用人工智能技术的风险、收益和成本难以准确核算

人工智能作为一项新出现的技术，对其长期风险、收益和成本等方面缺少足够信息。企业对其带来的经济效应缺少直观了解，而在应用风险和成本方面存在疑虑。

2. 部分细分行业尚未探索出低成本、高价值的人工智能应用路径

部分行业已具有较为成熟稳定的运作流程，应用人工智能需要对现有设备进行升级改造，成本较高且变现周期较长，对这部分企业来说人工智能无法体现出较高价值。

（二）部分领域数据资产管理能力有待提升

部分传统行业领域仍存在着设施设备联网率低，数据采集难度大，数据资源分散等问题。

1. 制造业场景数据量巨大，规范与清洗难度大

海量的数据是人工智能应用的前提。制造业场景元素诸多，数据量巨大，但过于繁杂的数据为数据的进一步使用增加了难度。制造业企业在数

B.7 "人工智能+制造"围绕三大方向加速落地发展

据采集和处理方面积累较为薄弱，在规范采集和数据预处理方面存在较大困难。

2. 各设备数据协议标准尚未统一，数据互联互通存在困难

目前人工智能技术在部分制造业场景下尚未形成完整的全过程解决方案，各设备相对独立运行，设备间数据协议尚未统一，数据互联存在困难，无法实现完全联动。数字化、信息化水平不足限制了人工智能的应用。

3. 产业链上下游的数据难以进行统筹整合

各企业对人工智能技术的应用相对独立，没有建立有效的数据传递机制，制造业产业链上下游企业的数据缺少统筹整合，较难发挥现有数据的最大价值。

（三）工业深水区的解决方案仍待探索

人工智能与制造业融合必须针对制造业的具体场景进行系统定制和改造，全面应用仍有距离。

1. 工业深水区的人工智能应用尚有待挖掘

制造业门类多、落地范围广、产品种类繁多、生产环境各异且传统生产模式已发展成熟，给人工智能的应用带来了困难。目前人工智能仅应用在少数易于升级改造并且应用效果明显的热门领域，更多细分领域的复杂场景有待挖掘。一方面由于人工智能自身技术水平限制导致其无法解决全部问题，另一方面由于在部分传统行业人工智能技术变现能力不足，导致升级动力不足。

2. "人工智能+制造业"的技术路径仍有待创新突破

以深度学习为代表的新一代人工智能技术存在"算法黑箱"问题，即使在验证集中实现了较好的效果，由于算法的不可解释性，在复杂的生产环境下可靠性存疑，较难在流程控制严格、逻辑要求缜密的工业场景中应用。

（四）复合型人才极其匮乏

人工智能与制造业的融合对相关人才要求较高。从业人员不仅需要掌握人工智能技术，还需对制造业各细分行业的产品特点、制造流程、加工工艺等有深入理解，相关人才极其匮乏。

1. 我国人工智能人才缺口较大，复合型人才稀缺

人工智能与制造业融合不仅要求相关人才具有使用现有人工智能算法的能力，更要求具有根据制造业场景对算法进行调整适配的能力，因此对人才素质要求较高，需要具备"人工智能+制造"的复合能力，但对应的人才极为稀缺。

2. 人工智能人力成本高，普通企业难以负担

人工智能是近年来较为热门的领域，正处于快速增长时期，相关人才供不应求，其薪资在各行业中处于较高水平，规模较小的企业难以负担如此高昂的人力成本。

四、"人工智能+制造"将向深层次、多技术融合发展

未来，随着人工智能技术的不断发展，制造业数字化、信息化基础的提升，以及人工智能技术在制造业各行业和场景的不断探索，"人工智能+制造"将面临新的发展趋势，融合主体向中小企业下沉，个性化解决方案将加速涌现，5G、人工智能、大数据等技术加快实现互融互通，推动制造业智能化升级向多层次、多方面共同发展。

（一）人工智能与制造业融合发展将向更深层次迈进

当前人工智能与制造业融合主要从能够显著降低成本、提高生产效率的环节切入，如质量检测、设备健康管理、计划排程等环节。未来随着人工智能技术的进步和与制造业的进一步适配，应用成本将不断降低，融合

效果将持续提升，人工智能将在更多的环节发挥作用。人工智能与制造业融合主体将从头部企业逐步向中小企业下沉，越来越多的制造业企业将引入人工智能技术。面向更加细分应用场景的个性化人工智能解决方案将加速涌现，实现多门类、多细分领域制造业智能化升级。

（二）制造业智能化升级将呈现多技术融合的态势

5G、人工智能、大数据、工业互联网、数字孪生、云计算等技术互融互通，未来将呈现融合发展态势。制造业智能化升级将由彼此独立发展向多层次、多方面共同发展转变。基于人工智能技术并结合 5G、工业互联网、云计算等新一代技术的制造业一体化解决方案将成为制造业产业升级趋势，各项高新技术将共同支撑制造业在物理空间和数字空间有机连接，开展系统集成式创新、打造立体化技术生态，有力推动制造业智能化发展。

参考资料

1. 迟云强，杜林明，高成材. 新时期制造业数字化转型升级的趋势与路径探索. 科学与信息化，2019（014）：195。

2. 薛加玉. 人工智能赋能制造业转型升级. 现代工业经济和信息化，2019，9（03）：9-10，16。

3. 高煜. 我国经济高质量发展中人工智能与制造业深度融合的智能化模式选择. 西北大学学报（哲学社会科学版），2019，49（05）：28-35。

4. 陆峰. 扎实推进人工智能和制造业融合发展. 新经济导刊，2018（09）：25-27。

5. 德勤.2019年人工智能制造业应用调查报告，2020。

6. 腾讯. 人工智能+制造业产业发展研究报告，2018。

7. 亿欧智库.2019中国智能制造研究报告，2019。

8. 国家工业信息安全发展研究中心. 2020人工智能与制造业融合发展白皮书，2020。

B.8 疫情防控加速人工智能医疗应用落地

梁冬晗　厉欣林[1]

摘　要： 2020年，在新冠肺炎疫情暴发和全球大流行的极大刺激下，"人工智能+医疗"成为科技"战疫"的先锋率先发力，发挥了重要作用。人工智能技术在医疗健康领域不断取得突破，科技巨头和传统药械企业加速布局人工智能医疗。各国政府纷纷倡议利用人工智能等新兴技术对抗疫情，加速人工智能医疗审批及应用。但人工智能医疗仍需临床应用检验，仅凭技术或算法入围难以应对复杂的医疗场景。未来，医疗产品审批提速将加速人工智能医疗商业化落地，电子病历或成为接下来的市场风口。

关键词： 人工智能医疗；新冠肺炎疫情；产品审批；商业化落地

Abstract: In 2020, under the great stimulus of the global pandemic of COVID-19, "artificial intelligence plus medical" has become the important pioneering strategy of the technological "war against the epidemic". As artificial intelligence technology has continuously made breakthroughs in the medical and health field, tech giants and traditional medical equipment companies have accelerated the

---

[1] 梁冬晗，国家工业信息安全发展研究中心工程师，数量经济学硕士，主要从事人工智能、物联网等新一代信息技术产业研究；厉欣林，中国人民大学电子信息硕士，从事人工智能数据库领域研究。

deployment of artificial intelligence in the medical care industry. Governments of various countries have advocated the approval of emerging artificial intelligence technology helping to fight the pandemic and the acceleration of applying AI-driven medical treatment. However, artificial intelligence medical treatment still needs clinical application testing. Moreover, it is difficult to deal with complex medical scenarios only by technology or algorithm. In the future, the acceleration of medical product approval will promote the commercialization of artificial intelligence medical care. The electronic medical records system may become the next hotspot market.

Keywords: Artificial Intelligence Medical Care; COVID-19; Product Approval; Commercialization

一、人工智能医疗助力对抗新冠肺炎疫情

人工智能技术在医疗领域的众多场景中都能发挥作用，市场前景广阔。2020年，"人工智能+医疗"作为科技"战疫"的先锋，对疫情防控起到了积极作用，效果显著。企业纷纷开放数据、算法、算力为人工智能医疗"战疫"保驾护航。

（一）人工智能医疗市场价值被广泛认可

"人工智能+医疗"是指人工智能技术在医疗健康领域的融合应用，涉及医疗影像、药物研发、医院管理、健康管理、医疗器械、虚拟助理、营养学、病理学、生物技术等众多细分应用场景。随着医疗数据量激增和计算能力不断提升，医疗保健行业对人工智能技术的需求呈现指数级增长，2020年在疫情防控的刺激下，医疗人工智能市场规模井喷。据市场研究机

构 Research and Markets 研究报告分析，2020 年全球医疗保健市场的人工智能规模达到 42 亿美元。全球生物医药巨头、科技企业和初创企业纷纷瞄准这一领域，不断探索人工智能医疗场景。如图 8-1 所示为人工智能医疗产业图。

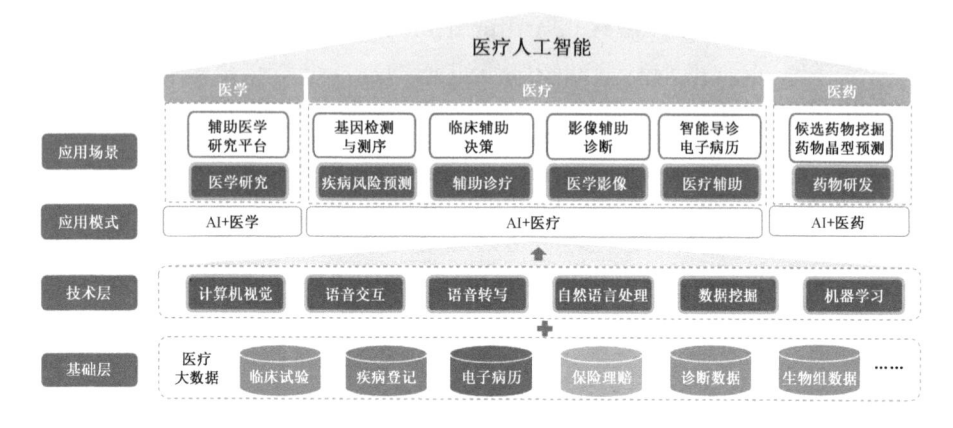

图 8-1 人工智能医疗产业图

资料来源：火石创造。

1. 人工智能技术在医疗健康领域研究不断取得突破

2020 年，人工智能技术在医疗健康领域不断取得突破。在疾病筛查方面，2020 年 1 月，纽约大学朗格尼医学中心发布基于人工智能技术的脑肿瘤诊断系统，诊断准确率可达 94.6%。2020 年 3 月，美国加利福尼亚大学圣地亚哥分校开发出人工智能增强版"滴血测癌"，准确率高达 86%。在药物研发方面，2020 年 1 月，英国初创公司 Exscientia 宣布开发出第一款使用人工智能创造的药物，该药物将被用于治疗强迫症，从概念设计到制做出临床测试用的胶囊用了不到一年的时间，人体试验已于 2020 年 3 月开始。2020 年 2 月，美国麻省理工学院的研究人员使用机器学习算法发现了一种新型抗生素 halicin，并测试了 halicin 对多种耐药菌的杀菌效果，结果显示，除铜绿假单胞菌（一种难治的肺部病原体）外，halicin 对所有测试的耐药菌都有杀伤作用。在中草药甄别方面，2020 年 2 月，韩国的研究团队开发出利用人工智能技术鉴别中药材真伪的系统。该研究团队使用深度学习技术研究了数百张草药照片,并测试了其辨别能力,该程序能够以99.4%的准确率甄别出假草药。在辅助医疗器械方面,2020年3月,美国密歇根大学研究人员通过一种新的神经接口技术,开发出一款由意识精密控制的假肢。

2. 科技巨头和传统药械企业加速布局人工智能医疗

科技巨头、投资机构都纷纷布局医药健康领域。亚马逊、微软、谷歌和英伟达等大型科技公司都开发了人工智能电子病历,让医生无须打字就能记录他们与病人的互动。2020年11月,谷歌推出了开源机器学习软件,帮助医生理解病人的病历。英伟达推出了一项名为BioMegatron的医学转录服务,旨在识别对话语音。该数据集经过了60多亿个医学术语的训练,精确度高达92%。国内互联网企业通过自身的基础资源和平台优势开展技术布局,或自主研发相关产品,或通过并购相关企业扩张业务版图。百度以智能云为基础提供人工智能医疗服务,华为凭借5G优势提升人工智能医疗服务水平,阿里布局"医疗大脑"整合医疗资源,腾讯以AI医学影像为突破口,同时加速并购人工智能初创企业。

传统药械企业通过技术合作或并购进行业务延伸,开展在人工智能医疗领域的布局,更注重"医疗"属性。飞利浦、GE、西门子等传统企业,通过加大在人工智能领域的投资支持力度,或与人工智能企业深度合作的形式,拓展相关业务。2020年4月,西门子医疗和医学影像人工智能企业汇医慧影合作,在疫情期间向湖北黄冈方舱医院交付了首个"黎明岛"CT方舱解决方案。GE医疗和微软携手推出了远程ICU平台,期望能缓解医护人员的压力。2020年11月,GE医疗、英伟达联合宣布,双方将进一步深化合作关系,加强对医疗影像的处理能力。2020年12月,飞利浦斥资28亿美元收购远程医疗技术公司Biotelemetry。

(二)疫情防控加速推动人工智能医疗落地应用

2020年,在新冠肺炎疫情暴发和全球大流行的极大刺激下,"人工智能+医疗"成为科技"战疫"的先锋率先发力，人工智能语音识别、自然语言处理、计算机视觉、智能机器人等技术在提升抗"疫"效率方面效果显著，在辅助医疗诊断、病毒研究、药物研发、公共卫生、医院管理、患者健康管理、医疗机器人和远程医疗等领域发挥了重要作用。中国科技企业利用人工智能抗击疫情成效显著，在疫情态势、人流预测、舆情分析、病毒研究、药物研发、医疗影像诊断、远程医疗、智能测温等多方面对疫情防控起到了积极作用。欧美科技强国也将人工智能作为疫情防控武器，应用到舆情监测预警、药物或疫苗研发、追踪病原体轨迹、智慧诊疗等方面。表8-1为人工智能助力抗击疫情的情况。

表8-1 人工智能助力抗击疫情

细分领域	人工智能助力方式	企业案例
分子研究	依托人工智能算法算力优势提速病毒研究、药物筛选等研究	百度LinearFold算法、谷歌旗下新深度学习系统AlphaFold等应用于病毒结构研究；IBM的Summit、日本的"富岳"等超级计算机先后投入药物筛选
辅助诊断	智能影像基于计算机视觉、语音识别技术辅助医疗诊断，远程诊疗基于语音识别、自然语言处理、知识图谱等技术应用于病情初步诊断	阿里云新冠肺炎CT影像识别准确率达96%，诊断时间平均不到20秒；依图科技推出新冠肺炎小依医生可提供智能问诊、智能宣教等功能。在国外，美国卡耐基梅隆大学研发App通过听音初步判断新冠病毒感染迹象；微软协助美国疾病控制和预防中心上线"新冠病毒自我检查"工具
疫情管控	智能外呼基于语音交互技术应用于人员健康排查、信息宣传，智能测温仪器、智能机器人、无人机应用于医院、机场、车站等重点场所替代人工开展测温、消毒、物资配送等工作	国内旷视科技等计算机视觉、安防机构先后推出智能测温解决方案支持非接触远距离测温；达闼科技联合中国移动推出5G云端机器人在武汉多家新冠肺炎定点收治医院协助导诊、防疫知识宣传、清洁消毒；大疆无人机搭载监控、喊话、消毒系统等，应用于国内重要管线及美国加州、西班牙、印尼、法国巴黎等国家和地区。国外新加坡也依托当地AI初创公司完成人工智能测温产品iThermo的部署和试点
公共卫生服务	自然语言处理、机器学习等助力舆情监测预警、疫情态势预测	阿里上线国际医生交流平台，支持11国语言智能翻译，便利国内外专家医护分享临床实战经验

资料来源：国家工业信息安全发展研究中心根据公开资料整理。

B.8 疫情防控加速人工智能医疗应用落地

多家跨国科技公司及相关科研机构在疫情期间免费开放新冠病毒数据集、算力算法等，加速人工智能抗"疫"产品研发应用。在开放数据集方面，谷歌、微软等领先科技机构已面向全球研究者公开新冠病毒数据集，用于训练机器学习模型、自然语言处理相关领域研究等。在算力支持方面，阿里云、腾讯云面向全球公共科研机构免费开放算力，美国白宫联合IBM等企业和研究机构成立COVID-19高性能计算联盟。在算法开源方面，百度向各基因检测机构、防疫中心及全世界科学研究中心开放算法Linear Fold以及世界上现有最快的RNA结构预测网站，免费开源口罩人脸检测及分类模型等。表8-2给出了全球人工智能机构提供数据集、算力算法的主要支持情况。

表8-2 全球人工智能机构提供数据集、算力算法主要支持情况

领域	机构	国家	产品/方案情况
开放数据集	谷歌	美国	启动COVID-19 Public Datasets（新冠病毒公共数据集）项目，数据储存在谷歌云上，并带有"COVID-19"标签，研究人员在2020年9月15日前可免费访问和查询，并通过BigQuery ML服务直接在内部使用这些数据训练高级机器学习模型
	微软	美国	微软、艾伦人工智能研究所、陈扎克伯格基金会、乔治敦大学安全与新兴技术中心、美国国立卫生研究院国家医学图书馆以及OSTP联合发布COVID-19开放研究数据集，该数据集包含了超过29000篇来自全球各地的有关冠状病毒（家族）的相关学术文章，将主要用于医学和自然语言处理相关领域研究，以应对新冠肺炎疫情
	国家生物信息中心	中国	搭建"2019新冠病毒资源库"平台
	韩国疾病预防控制中心	韩国	发布韩国新冠肺炎病例数据集（Data Science for COVID-19（DS4C））
	东京都政府	日本	建立东京都新冠病毒对策网，开放相关数据
算力支持	微软	美国	C3.ai公司和微软公司与大学组建的研究联盟"C3.ai数字转型研究项目"出资投入疫情相关研究，计算能力将来自C3.ai公司和微软及美国加利福尼亚大学劳伦斯伯克利国家实验室和伊利诺伊大学国家超级计算应用中心

续表

领域	机构	国家	产品/方案情况
算力支持	IBM	美国	2020年3月23日，IBM携手白宫成立COVID-19高性能计算联盟，与国家实验室和其他机构合作，为流行病学、生物信息学和分子建模等多个项目提供16个系统每秒超过330千万亿次的计算能力
	阿里云	中国	在疫情期间向全世界的公共科研机构免费开放一切AI算力
	百度	中国	向全球科研中心免费开放算法Linear Fold以及世界上现有最快的RNA结构预测网站
	滴滴云	中国	免费向国内科研机构、医疗及救助平台等开放用于抗击疫情相关工作的GPU云计算资源和技术支持
	英伟达	美国	免费将Parabricks软件使用权提供全球所有新冠病毒研究人员，该软件可将序列数据分析的速度提高50倍
	AMD	美国	AMD为协助抗击新冠肺炎疫情捐赠高性能计算资源，总算力高达12PFlops（1.2亿次计算每秒），这样的性能在TOP500超级计算机排行榜上可以进入前20名
	百度智能云	中国	百度智能云向中科院生物物理研究所资助AI算力资源，用于支持"针对新冠病毒的药物筛选"项目的研究，共同推动疫情防控及防治工作
	中科曙光	中国	中科曙光联合业界伙伴共同向相关机构免费提供超100PFlop算力的计算资源，支持科研团队为防控新冠肺炎疫情而攻坚克难
	横琴智能计算平台	中国	横琴先进智能计算平台具有1.16Eop的智能化算力，该平台不仅实现新冠肺炎疫情长达60天的预测，还能在仅有确诊病例数据的情况下，推导潜在感染人数、接触感染率等未知因素，因而可在不同防控力度的预置条件下进行长期预测，为疫情防控提供决策辅助

资料来源：国家工业信息安全发展研究中心根据公开资料整理。

二、多国加速推动人工智能医疗审批及应用

2020年，全球主要国家和地区纷纷倡议利用人工智能等新兴技术对抗疫情，中、美、英等国人工智能医疗产品审批监管政策相继出台。

B.8 疫情防控加速人工智能医疗应用落地

（一）多国倡议利用人工智能等新兴技术对抗疫情

从国家和地区政府层面来看，中国政府率先发起人工智能抗击疫情的倡议。自国外疫情大规模暴发后，美国政府积极组织学术界、企业等多方合作建立新冠病毒开放研究数据集，建立科技对抗疫情工作组；欧盟发起人工智能和机器人抗击疫情的倡议，希望科技企业积极响应。2020年全球主要国家和地区政府抗击疫情的相关倡议及举措如表8-3所示。

表8-3 2020年全球主要国家和地区政府抗击疫情的相关倡议及举措

国家/地区	日期	政府举措
中国	2月4日	工业和信息化部发布《充分发挥人工智能赋能效用 协力抗击新型冠状病毒感染的肺炎疫情倡议书》，倡议进一步发挥人工智能赋能效用，加大科研攻关力度，尽快利用人工智能技术补齐疫情管控技术短板，快速推动产业生产与应用服务。优化AI算法和算力，助力病毒基因测序、疫苗/药物研发、蛋白筛选等药物研发攻关
	2月18日	工业和信息化部出台《关于运用新一代信息技术支撑服务疫情防控和复工复产工作的通知》，提出要积极利用人工智能、大数据、5G等技术，加快病毒检测诊断、疫苗新药研发、防控救治等速度，提高抗疫效率
	2月26日	国务院应对新冠肺炎疫情联防联控机制综合组印发《关于开展线上服务进一步加强湖北疫情防控工作的通知》，主要包括加强远程医疗服务、推进人工智能服务、提升中医诊疗服务、开展心理援助服务、规范网上诊疗服务、拓展对口支援服务、强化技术保障服务7个方面的内容，通过拓展线上服务空间，缓解线下诊疗压力，构建线上线下一体化服务模式
	3月25日	科技部发布《关于征集科技抗疫先进技术成果的通知》，让更多先进适用的新技术新产品新服务为打赢新冠肺炎疫情防控战役和"六稳"工作发挥积极作用
	4月8日	工业和信息化部发布《支持中小企业应对新冠肺炎疫情政策指引》，支持企业提升智能制造水平。一是引导大企业及专业服务机构面向中小企业推出云制造平台和云服务平台，发展适合中小企业智能制造需求的产品、解决方案和工具包。二是引导有基础、有条件的中小企业加快生产线智能化改造，推动低成本、模块化的智能制造设备和系统在中小企业部署应用

续表

国家/地区	日期	政府举措
中国	4月30日	工业和信息化部发布《疫情防控和复工复产复课大数据产品和解决方案名单》，基于智能数据中台的疫情态势大数据分析及疫情防控大数据应用解决方案、iFSM智能现场服务管理解决方案、基于人工智能的新冠肺炎云诊断及在线测评平台、5G智能监护系统、火眼智能筛查和诊断系统等多个优秀案例入选，起到良好示范作用
	6月28日	国家卫生健康委员会发布《关于做好信息化支撑常态化疫情防控工作的通知》，支持各地特别是11个"互联网+医疗健康"示范省，开展互联网医疗服务管理、电子健康档案应用、人工智能辅助诊疗等政策研究，打造"互联网+医疗健康"升级版。参照"城市智慧大脑"建设思路，汇聚公共卫生、医疗、人口家庭等多源数据，推动跨部门、跨行业、跨层级数据开放共享，开展大数据智能分析，包括时空分析、研判分析等，利用可视化技术进行综合展示，为决策提供综合数据支撑
	7月9日	国家卫生健康委员会发布《关于新冠肺炎疫情防控常态化下进一步提高院前医疗急救应对能力的通知》，依托国家卫生健康委医疗管理服务指导中心建立全国院前急救工作信息管理平台，加强急救相关信息管理，健全急救系统监测预警机制，提高智能化预警多点触发能力
	9月27日	国家卫生健康委员会发布《关于加强全民健康信息标准化体系建设的意见》，基于全民健康信息平台构建公共卫生信息系统，优化传染病疫情与突发公共卫生事件的监测系统；建立健全突发传染病疫情预测预警信息系统，促进新兴信息技术应用，强化公共卫生信息化应用功能。组织开展重大疾病监测业务协同基本数据集的制订工作，加快公共卫生数据交换共享文档、接口标准等信息标准的制修订，按照医院数据上报规范实现电子病历数据自动抓取，强化医院数据共享，强化电子病历和电子健康档案标准化共享，保障医院和基层医疗卫生机构数据上报满足公共卫生信息系统需求
	10月22日	国家卫生健康委员会发布《关于做好妇幼保健机构秋冬季新冠肺炎疫情防控工作的通知》，提出积极利用胎心监护、经皮黄疸检测仪等可穿戴设备为孕产妇与新生儿提供健康监测与管理，探索基于人工智能的临床诊断决策支持、智能健康监测与评估。三级妇幼保健院要积极开展远程会诊、线上转诊、远程指导、远程培训、远程诊断

B.8 疫情防控加速人工智能医疗应用落地

续表

国家/地区	日期	政府举措
中国	12月4日	国家中医药管理局发布《关于深入推进"互联网+医疗健康""五个一"服务行动的通知》，推进"一盘棋"抗疫服务，加强常态化疫情防控信息技术支撑，加快建立完善一体化的传染病智慧化多点触发监测预警平台，建成统一部署、分级应用的全省精密智控疫情调度指挥平台，鼓励各地运用智能物联终端设备，开展慢性病患者和高危人群的特征指标数据的监测跟踪和管理
美国	3月8日	美国疾病控制与预防中心（CDC）官网启动机器人"Clara"，位于美国的居民可以根据 Clara 的列表，提供自己的居住状态、年龄、性别及身体状态及感冒症状等。Clara 会根据测试的结果评估用户的症状和危险程度，并提供下一步建议，例如与医疗工作者联系，甚至"立即拨打911"等
美国	3月15日	美国白宫科技政策办公室呼吁研究人员使用人工智能技术来分析大约2.9万篇学术论文，以更好地解读新冠病毒的一些重要问题
美国	3月16日	美国白宫科技政策办公室（OSTP）表示已与艾伦人工智能（AI）研究所、陈扎克伯格基金会（CZI）、乔治敦大学安全与新兴技术中心（CSET）、微软、美国国立卫生研究院国家医学图书馆（NLM）合作建立新冠病毒开放研究数据集 CORD-19（COVID-19 Open Research Dataset），汇集超过29000篇冠状病毒相关文献
美国	3月13日	白宫呼吁科技企业帮助对抗新冠病毒疫情，并与包括亚马逊、苹果、谷歌、脸书、微软、IBM、推特、思科在内的科技企业举行电话会议，并成立了"科技和研究特别工作组"，共同讨论了与科技相关的应对工作，希望利用人工智能等工具抗击新冠肺炎疫情
欧盟	3月25日	欧盟委员会发布名为"AI-Roboticsvs COVID-19"的倡议，征集人工智能、机器人解决方案及相关信息以应对新冠肺炎疫情
东盟	11月12日	第23次中国—东盟（10+1）领导人会议发表了《中国—东盟关于建立数字经济合作伙伴关系的倡议》，深化数字技术在疫情防控中的应用。积极运用人工智能、3D 打印等数字技术和数字解决方案抗击新冠肺炎和其他传染病；通过数字化手段协助企业克服新冠肺炎疫情挑战，恢复经营和产能，提高生产和供应链韧性，抓住数字经济新机遇

资料来源：国家工业信息安全发展研究中心根据公开资料整理。

（二）主要国家人工智能医疗产品审批监管政策相继出台

1. 我国人工智能医疗产品审批加速

2020年是中国国家药品监督管理局（NMPA）为人工智能医疗产品颁发三类医疗器械[1]证（简称"三类证"）的集中期。自2020年1月15日科亚医疗以"冠脉血流储备分数计算软件产品"获得第一张人工智能医疗三类证后，中国国家药品监督管理局审核加速，截至2020年年底，我国已有8个国产和1个进口人工智能医疗器械通过审批并在国内上市，类型包括眼科图像诊断、心电数据监测与诊断、生化数据监测和影像分析辅助诊断等软件和器械。2020年获得人工智能医疗产品颁发三类证的企业见表8-4。

表8-4 2020年获得人工智能医疗产品颁发三类证的企业

企业	获批时间	获批产品	业务方向
科亚方舟（原科亚医疗）	1月	冠脉血流储备分数计算软件	CT血流储备分数（CT-FFR）、"人体临床施术GPS"等
乐普医疗	2月	心电分析软件	心血管、神经系统、医药等
安德医管	6月	颅内肿瘤磁共振影响辅助诊断软件	头部、颈部、心脏、血管、乳腺等
Airdoc	8月	糖尿病视网膜病变眼底图像辅助诊断软件	眼科
硅基智能	8月	糖尿病视网膜病变眼底图像辅助诊断软件	眼科
数坤科技	11月	冠脉CT造影图像血管狭窄辅助分诊软件	数字脑、数字心、数字肺等
推想科技	11月	肺结节CT造影辅助监测软件	肺、胸部、脑部、骨、乳腺等
联影智能	11月	骨折CT影像辅助检测软件	肺部、脑、骨等
深睿医疗	12月	肺结节CT影像辅助检测软件	肺、乳腺、胸部、骨、头颈等

资料来源：国家工业信息安全发展研究中心根据公开资料整理。

---

[1] 三类医疗器械是最高级别的医疗器械，也是必须严格控制的医疗器械，是指植入人体，用于支持、维持生命，对人体具有潜在危险，对其安全性、有效性必须严格控制的医疗器械。

2. 美国加强对人工智能/机器学习的医疗器械软件监管

截至 2020 年 9 月，美国食品药品监督管理局（FDA）共批准了 64 款基于人工智能/机器学习的医疗器械软件。2021 年 1 月，FDA 发布《基于人工智能/机器学习的医疗器械软件行动计划》，该计划列出了 FDA 在该领域接下来的 5 个主要行动：制定基于人工智能/机器学习的医疗器械软件的监管框架；鼓励机器学习规范的发展以评估和改进算法；增加基于人工智能/机器学习的医疗器械软件对于用户的透明度；改进用于算法监管的方法；监控基于人工智能/机器学习的医疗器械软件的实际性能。该行动计划旨在促进对基于人工智能/机器学习的医疗器械软件进行监督。

3. 英国资金支持人工智能医疗工具研发

2020 年 1 月 29 日，英国国家医疗服务系统（NHS）与英国国家卫生研究院（NIHR）合作宣布设立一项 1.4 亿英镑的人工智能奖项，该奖项由英国 NHS AI 实验室支持，旨在将人工智能的优势带入医疗保健领域。此外，英国政府还通过修改《企业法 2002》，保护大流行病相关的人工智能和加密等相关关键机构不被收购。

三、人工智能医疗面临临床困难、医疗问题复杂、缺乏训练数据、复合型人才匮乏等问题

人工智能医疗试验成果丰硕，但要突破临床应用检验尚需时日。临床症状复杂多变，人工智能医疗产品仅凭人工智能技术或算法难以解决医疗问题。此外，缺乏人工智能医疗训练数据和复合型人才也是人工智能医疗发展面临的挑战。

（一）医疗试验成果尚待临床场景检验

尽管一些人工智能医疗企业已经取得了乐观的实验室成果，但人工智

能医疗实验室成果在复杂的临床环境应用尚待检验。目前，健康医疗数据权属不明确、开放受限制、标准未统一等问题依旧存在，人工智能医疗企业用于训练模型的数据库通常都是基于标准或特定数据集的试验，由于实际临床应用的场景复杂多变，在没有得到临床验证前，实验室测试结果并不具备较大意义。

（二）单凭技术或算法难以应对复杂的医疗问题

仅具备人工智能技术和算法的企业很难直接切入医疗领域，将面临巨大挑战。医疗问题包含诸多复杂因素，即使患者所患疾病的种类相同，也有可能存在不同的临床表现，反之亦然。也就是说，患者症状表现和疾病种类不一定对应，且某些疾病间还存在交集，或者患者同时患多种疾病。这就使得人工智能医疗产品在探索过程中面临多重考验。而且，人工智能系统面临"黑匣子"问题，如果人工智能医疗系统给出错误诊断，后果将不堪设想。

（三）医疗大数据仍未转化成训练数据集

目前，全球已有数百艾字节（Exabyte）医疗健康数据，并在加速增长。但由于医疗机构间系统相互独立、接口不同、标准各异等问题，导致数据难以互通共享，数据的真实性和有效性也很难确认，很难转化成人工智能系统训练数据集，海量的医疗数据亟待转化为有价值的训练数据集。而且，患者数据隐私涉及伦理和法规，在存储和使用方面的要求和限制需要明确。

（四）人工智能医疗复合型人才匮乏

人工智能医疗是两个专业性极强的领域相结合，极少具备跨这两类学科背景的人才，使人工智能医疗产品和临床需求之间存在断层。一方面，需要对临床诊断、外科手术等场景、工作内容和流程进行理解后，将医疗工作需求转化为技术表达，研发出人工智能医疗产品；另一方面，需要为基层医疗工作者提供系统性的临床实践培训。

四、人工智能医疗的商业化进程将进一步加快

随着人工智能技术水平的提升，以及日益增长的医疗服务需求，未来人工智能医疗市场将快速增长，人工智能医疗产品将加速落地。据市场调研机构 Omdia 预测，到 2025 年医疗 AI 软件市场将增长到 100 亿美元以上。接下来，人工智能医疗市场发展将面临以下机遇和挑战。

（一）产品审批提速将加速人工智能医疗商业化落地

随着监管机构对于人工智能医疗器械产品的审批路径更加清晰，对合规的医疗 AI 产品审批开始加速，未来 2~3 年内，将迎来人工智能医疗商业化浪潮。

（二）人工智能电子病例有望成为接下来的市场风口

从企业布局来看，人工智能电子档案将成为下一个风口。从应用场景来看，人工智能在医疗中应用的最大价值将是药物研发，靶点发现将是"人工智能+药物研发"最热门的领域；从应用场景的发展速度来看，药物合成未来或将成自动化程度最高的方向。

（三）医疗数据治理将成为人工智能医疗的重要支撑

人工智能的算法训练、深度学习等都需要大量数据支持，是保障人工智能医疗产品应用落地的基础，此次疫情能让医疗机构意识到医疗数据质量的重要性，未来 3~5 年医疗数据治理必定会有长足的发展。

参考资料

1. 2020年中国人工智能医疗行业发展现状分析. https://www.sohu.com/a/436484895_668211。

2. 2021年中国医疗人工智能产业全景图谱. http://www.techweb.com.cn/cloud/2021-02-25/2827394.shtml。

3. "AI+医疗"发展势头强劲：人工智能2020年发展的几个趋势. https://www.sohu.com/a/404544703_120138949?_trans_=000014_bdss_dklzxbpcgP3p:CP=。

4. 2020年全球主要国家人工智能医疗行业政策汇总一览. https://www.askci.com/news/chanye/20200908/1059131206425.shtml。

5. 2020年医疗人工智能的发展脉络. http://m.elecfans.com/article/1450365.html。

6. 上海交通大学. 中国人工智能医疗白皮书。

7. 中国信息通信研究院，36氪研究院. 2020年世界人工智能医疗产业发展蓝皮书。

8. 华兴资本. 2020年全球医疗与生命科技报告。

9. 2020全球智博会在苏州开幕 李兰娟：人工智能推动医疗领域新变革. https://baijiahao.baidu.com/s?id=1675063462044644419&wfr=spider&for=pc。

10. "AI+医疗"数字化赛道悄悄崛起. http://finance.eastmoney.com/a/202103081833447896.html。

11. 周强，徐弘毅. "新基建"加速布局 蓄能粤港澳大湾区新发展。

B.9 智慧交通发展推动交通出行方式变革

赵杨[1]

摘　要： 智慧交通是在智能交通的基础上，融入物联网、云计算、大数据、移动互联等高新IT技术，通过高新技术汇集交通信息，提供实时交通数据下的交通信息服务。智慧交通实现了交通运输的系统性、实时性、信息交流的交互性及服务的广泛性。在交通强国的背景下，智慧交通将成为未来交通出行的必然趋势。

关键词： 智慧交通；人工智能；车路协同

Abstract: Intelligent transportation is based on the intelligent traffic system, integrated into the Internet of Things, cloud computing, big data, mobile internet and other high-tech IT technologies, through high-tech traffic information collection, to provide real-time traffic data traffic information services. Intelligent transportation realizes the systematicness, real-time performance, interactivity of information exchange and extensive service of transportation. In the context of Traffic Power Policy, intelligent transportation will become an inevitable choice for future transportation.

Keywords: Intelligent Transportation; AI; Vehicle-Road Collaboration Technology

---

[1] 赵杨，国家工业信息安全发展研究中心高级工程师，主要从事人工智能领域政策与产业研究。

一、智慧交通推动交通出行管理智能化发展

当前，人工智能等新一代信息技术正在以其强大的赋能性对生产和生活方式产生深刻改变，成为促进经济转型升级、改善民生福祉的核心驱动力量。在交通出行领域，人工智能正以"智慧交通"的形式深刻影响着人们未来的出行体验。

（一）智慧交通是信息技术发展到一定阶段的必然产物

智慧交通是在智能交通（以下简称"ITS"）的基础上，将物联网、云计算、人工智能、移动互联网等新兴技术充分运用在交通领域，通过汇集交通信息对日常交通、运输管理、公众出行等领域进行管控支撑，充分保障交通安全、发挥交通基础作用、提升运输系统运行效率和管理水平，为公众出行和经济发展提供高质量的服务。

智能交通系统重点在于采集、传递及存储交通信息。智慧交通融入了"人的智慧"，通过汇集先进的技术，将"人、车、路、环境"等因素有机结合起来，使交通运输系统能够充分为人的生活、工作服务，提高人和环境和谐共处的能力。如图 9-1 所示为智慧交通与智能交通功能差异分析。

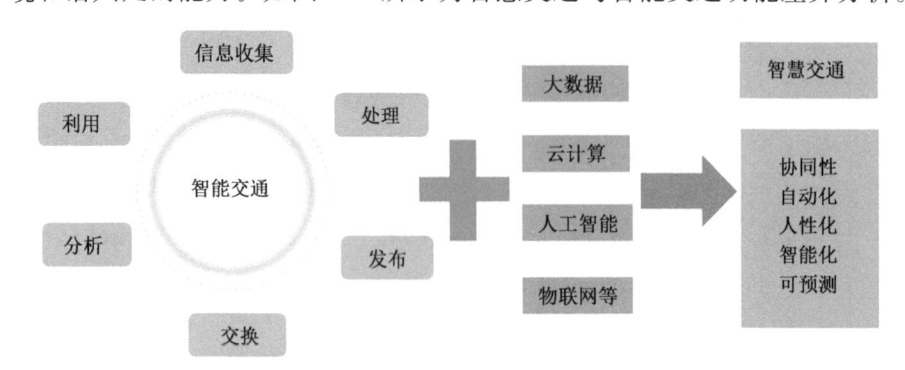

图 9-1 智慧交通与智能交通功能差异分析

资料来源：国家工业信息安全发展研究中心整理。

B.9 智慧交通发展推动交通出行方式变革

（二）智慧交通在提高出行效率，缓解交通拥堵方面起到重要作用

近年来随着中国城镇化快速发展，农村人口向城市转移，城市机动车保有量倍增，同时道路出行效率下降，进而导致交通拥堵现象时有发生。智慧交通通过分析实时数据，实现人、车辆和环境协同，从而达到缓解交通拥堵，提高出行效率的目的；同时智慧交通基于大数据分析，掌握用户群体的基本偏好，能够为用户提供个性化服务，提升其出行体验。此外，智慧交通在协助社会治安治理方面也发挥着越来越多的作用。

（三）智慧交通呈现跨界融合的发展趋势

跨界创新，专业融合。智慧交通作为多种技术的综合应用场景，涉及更多元的专业，形成跨专业融合发展态势。交通涉及的专业从传统的交通工程、车辆工程、土木工程，到IT信息化、机电一体化，再到通信、算法、地图，并以数据科学（Data science）等新专业逐步提高交通管理水平，为有效管理提供数字决策依据。总之，创新将为未来五年智慧交通行业的发展带来前所未有的发展契机。"十四五"期间的智慧交通发展，将从早期填补技术空白，逐渐转向提升技术实际效果，以智慧呈现、智慧分析、智慧管理的方式，提高交通"规划—建设—管理—运营"全生命周期的实际水平。交通智慧发展也将市场价值和公共价值进行更多的整合和链接，将进行更广泛的专业跨界融合发展，并最终实现出行体验的跃迁。这一轮的交通发展将提供更加智慧人性、实效理性、价值感性、多元知性的整体综合解决方案。

二、智慧交通进入快速落地发展阶段

当前，智慧交通呈现出快速发展的趋势，行业整体进入高速发展阶段。

各国都发布相应政策，大力支持智慧交通的发展；人工智能和大数据应用推动道路交通管理科学化、精细化发展；车路协同技术作为发展智慧交通的重要技术手段，正在引发交通历史性的变革；智能铁路作为智慧交通的重要组成部分，推动轨道交通安全、效率大幅提升。

（一）各国大力支持智慧交通发展

交通信息化是国家经济发展的必然趋势。对智能交通系统的研究，许多国家都投入了巨大的人力和物力，美国目前已占据该领域的领先地位。智能交通在美国的应用率达到80%以上。2020年3月，美国智能交通系统联合计划办公室发布了《智能交通系统战略规划2020—2025》，计划投资4000万美元在全国范围内开发和部署满足不同群体的智能出行解决方案，重点在行程规划、无障碍公交、户外导航、室内导航、路口安全等方面形成可复制的出行模式，预计未来三年实现无障碍公交的残疾人出行满意度达80%，预约出行者的时间减少40%，路口事故率减少20%等目标。

欧盟积极支持智能交通的发展。2020年12月，欧盟委员会公布《可持续与智能交通战略》，提出力争到2050年交通运输行业减少90%的碳排放。为减少对化石燃料的依赖，欧盟对陆运、海运、空运均确立了减排目标。在城市交通方面，欧盟将加大部署包括车辆导航系统、智能停车系统、共享汽车、驾驶辅助系统等在内的智能交通系统。欧盟计划到2025年在欧洲主要陆路交通线上实现不间断的5G网络覆盖，并推进整个交通运输网络的5G部署。该战略还提出要依靠数字技术，建立互联共享的线上电子票务系统，货物运输也将实现无纸化。欧盟为此提出将创建一个全面运营的跨欧洲多式联运网络，为铁路、航空、公路、海运联运提供便利。

近年来，在社会经济发展及国家政策的推动下，我国城市化进程发展迅速。随着城市化率的快速增长，带来了城市交通的巨大需求。我国既是当今世界道路等交通基础设施建设速度最快的国家之一，又是交通需求增长最快的国家之一，高速公路仍是政府投资基础设施建设的主要方向。2021年2月24日，中共中央、国务院印发了《国家综合立体交通网规划纲要》，规划提出到 2035 年，实现国际国内互联互通、全国主要城市立体畅达、县级节点有效覆盖，有力支撑"全国 123 出行交通圈"（都市区 1 小时通勤、城市群 2 小时通达、全国主要城市 3 小时覆盖）和"全球 123 快货物流圈"（国内 1 天送达、周边国家 2 天送达、全球主要城市 3 天送达）。我国智慧交通行业国家相关政策颁布情况见表 9-1。

表 9-1 我国智慧交通行业国家相关政策颁布情况

发布日期	发文机构	发文名称
2021-02-24	中共中央、国务院	《国家综合立体交通网规划纲要》
2020-08	交通运输部	《关于推动交通运输领域新型基础设施建设的指导意见》
2020-02-10	国家发展和改革委员会	《智能汽车创新发展战略》
2019-12-09	交通运输部	《推进综合交通运输大数据发展行动纲要（2020—2025 年）》
2019-09	中共中央、国务院	《交通强国建设纲要》
2019-07-25	交通运输部	《数字交通发展规划纲要》

资料来源：国家工业信息安全发展研究中心整理。

（二）人工智能和大数据应用推动道路交通管理科学化、精细化发展

智慧交通的运行是基于大数据分析的视频资源和海量终端数据两者融合。目前，国家已经建立了全国交通数据备份中心，汇集了 170 亿条机动车和驾驶人的基础数据，3000 亿条各类动态和静态的数据，还有实时的互联网路况数据，这些大数据的平台可以实现超高并发，秒级响应。

在交通指挥联网联控方面，已建成了集数据汇聚、研判服务、情报指挥、勤务监督、设备监测为一体的公安交通集成指挥平台，通过车辆图片特征智能识别、人脸识别技术，实现不系安全带、遮挡号牌、毒驾人证比对等一些智能的识别。

在预警研判机制方面，通过大数据云平台的海量数据和超强的计算能力，对于这些数据进行了关联分析、机器学习，来实现路面的管控，保障公众的出行。基于大数据、人工智能分析，城市交通管理的精细化得到了加强，提升了智慧城市交通控制的功能。

以安徽合肥建立的"交通超脑"为例（见图9-2），"交通超脑"是一个大数据平台，通过"人工智能+大数据"赋能交通，改进提升交警在交通管理、城市治理、公众服务等方面的综合水平，融合数据共享、精准感知挖掘、智能分析决策和公众出行服务等功能。在合肥市交警支队交通指挥中心大屏幕上，显示着"交通拥堵指数""道路拥堵排行""当前在途车辆"等信息，这些是对监控捕获信息深度分析后获得的。"交通超脑"于2019年10月投入使用，包括1个数据接入平台、1个超脑中枢、7大应用子系统。其中，最为"硬核"的智能语音指挥调度平台，基于语音识别、语音合成、语义理解等核心人工智能技术，方便交警收集车流量数据、处理交通事故等。

图 9-2 安徽合肥"交通超脑"

目前，系统监测范围已覆盖合肥市1332个路口、649条道路，日均接入互联网路况数据1.5亿条。通过分析挖掘，已累计完成70个重点片区治理，44个片区畅通率得到显著提升。通过事件仿真技术，可以在10秒内预测5～30分钟之后的区域交通态势，平均每2分钟就可以完成11个路口的信号协调联动。

B.9 智慧交通发展推动交通出行方式变革

（三）车路协同技术作为发展智慧交通的重要技术手段，正在引发交通历史性的变革

车路协同技术通过建立车车、车路、人车路互联的新型交通系统，来实现交通系统的协同决策和智能化的管控，从而满足人们出行的智能化、交通组织的全局化、交通信息服务的泛在化的基本需求。5G 技术的快速发展为新一代车路协同发展提供了强有力的技术支撑，而移动互联和车路协同正在推动智能交通系统历史性的变革。

车路协同的技术重点包括，一是人—车—路系统协同，二是区域大规模联网联控，三是利用多模式交通网络与信息交互。车路协同为车联网的高级发展阶段，车路协同全面融通通信、汽车、交通、信息等多个领域，构建了一个全新的生态。车路协同技术是未来的智能交通系统建设重点，它能实现实时感知、瞬时响应和智能决策。如图 9-3 所示为车联网发展路线图。

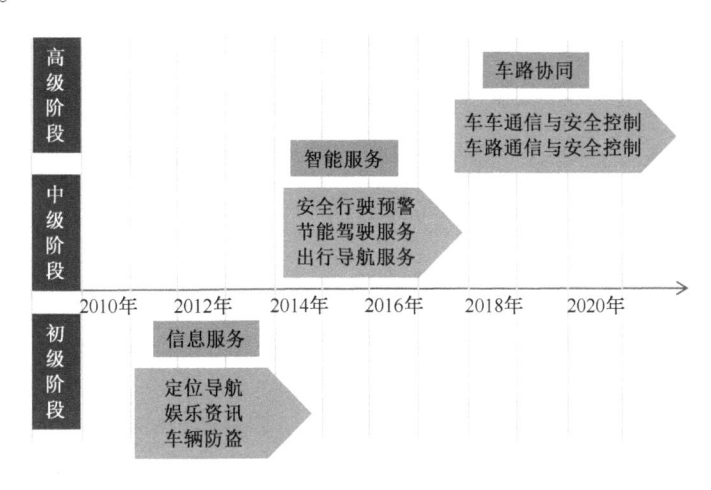

图 9-3　车联网发展路线图

资料来源：国家工业信息安全发展研究中心整理。

全国有超 4000 千米高速公路已经和即将开展车路协同创新示范工作，主要包括北京和河北的延崇高速、大兴新机场高速、京雄高速等。以延崇高速为例。延崇高速公路是从北京延庆到张家口崇礼的高速公路，全长约

116 千米，是 2022 年冬奥会延庆赛场与张家口崇礼赛场的直达高速通道。其中北京段全长约 33.2 千米，起点为延庆区大浮坨村西侧，终点在市界与延崇高速河北段相接。

2019 年 12 月，演示双向四车道全封闭环境下、基于 C-V2X（蜂窝车联网）车路协同技术的 L4 级自动驾驶和队列跟驰测试。隧道路段存在定位信号不佳、光线迅速明暗变化、-20℃低温等多重不利条件，对交通系统整体智能化水平提出了更高要求。测试结果显示，车辆队列可以在 80 千米时速下保持车间距 10 米的技术指标。单人驾驶多车队列跟驰具备三方面竞争力，即节省燃油（可降低 10%~15%的燃油消耗及驾驶员人力成本）、提升安全性（系统可以在 0.1 秒内完成操作，而驾驶员需要 1.4 秒的反应时间）、提升道路通行能力（车距缩小，路面容纳车辆数量会增加）。

智慧公路主要部署 C-V2X RSU（蜂窝车联网路边单元）、摄像头、毫米波雷达、交换机等设备。其中 RSU（路边单元）在双向车道两侧间隔 210 米成 Z 字形部署；摄像头在双向车道两侧间隔 105 米对称部署；毫米波雷达在双向车道两侧间隔 210 米对称部署。通过毫米波雷达、视频监控等多源数据的边缘智能计算，实现高速路事故、行人等异常交通事件全天候实时感知，并通过 C-V2X（蜂窝车联网）网络实时发送给车辆，车辆进行车速调整、变道超车、自动减速及紧急停车等。

（四）智能铁路作为智慧交通的重要组成部分，推动轨道交通安全、效率大幅提升

智慧铁路是智慧交通的重要组成部分。铁路是国家重大基础设施，在国民经济和社会发展中起重要作用。我国已建成了世界规模最大的智能铁路运输系统。现在面对生态环保的严格要求，还有极端天气频发，人民群众对于出行和服务质量的需求，智能铁路成为满足更安全、更绿色、更智能、更高效、更便捷的发展方向。2020 年 8 月，国铁集团发布的《新时代交通强国铁路先行规划纲要》指出，到 2035 年，全国铁路网将达到 20 万千米左右，其中高铁将达到 7 万千米左右。

国际市场研究机构 Technavio 2021 年发布的报告认为,2021—2025 全球铁路系统用缆市场规模有望增长 22.7 亿美元,其间年复合增长率达到 5.28%。智能铁路的日益普及是推动未来几年市场发展的关键因素之一。未来对有效铁路系统用缆的需求预计将大大增加。报告认为,在预测期内,市场 46%的增长将来自亚太地区,其中中国和日本市场增长将快于其他地区的市场增长。新兴经济体中智能铁路建设的不断增长是在预测期内将促进亚太地区铁路系统用缆市场增长的主要因素之一。

智慧铁路利用 5G 网络及视频监控、增强现实智能眼镜、铁路传感器等监测设备,实现对列车及集装箱货物的监控、调度和管理,对铁路线路、列车车站和客流的监控管理。以广深港高铁"智慧车站"为例,"智慧车站"平台能实现智能引导、智能安检及智慧旅途等服务,及铁路生产安全作业管控、铁路集装箱货物调度管理、智慧车站建设及综合安防监控管理等应用。西安铁路局利用 5G 网络、云计算实现列车视频等监控数据上传与存储,30GB 的视频数据在 3 分钟左右全自动完成数据转储,较之前的转储效率提升了 13 倍。智慧铁路大幅提升交通安全、出行效率及服务水平。

三、智慧交通出行面临获取数据标准不统一、基础设施存在隐患和信息安全等风险

智慧交通作为未来交通运输行业发展的趋势,仍然面临获取数据的标准不统一、基础设施的稳定性与可靠性存在隐患和泄露国家信息安全等挑战。

(一)获取数据的标准不统一

当前,国家没有统一的采集数据行业的标准,因此造成各个地区的智能交通系统之间相对独立性,在数据联网和采集数据指标的一致性方面存在问题。大数据的采集需要依靠前端传感器进行,前端传感器并没有统一的接口标准,这就造成不同系统间很难进行衔接和配合。数据作为智慧交

通行业基础，是进行智能分析的基础素材，由于采集标准的不统一会加大交通数据获取难度，从而影响交通运行分析与预测的准确度。

（二）基础设施的稳定性与可靠性存在隐患

智慧交通的融合性和复杂度越来越大，其对运行系统的要求就会越来越高。智慧交通系统包含大量的服务器和信息采集的前端设备，这些数据要与不同级别的交通管理平台、公安系统平台及中控平台等相连接，系统流程非常复杂、业务种类众多、客户端比较分散，这就增加了数据维护的难度，数据的稳定性和可靠性就难以保证，甚至可能引起数据泄露及丢失，严重的会影响交通出行数据安全。

（三）增加国家信息安全泄露风险

巨量的交通数据包含了大量交通信息敏感数据，其中包括全国的机动车驾驶人信息、桥梁、地铁、道路和港口等敏感信息，以及警方和军方的车辆信息。这些信息一旦遭到非法使用，将引起重大安全事故。另外，由于交通信息涉及个人敏感信息，其所有权和使用权国家并未明确界定，许多企业在从事基于大数据的分析所进行的商业活动中，并未考虑数据本身是否涉及国家安全问题及个人隐私问题，未来也将带来重大事故。

四、智慧交通将聚焦改善出行体验，助力智慧城市建设

（一）行业由"引入新技术"向"改善出行体验"转变

在交通强国背景下，智慧交通未来将从前期"单纯以人工智能、大数据等新技术"为导向，逐渐发展为"改善交通出行体验，解决出行问题的效率和质量"为导向转变，智慧交通的发展将注重实际解决交通运输行业的问题。人工智能、大数据等新技术的应用不再是单纯的数据问题，而是

从获取的数据中分析出交通运行中存在的问题，打通交通运行在行人、驾驶者、管理者和决策制定者之间的通道，提升各个方面的使用感受，提高出行的效率，节约资源。

（二）建立主动预警和快速响应的安全保障体系

通过车路协同、高铁路网实时联动等方式，实现对危险情况的主动预警和事件的快速响应，为交通参与者提供更加安全的交通环境。当预警生效后开展应急响应，系统会自动计算提出辅助决策的建议，当枢纽人数达到预警线时候，系统会弹出建议调派多少出租车、公交车和专用的大巴车辆等运力进行疏运，并且对投入运力以后，枢纽未来一小时、两小时的人群变化的趋势进行预测，辅助应急响应各项业务需要。

（三）智慧交通将助力智慧城市建设进程

未来交通将会进一步智慧化，走向以人为中心的人-车-路-网云智联模式。通过数字化基础设施平台和云端大脑的调度，让各个交通内单元，以多线程的模式，安全、高效地协同起来，这个过程将推动城市规划、管理更精细化，交通调度、运行更高效，为民众带来更好的出行体验，最终将通过智慧交通的建设有力地推动智慧城市的建设进程。

参考资料

1. 前瞻产业研究院. 中国智慧交通行业发展前景与投资预测分析报告，2020。
2. 中商产业研究院. 2020年中国智能交通市场规模及发展趋势预测分析，2020。
3. 中商产业研究院. 中国智慧交通行业现状及发展趋势分析，2020。
4. 国铁集团. 新时代交通强国铁路先行规划纲要，2020。

Ⅳ 投融资篇

Investment and Financing Article

B.10
人工智能投资热度理性升温且热点愈发集中

梁冬晗　厉欣林[1]

摘　要：2020年，全球人工智能产业投资大幅增长，我国人工智能投融资市场平稳运行，第四季度出现翘尾。国际巨头人工智能并购交易活跃，我国科技企业海外并购遇阻。医疗健康、自动驾驶、在线教育成为2020年投资热点，投资热点愈发集中，资本方偏向有价值的人工智能应用场景，平均融资规模屡创新高，明星大额投融资频现。

关键词：人工智能投融资；医疗健康；自动驾驶；在线教育

Abstract: In 2020, investment in the global artificial intelligence industry increased significantly, and the Chinese artificial intelligence

---

[1] 梁冬晗，国家工业信息安全发展研究中心工程师，数量经济学硕士，主要从事人工智能、物联网等新一代信息技术产业研究；厉欣林，中国人民大学电子信息硕士，从事人工智能数据库领域研究。

investment and financing market ran smoothly and even experienced a tail-off in the fourth quarter. International giants' AI M&A transactions were active, whereas the overseas M&A transactions of Chinese tech companies were hindered. Healthcare, autonomous driving, and online education were the investment hotspots in 2020. The trend was that investment hotspots were becoming more and more concentrated, while the capital side favoured profitable artificial intelligence application scenarios. The average financing scale hit record highs, and notable large-scale investment and financing appeared frequently.

Keywords: Artificial Intelligence Investment Financing; Healthcare; Autonomous Driving; Online Education

一、全球人工智能产业投资理性升温

2020年，全球人工智能产业投资活跃，行业整合和并购加速了人工智能投资市场快速回温，国际科技巨头通过投资或收购人工智能初创企业提升业务竞争力。

（一）全球人工智能产业投资大幅增长

2020年，全球人工智能投资活跃，市场快速回温。据《斯坦福2021年AI指数报告》数据，全球对人工智能领域的总投资，包括私人投资、公开发行、并购和少数股权交易等在内的合计金额达678.54亿美元，较2019年增加了40%。其中，私人投资占总投资的62.2%，公开发售占6.1%，并购占27.9%，少数股权交易占3.8%。私人投资金额达422.38亿美元，较2019年增长9.2%。受新冠肺炎疫情的影响，许多小型企业损失惨重。因此，2020年的行业整合和并购活动的增加推动了企业在人工智能方面的总投资。人工智能并购金额达 189.32 亿美元，较 2019 年增长了 121.7%，但低于 2017 年的 198.49 亿美元。2015—2020 年全球人工智能领域投资情况如图 10-1 所示。

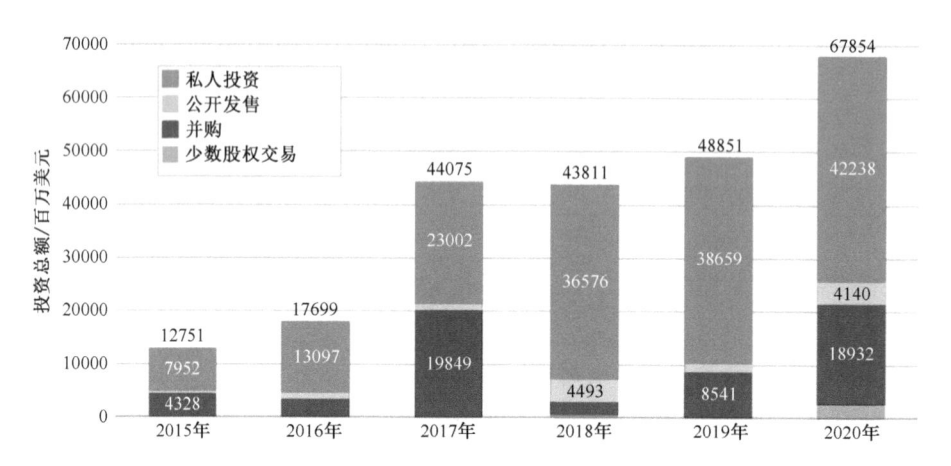

图 10-1　2015—2020 年全球人工智能领域投资情况

资料来源：斯坦福.2021 年 AI 指数报告。

（二）国际巨头人工智能并购交易活跃

国际科技巨头通过收购人工智能初创企业提升业务竞争力。据外媒 VentureBeat 报道，2020 年，苹果、微软、谷歌、亚马逊、脸书五大科技巨头共收购 AI 初创企业超过 13 家，涵盖机器学习、计算机视觉、自动驾驶、边缘 AI 等多个领域。2020 年，脸书收购了四家人工智能企业，分别是计算机视觉企业 Scape Technologies、深度学习企业 Atlas ML、瑞典街道地图数据库 Mapillary、CRM 初创企业 Kustomer；2020 年 6 月，亚马逊以 12 亿美元收购了自动驾驶汽车公司 Zoox；苹果围绕自身业务需求，收购了边缘 AI、语音助手、计算机视觉等方面的 5 家公司；微软主要收购了机器自动化处理企业 Softomotive、人工智能大型数据模型供应商 ADRM Software、计算机视觉企业 Orions Systems。2020 年国际科技巨头投资收购事件见表 10-1。

B.10 人工智能投资热度理性升温且热点愈发集中

表 10-1　2020 年国际科技巨头投资收购事件

企业名称	2020 年收购事件
脸书	2 月，4000 万美元收购了英国的计算机视觉和增强现实技术企业 Scape Technologies。Scape 利用人工智能技术，在普通图片和视频的基础上创建实时 3D 地图，目的是将其用于无人机、机器人、物流领域
	2 月，收购英国深度学习技术企业 AI 初创企业 Atlas ML。Atlas ML 的两名创始人 Robert Stojnic 和 Ross Taylor 加入脸书 AI 部门，负责免费开源平台 Papers With Code 网站的开发，网站汇总了近期发布的机器学习领域论文、代码和评价量表
	6 月，脸书收购瑞典街道地图数据库 Mapillary
	11 月，脸书以 10 亿美元收购纽约 CRM 平台 Kustomer，主要提供的服务包括信息内容识别、负责部门自动对接，以及客户问题自动回复
亚马逊	6 月，亚马逊以 12 亿美元收购了自动驾驶汽车公司 Zoox。亚马逊在投资 Zoox 之前，还投资过初创企业 Aurora 和电动卡车公司 Rivian。自动驾驶技术对亚马逊的货运网络尤为重要
苹果	1 月，苹果花费 2000 亿美元收购了美国初创企业 Xnor.ai，一方面是提升自家硬件的 AI 部署效率，另一方面则是提升 Core ML3 toolkit 等软件开发平台的边缘计算效率
	12 月，苹果收购了爱尔兰的 Voysis，主要从事智能手机的对话界面开发，有助于提升 Siri 在购物软件中的适配性和实用性
	9 月，苹果收购了美国企业 Scout FM，这家公司专注于通过用户的收听记录优化推荐服务，有助于提升 Podcast 的推荐功能
	5 月，苹果收购初创公司 Inductiv，该公司可帮助自动纠正 AI 数据中的错误，致力于 Siri、机器学习和数据科学的研究与改善
	8 月，苹果受够了以色列企业 Camerai，专注于摄像方面的深度学习和计算机视觉技术研发，可以识别人脸特征和形状，方便用户调整发色、发型及肤色
	10 月，苹果收购位于西班牙企业 Vilynx，专注用于视频分析（包括视频和音频）的人工智能技术开发
微软	微软收购了英国机器自动化处理公司 Softomotive
	微软收购了人工智能数据模型供应商 ADRM Software。微软计划将 ADRM 的数据模型和 Azure 的存储计算能力相结合，共同打造数据湖
	6 月，微软宣布收购智能视觉企业 Orions Systems，可以分析视频、图片并提取数据，能够通过"人机一体"模式训练机器模型。微软计划将 Orions 技术用在 Dynamics 365 商店和 Power Platform 上，让零售商不用写代码，也能定制 AI 计算机视觉模型

续表

企业名称	2020 年收购事件
谷歌	1 月，谷歌宣布收购无代码应用开发平台 AppSheet。企业可以在这个平台上创建软件，并接入核心业务数据。AppSheet 还搭载了许多 AI 智能技术，包括光学字符识别、预测建模和自然语言处理技术，这些技术能有效提高数据输入效率，推测出用户想构建的应用程序类型
英特尔	11 月，英特尔收购美国 AI 软件优化平台 SigOpt，主要为 AI 软件模型进行大规模优化的领先平台供应商，英特尔计划在其 AI 硬件产品中使用 SigOpt 的软件技术来帮助加速、增强及扩展英特尔为开发者提供的 AI 软件解决方案
英特尔	5 月，英特尔已处于收购交通领域人工智能公司 Moovit 的最后阶段，该收购计划斥资 10 亿美元。Moovit 是一家应用人工智能和大数据分析来跟踪交通流量，并向全球约 8 亿人提供驾驶路线、导航建议的以色列初创公司
	11 月，英特尔收购了以色列人工智能公司 Cnvrg.io，主要深耕机器学习和人工智能领域
IBM	7 月，IBM 宣布收购巴西机器人过程自动化 RPA 软件供应商 WDG Automation，将为提升 IBM 人工智能自动化能力，涵盖了从业务流程到 IT 运营的各个环节，为企业提供更高级的融合 AI 的自动化方案
云计算平台 ServiceNow	11 月，云计算平台 ServiceNow 宣布收购加拿大人工智能公司 ElementAI，旨在加速公司建立云端智能创新平台

资料来源：国家工业信息安全发展研究中心根据公开资料整理。

（三）全球百家最具潜力人工智能初创企业累计获得 74 亿美元融资

人工智能初创企业收获颇丰。CB Insights AI 100 一直被视为全球人工智能领域最权威榜单之一。据 CB Insights 数据，2020 年 AI 100 初创企业累计融资事件超过 300 项，合计金额超过 74 亿美元，涉及投资方 600 多家，来自 13 个国家/地区，其中美国公司在 2020 AI 100 榜单中占主 65 席、加拿大 8 家，英国 8 家，中国 6 家，以色列 3 家，德国 2 家，瑞典 2 家，法国、西班牙、日本、智利、瑞士、南非各 1 家。

美国是人工智能初创企业的沃土。除上榜 AI 100 的初创企业多达 65 家外，根据 CB Insights 数据，2020 年美国人工智能领域投融资交易数量超过570项，投融资总额超过了170亿美元。

医疗健康领域初创企业受资本方青睐。按细分领域划分 2020 AI 100 初创企业，可以发现人工智能企业分布在应用层最多，其中最多的是医疗健康领域13家，其次是零售和仓储9家，第三是金融和保险7家；技术层的自然语言处理和计算机视觉有5家；基础层的 AI 模型开发、AI 处理器合计10家，如图10-2所示。

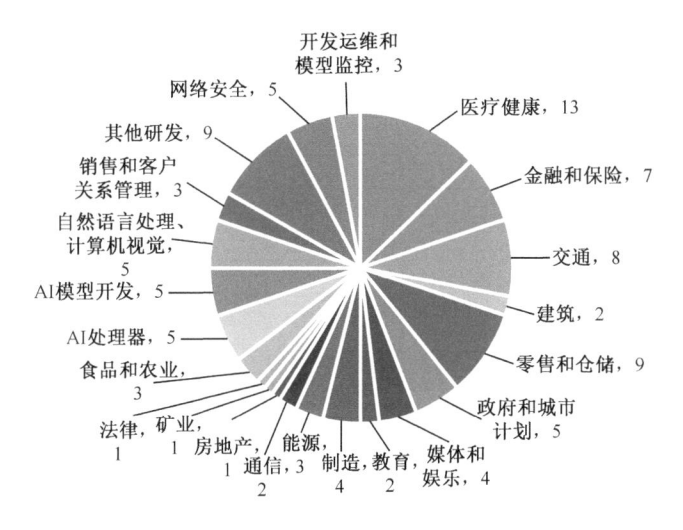

图 10-2 按细分领域划分 AI 100 初创企业

资料来源：CB Insights。

二、我国人工智能投融资市场平稳运行

我国人工智能投融资市场平稳运行，在第四季度出现上扬态势，人工智能企业融资规模屡创新高，计算机视觉和算力是投资热门领域，独角兽接连进入冲刺 IPO（首次公开募股）阶段。但多个国家都将人工智能投融资交易列为外商投资重点审查领域，使得国内企业在海外投资出现强大阻力。

（一）我国人工智能融资第四季度翘尾

2020年，我国人工智能投融资市场平稳运行，1~4季度交易量稳定在100项以上，但第四季度展现了上扬的趋势，交易量155项，交易金额达311.45亿元（见图10-3）。根据国家工业信息安全发展研究中心不完全统计，2020年，我国人工智能企业投融资金额978.63亿元，投融资交易数量510项，其中，超过1亿元的投融资事件218项；超过10亿元的投融资事件35项。

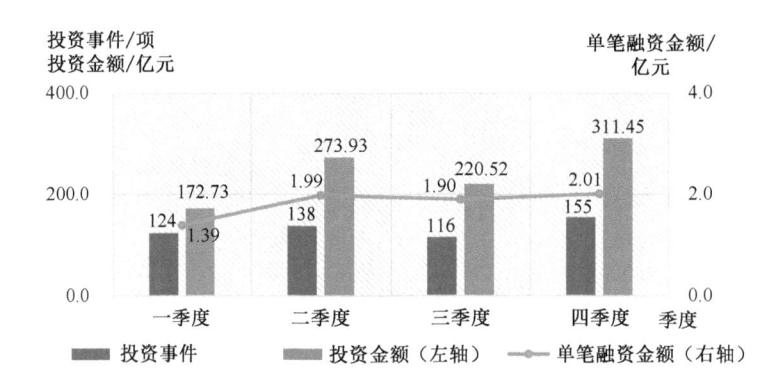

图10-3 2020年我国人工智能投资交易量和金额

资料来源：国家工业信息安全发展研究中心根据公开资料整理。

（二）人工智能企业开启IPO上市潮

2020年，人工智能领军企业争抢IPO上市的步幅明显加大，独角兽接连进入冲刺IPO阶段。2020年7月，人工智能芯片企业寒武纪成功登陆科创板，成为AI芯片第一股。随后，2020年11—12月，海天瑞声、依图科技、云知声、云从科技、云天励飞，均进入了科创板上市受理及问询阶段。随着人工智能独角兽企业上市步伐逐渐加快，有望带动上市人工智能企业的价值重估。但无论是已经上市的寒武纪，还是已披露招股书的其他公司，几乎都处于"烧钱"亏损状态，普遍面临商业化难题。表10-2给出了2020年我国人工智能企业上市前后的融资情况。

表10-2 2020年我国人工智能企业上市前后的融资情况

序号	企业名称	业务领域	融资日期	融资轮次	融资金额
1	UCloud 优刻得	计算力	2020-01	IPO 上市	19.4 亿元
2	VTRON 威创股份	智能交互	2020-01	IPO 上市后	14.56 亿元
3	罗克佳华	数据平台	2020-03	IPO 上市	9.82 亿元
4	字节跳动	自然语言处理	2020-03	Pre-IPO	数亿美元
5	北京必创科技	传感系统	2020-04	IPO 上市后	1.25 亿元
6	云天励飞	计算机视觉与图像	2020-04	Pre-IPO	10 亿元
7	金山云	计算力	2020-05	IPO 上市	5.1 亿美元
8	世纪互联	计算力	2020-06	IPO 上市后	1.5 亿美元
9	万国数据	数据挖掘	2020-06	IPO 上市后	5.05 亿美元
10	寒武纪	计算力	2020-07	IPO 上市	25.8 亿元
11	首都在线	计算力	2020-07	IPO 上市	1.69 亿元
12	思必驰	智能语音	2020-08	Pre-IPO	数亿元
13	中科创达	传感系统	2020-08	IPO 上市后	17.01 亿元
14	万国数据	数据挖掘	2020-11	IPO 上市	129.4 亿港元
15	凯龙高科	传感系统	2020-12	IPO 上市	4.93 亿元

资料来源：国家工业信息安全发展研究中心根据IT桔子数据整理。

（三）计算机视觉和算力仍是投资热门领域

2020年，技术层延续了历年来获投事件次数最多的势头，占人工智能融资事件总和超过一半，其中计算机视觉和深度学习最受追捧。基础层愈发受到资本方重视，据国家工业信息安全发展研究中心不完全统计，1亿元以上融资规模的事件中，基础层占比25%、技术层占比33%、应用层占比42%，融资数量排名前三的分别是基础层计算力融资、技术层计算机视觉与图像、应用层自动驾驶，融资事件分别为30项、25项、20项。按类别划分2020年融资金额超过1亿元企业分布如图10-4所示。

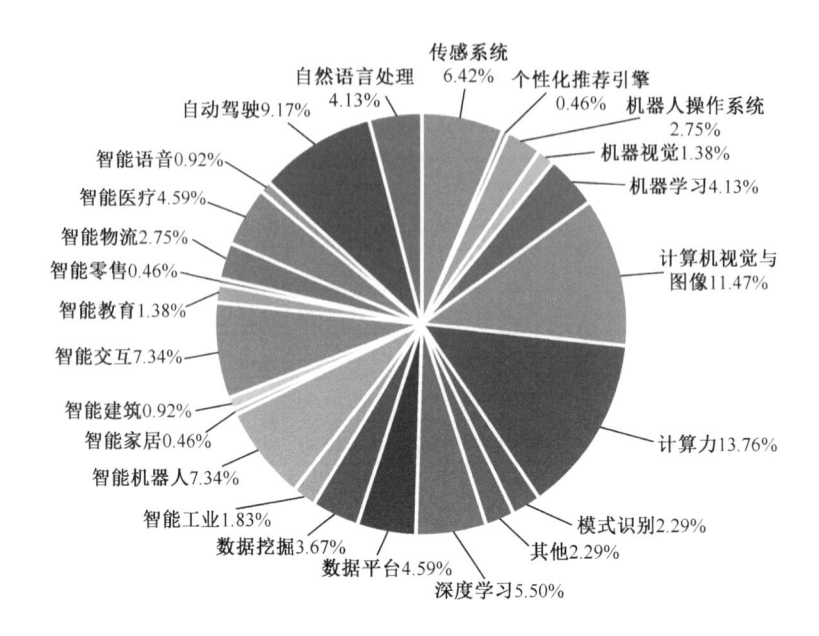

图 10-4 按类别划分 2020 年融资金额超过 1 亿元企业分布

资料来源：国家工业信息安全发展研究中心根据 IT 桔子数据整理。

（四）人工智能领域平均融资规模创新高

人工智能领域平均融资规模屡创新高。根据国家工业信息安全发展研究中心数据分析，2020 年第四季度，我国人工智能产业共发生投资事件 155 项，环比增长 34%，投资总金额达到 311.45 亿元，环比增长 41%，平均单笔融资全额约为 2.0 亿元，环比增长 5%。2020 年人工智能领域大额投融资项目频现。IT 桔子数据显示，人工智能投融资市场交易量主要集中在 A/B 轮，但 10 亿元及以上大额融资基本在 C 轮之后，明星项目频现，如图森未来 E 轮融资 3.5 亿美元、第四范式 C+轮融资 2.3 亿美元、禾赛科技 C 轮融资 1.73 亿美元、明略科技 E+融资 2 亿美元等。据国家工业信息安全发展研究中心不完全统计，2020 年，基石轮、种子轮和天使轮投资占比 8.61%；Pre-A、A、A+轮投资占比 36.08%；Pre-B、B、B+轮占比 21.19%；战略投资占比 13.10%；C 轮至 F 轮占比 16.71%；Pre-IPO、IPO 及已经上

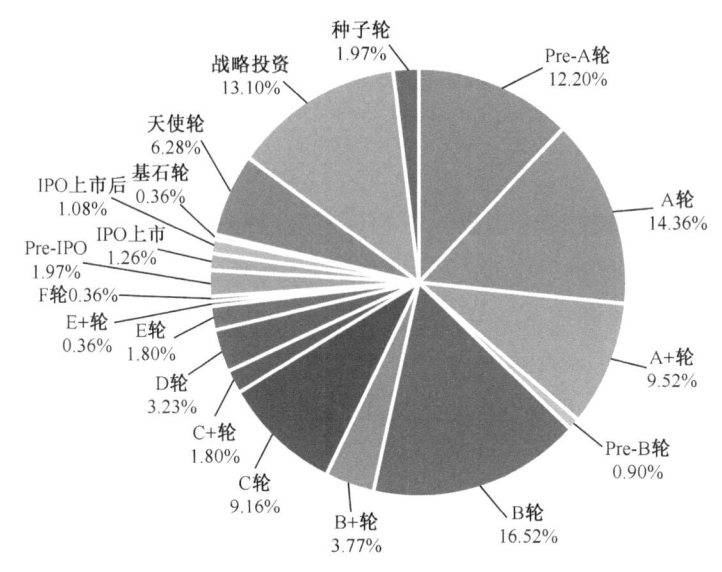

市的企业获得投资占比4.31%，如图10-5所示。

图10-5　2020年人工智能企业投融资轮次分布

资料来源：国家工业信息安全发展研究中心根据IT桔子数据整理。

（五）我国科技企业海外并购遇阻

人工智能作为新一轮科技革命的核心驱动力，又涉及大量敏感数据，美国、英国、韩国等多个国家已经制定了专门的外资审查规定。这种过度严苛的监管手段对我国企业在海外投资影响深远，不利于我国企业的人工智能产业生态构建，国内BAT（百度、阿里巴巴、腾讯）等科技企业在海外并购遇到强大阻力。2020年2月13日，美国外国投资审查法案最终规则正式生效，将人工智能纳入其外商投资强制审查清单，涉及该领域的投资并购交易的复杂性与不确定性将显著提升。国家工业信息安全发展研究中心研究发现，2020年，在美国人工智能领域并购交易中，未能发现中国科技企业的身影，据美国数据和研究公司PitchBook数据，2019年，公开披露的BAT对美国创业公司投资12项，总投资金额5.6亿美元，远低于 2015 年约 47 亿美元的峰值。

三、医疗健康、自动驾驶、在线教育成为 2020 年投资热点

新冠肺炎疫情持续，引爆人工智能医疗领域投资投资交易活跃度显著提升，同时，也促进了在线教育、在线娱乐的快速发展，自动驾驶则延续了 2019 年的上升势头。

（一）落地场景明确的领域受到资本追捧

资本向应用场景落地明确的领域大幅倾斜。据《斯坦福 2021 年 AI 指数报告》数据，2020 年获得私人投资最多的十大重点领域如图 10-6 所示，智能医疗领域所获投资居细分领域的首位，其次是自动驾驶，第三在线教育。2019—2020 年，"游戏、粉丝、足球"等娱乐领域和"学生、课程、教育技术、英语"等教育领域的私人投资额都显著增加。前者主要是美国和韩国针对游戏和体育类的人工智能初创公司投资活动增多所致，后者是受到中国在线教育平台投资的推动。

（二）新冠肺炎疫情刺激人工智能医疗成为新焦点

新冠肺炎疫情暴发，人工智能医疗领域更加受到资本方的关注，投融资金额创下新高。据光子盒统计，2020 年全球人工智能医疗领域投融资交易量达 129 项，融资金额达 128.87 亿美元，仅 2020 年 12 月单月就发生 20 项交易，融资 70.54 亿美元。其中，中国人工智能医疗领域融资 82 项，融资额 78.56 亿美元；美国融资 29 项，金额 48.17 亿美元。尽管中国融资数量超过美国，但平均单笔融资金额显著低于美国，中国为 0.96 亿美元，美国达 1.68 亿美元。从融资轮次来看，2020 年人工智能医疗领域投融资中有一半以上的融资集中在 B 轮之前，表示人工智能医疗仍在早期发展

B.10 人工智能投资热度理性升温且热点愈发集中

阶段，投融资市场逐渐开启，如图 10-7 所示。

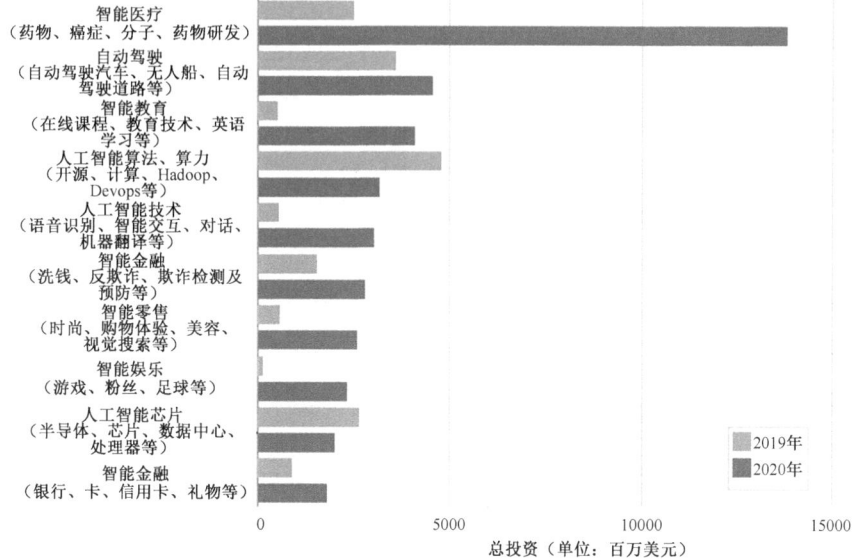

图 10-6 按聚焦领域划分 2020 年全球人工智能私人投融资情况

资料来源：斯坦福，2021 年 AI 指数报告。

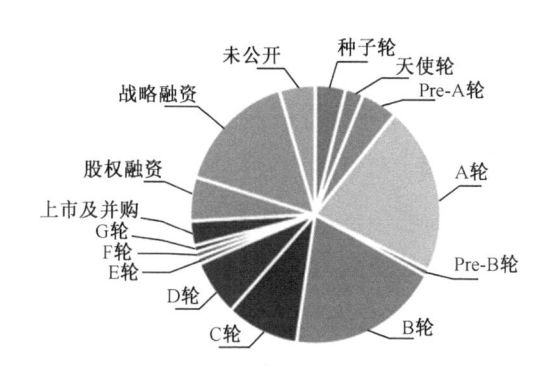

图 10-7 按投融资轮次分人工智能医疗融资情况

资料来源：国家工业信息安全发展研究中心根据 IT 桔子数据整理。

从细分领域来看，健康管理领域融资金额最高，达 86.97 亿美元，交易量 28 项；其次是辅助医疗交易量 36 项，融资金额 17.13 亿美元。健康管理成为 2020 年最大赢家，其中，京东健康融资三轮，合计金额达 56 亿

157

美元；Fitbit 被谷歌以 21 亿美元收购；丁香园拿下 5 亿美元的战略投资。人工智能医疗细分领域投融资情况如图 10-8 所示。

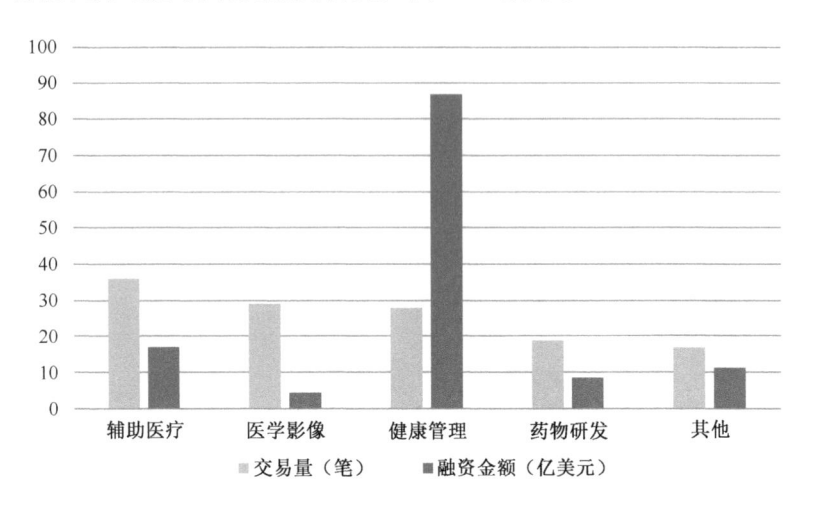

图 10-8　人工智能医疗细分领域投融资情况

数据来源：光子盒。

（三）自动驾驶行业投融资延续火爆态势

2020 年，自动驾驶行业投融资依然活跃，延续了近年来的火爆态势，由于突发的新冠肺炎疫情，搭载着自动驾驶功能的车辆和装备，在特定的在消杀、配送、运输、安防、巡逻等场景内崭露头角，在一定程度上加速了自动驾驶的商业化进展，让资本和市场看到自动驾驶的潜力。根据国家工业信息安全发展研究中心不完全统计，2020 年全球自动驾驶行业合计融资金额超过 83 亿美元，同比增长 25.7%，如图 10-9 所示为 2010—2020 年全球自动驾驶投融资数量和总额。

经过 5 年的投资热潮期，自动驾驶领域已经筛选出了一批拥有人工智能核心技术的企业，投资热点更加聚焦。根据 2020 年全球及中国自动驾驶行业融资案例数据分析，国外自动驾驶行业 20 大融资案例合计融资规模超过 51 亿美元，中国自动驾驶行业 28 大融资事件合计融资规模超过

32亿美元。其中，融资规模超过10亿元的企业国外4家，国内7家，谷歌母公司Alphabet旗下研发自动驾驶技术的公司Waymo摘得桂冠，拿到了30亿美元的高额投资。获得投资的自动驾驶算法企业数量多达17家，其次是无人驾驶汽车和车联网，获投企业9家，然后是激光雷达，获投企业8家。

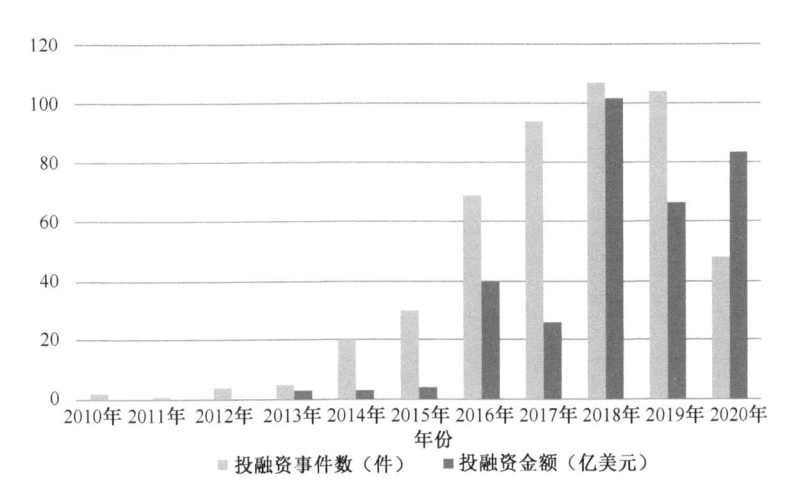

图10-9　2010—2020年全球自动驾驶投融资数量和总额

资料来源：ICVTank和2020年全球及中国自动驾驶行业融资案例数据。

从自动驾驶细分领域来看，美国和中国在整车领域势均力敌；但在激光雷达领域，美国占据5席，以色列、韩国和中国分别获投1笔；在雷达芯片和光控玻璃领域以色列的企业受到投资方青睐；在自动驾驶算法领域，中国的企业更加受资本方追捧，融资金额和数量更多。表10-3给出了国外自动驾驶行业获得融资企业、细分领域及规模。表10-4给出了我国自动驾驶行业获得融资企业、细分领域及规模。

表10-3　国外自动驾驶行业获得融资企业、细分领域及规模

序号	名称	细分领域	金额	国家
1	Waymo	自动驾驶汽车	30亿美元	美国
2	Luminar	激光雷达	近6亿美元	美国

159

续表

序号	名称	细分领域	金额	国家
3	Nuro	自动驾驶汽车	5亿美元	美国
4	Innoviz	激光雷达	3.5亿美元	以色列
5	Velodyne	激光雷达	1.5亿美元	美国
6	SDG	自动驾驶算法	6500万美元	俄罗斯
7	Outrider	自动驾驶算法	6500万美元	美国
8	AImotive	自动驾驶算法	5800万美元	匈牙利
9	Seegrid	自动驾驶汽车	5200万美元	美国
10	Cepton	激光雷达	5000万美元	美国
11	Otonomo	车联网	4600万美元	以色列
12	Uhnder	数字雷达	4500万美元	美国
13	Ouster	激光雷达	4200万美元	美国
14	Arbe	雷达芯片	3200万美元	以色列
15	Gatik	自动驾驶汽车	2500万美元	美国
16	PhantomAI	自动驾驶算法	2200万美元	韩国
17	SOSLAB	激光雷达	1400万美元	韩国
18	SiLC	激光雷达	1200万美元	美国
19	ParallelDomain	自动驾驶算法	1100万美元	美国
20	Gauzy	光控玻璃	1000万美元	以色列

资料来源：《盘点2020年全球及中国自动驾驶行业48大融资案例》。

表10-4　我国自动驾驶行业获得融资企业、细分领域及规模

序号	名称	细分领域	金额
1	小马智行	自动驾驶算法	7.62亿美元
2	滴滴沃芽	自动驾驶算法	超5亿美元
3	图森未来	自动驾驶汽车	3.5亿美元
4	嬴彻科技	自动驾驶汽车	2.2亿美元
5	文远知行	自动驾驶汽车	2亿美元
6	亿咖通科技	车联网	13亿元
7	禾赛科技	激光雷达	1.73亿美元

B.10 人工智能投资热度理性升温且热点愈发集中

续表

序号	名称	细分领域	金额
8	地平线	自动驾驶芯片	1.5亿美元
9	均联智行	车联网	7.2亿元
10	芯驰科技	自动驾驶芯片	5亿元
11	思必驰	车联网	4.1亿元
12	智加科技	自动驾驶汽车	6000万美元
13	笋筐科技	自动驾驶算法	4500万美元
14	享道出行	自动驾驶算法	超3亿元
15	爱泊车	自动驾驶算法	3亿元
16	MINIEYE	自动驾驶算法	2.7亿元
17	经纬恒润	车联网	2.1亿元
18	奇瑞雄狮	车联网	2亿元
19	踏歌智行	自动驾驶算法	2亿元
20	新石器	自动驾驶整车	2亿元
21	轻舟智航	自动驾驶算法	数千万美元
22	智行者	车联网	数千万美元
23	丰行智图	自动驾驶算法	超亿元
24	魔视智能	自动驾驶算法	1亿元
25	中天安驰	自动驾驶算法	1亿元
26	天瞳威视	车联网	1亿元
27	知行科技	车联网	近亿元
28	宽凳科技	自动驾驶算法	近亿元

资料来源：《盘点2020年全球及中国自动驾驶行业48大融资案例》。

（四）在疫情催化下加速了人工智能教育发展

突如其来的新冠肺炎疫情催化了在线教育发展，在线教育渗透率不断提升，教育行业巨头纷纷布局人工智能教育，投资机构频繁出手，融资规模持续扩大。据国家工业信息安全发展研究中心不完全统计，2020年，全球在线教育融资总额超过65亿美元，融资金额虽大幅增长，但大量资本被投向了头部机构，中国企业猿辅导和作业帮纷纷在 2020 年年底拿下了巨额融资。2020 年人工智能教育企业融资情况见表 10-5。

表 10-5 2020 年人工智能教育企业融资情况

序号	名称	细分领域	金额	国家
1	猿辅导	个性化学习	22 亿美元	中国
2	作业帮	在线直播辅导	16 亿美元	中国
3	Byju's	个性化学习	5 亿美元	印度
4	掌门教育	个性化学习	4 亿美元	中国
5	火花思维	数学思维	4 亿美元	中国
6	一起教育	在线作业平台	3.06 亿美元	中国
7	ClassPass	线上健身教育	2.85 亿美元	美国
8	Unacademy	教育内容学习	1.5 亿美元	印度
9	VIPKID	英语学习	1.5 亿美元	中国
10	Coursera	个性化学习	1.3 亿美元	美国
11	Vedantu	直播和互动课程	1 亿美元	印度
12	Udacity	在线学习平台	7500 万美元	美国
13	Skillshare	线上兴趣课程	6600 万美元	美国
14	ApplyBoard	在线留学平台	约 5500 万美元	加拿大
15	Top Hat	高校教学线上化的工具服务	5500 万美元	加拿大
16	Udemy	在线学习平台	5000 万美元	美国
17	SnapAsk	线上答疑辅导	3500 万美元	中国香港
18	Quizlet	记忆学习	3000 万美元	美国
19	CourseHero	线上学习资料	1000 万美元	美国

资料来源：国家工业信息安全发展研究中心根据公开资料整理。

四、投融资将更加聚焦于有价值的人工智能应用场景

人工智能产业进入整合期，并购成为企业获得人才和核心专利的重要手段，交易竞争日趋激烈。资本追逐热点从技术层转向应用层和基础层。随着一级市场投资频率放缓，越来越多的人工智能企业将加快上市步伐。

（一）龙头企业并购交易竞争将更加激烈

人工智能产业和企业开始进入整合期，业态从分散向集中整合演进，并购交易竞争日趋激烈。科技巨头通过并购人工智能企业抢夺人才和核心专利，或补充完善自身业务，或拓展新业务领域。人工智能独角兽则瞄准了英国、以色列等国的初创团队，旨在强化原有技术，增强技术壁垒。

（二）资本追逐热点将从技术层转向应用层和基础层

2020年，随着疫情的暴发催生出一批人工智能产品及应用。未来，人工智能投融资逻辑进一步明确，场景赋能成为主旋律，资本的追逐热点将从计算机视觉、语音识别等技术，转向有商业化落地能力的人工智能应用产品和服务，如工业视觉、药物研发、个性化学习/娱乐、时尚/零售等典型场景将成为投融资重点领域。人工智能"新基建"需求井喷，围绕人工智能数据、算法和算力的投融资也将进入活跃期。

（三）人工智能企业上市步伐将显著提速

国内外各大交易所纷纷对人工智能头部企业发出热情的"邀请"，呼吁人工智能独角兽将自己作为上市的首选之地。随着一级市场投资频率放缓，越来越多的独角兽加快上市步伐。人工智能产业进入成果收获期，随着越来越多有价值的人工智能应用场景商业化落地，拥抱这些场景的人工智能企业也将在二级市场上获得认可。

参考资料

1. 斯坦福大学. 2021年人工智能指数报告。
2. 虎博科技. 详解2020年投融资趋势 人工智能赛道连续三年热度上

升. https://baijiahao.baidu.com/s?id=1688917923404085009&wfr=spider&for=pc。

3. 艾瑞咨询.2020年中国人工智能产业研究报告。

4. 中商研究院.2020年中国人工智能产业市场前景及投资研究报告。

5. 国海证券.把握2021人工智能IPO大年的投资机会。

6. 光子盒.2020人工智能医疗投融资报告。

7. 2020年全球及中国自动驾驶行业投融资现状分析融资规模均有所下降. https://baijiahao.baidu.com/s?id=1673991505313107034&wfr=spider&for=pc。

8. 盘点2020年全球及中国自动驾驶行业48大融资案例. http://www.elecfans.com/d/1451775.html。

9. 2020全球医疗健康产业资本报告. http://www.360doc.com/content/21/0119/13/73088472_957783356.shtml。

10. 2020年全球自动驾驶行业报告：干掉司机的千亿融资大战. https://www.163.com/dy/article/FV87NK9H05470OJH.html。

11. 2020年教育科技投资地图：钱都流向了哪里？https://www.zhitongcaijing.com/content/detail/388914.html。

12. 融资额超前四年总和《2020年在线教育投融资数据报告》发布. https://baijiahao.baidu.com/s?id=1688944907977248954&wfr=spider&for=pc。

Ⅴ 专题篇

Thematic Articles

B.11 人脸识别发展与监管研究

王淼 杨捷[1]

摘　要： 随着人脸识别技术突破商业化门槛，全球人脸识别市场迎来爆发式增长，优势企业逐渐涌现。人脸识别在促进产业升级、提高生活便捷性、助力疫情防控等方面发挥了巨大作用，但也在算法安全性、偏见歧视、人权隐私问题等方面引起了诸多争议和挑战，引发全球各国广泛关注。目前，各国对待人脸识别监管态度有所差异，我国正多措并举，推动人脸识别安全发展与应用。未来，应从提升技术水平、强化应用规范、加大隐私保护、加强国际合作等方面入手，保障人脸识别健康有序发展。

关键词： 人脸识别；计算机视觉；技术监管；隐私保护

---

[1] 王淼，国家工业信息安全发展研究中心工程师，管理学博士，主要从事人工智能相关领域战略、政策、产业发展研究；杨捷，国家工业信息安全发展研究中心助理工程师，工学硕士，主要从事人工智能、大数据领域产业发展相关研究。

Abstract: With the face recognition technology breaking through the threshold of commercialization, the global face recognition market has grown rapidly, and the advantage enterprises gradually emerged. Face recognition has played a huge role in promoting industrial upgrading, improving the convenience of life and helping epidemic prevention and control. However, face recognition still causes many controversies and challenges in security, privacy, human rights and other aspects, which have aroused widespread concern around the world. At present, different countries have different attitudes towards the supervision of face recognition. China is taking various measures to promote safe development and application of face recognition. In the future, we should improve the technology, strengthen application standards, increase privacy protection, and promote international cooperation to ensure the healthy and orderly development of face recognition.

Keywords: Face Recognition; Computer Vision; Technical Supervision; Privacy Protection

人脸识别是利用计算机视觉分析人的面部特征信息以实现身份识别的生物识别技术，由于具有非接触、非侵扰及便捷性等优势，人脸识别已在多个领域落地发展，应用场景逐渐丰富。目前，人脸识别已成为人工智能技术发展最快、应用最多的领域之一，然而其在高速发展、深刻改变人们生产生活方式的同时，也暴露出安全隐患及隐私泄露等问题，持续引发公众关注。

一、人脸识别市场发展迅猛，技术快速提升

（一）全球人脸识别市场快速增长，我国增速高于全球

人脸识别在全球迅速发展，据国际知名市场研究机构 Markets and Markets 估算，2020 年全球人脸识别市场规模突破 38 亿美元。新冠肺炎疫情后全球人脸识别市场规模预计将从 2020 年的 38 亿美元增长至 2025 年的 85 亿美元，预计年复合增长率约为 17.2%，如图 11-1 所示。

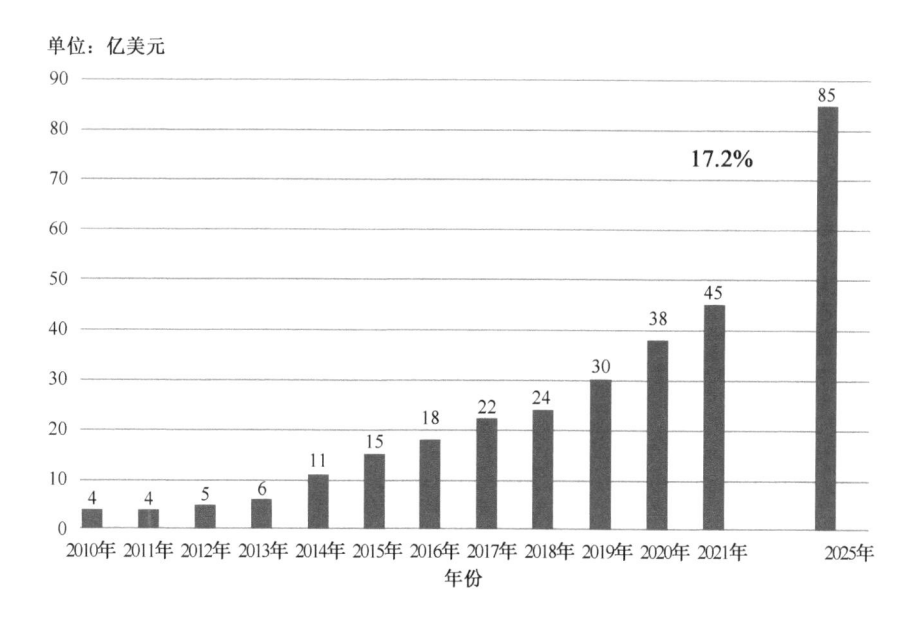

图 11-1 全球人脸识别市场规模和增速

资料来源：Markets and Markets、智慧芽&罗思咨询整理。

全球已经涌现出一批人脸识别优势企业，谷歌、苹果等互联网巨头注重全产业链布局，通过收购人脸识别领域创业公司提升自身技术实力；日本 NEC 早在 1989 年就开启了对商业人脸识别的研究和开发，目前已经为

70多个国家和地区提供了1000多套人脸识别系统。美国的EverAI、俄罗斯Netchlab等创业企业深耕人脸识别算法,在特定场景的识别准确率均已超过99%。

我国人脸识别市场增速高于全球。据前瞻产业研究院预计,到2024年我国人脸识别市场规模将突破100亿元,未来5年将保持23%的年复合增长率。我国人脸识别市场规模和增速如图11-2所示。

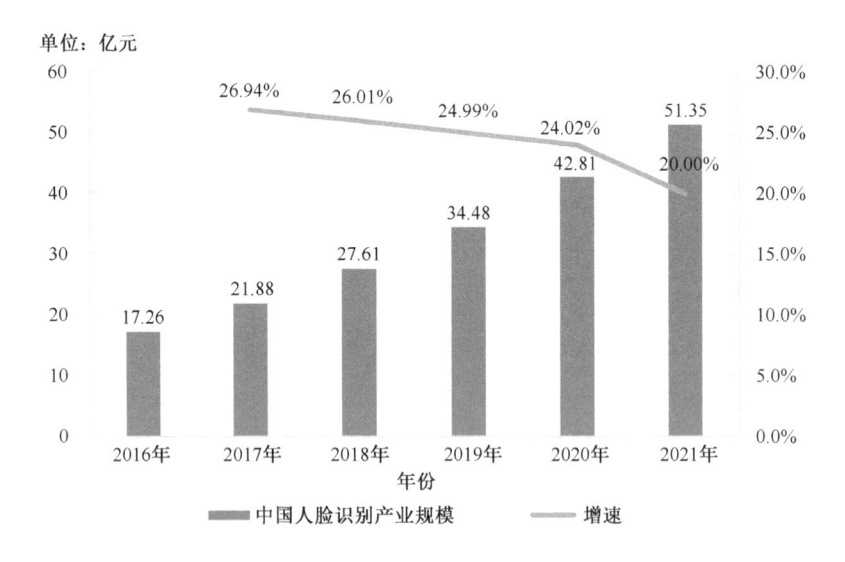

图 11-2 我国人脸识别市场规模和增速

资料来源:前瞻产业研究院、商汤智能产业研究院整理。

得益于我国对新兴技术的态度较为开放和宽容,人脸识别在我国迅速普及。我国人脸识别技术目前主要运用在门禁考勤、公共安防、金融支付三大领域,根据前瞻产业研究院数据,人脸识别在门禁考勤领域的应用最为成熟,约占行业市场的42%;公共安防市场份额占比约30%;金融支付作为人脸识别未来重要的应用领域之一,其市场规模在逐步扩大,目前约占20%,如图11-3所示。

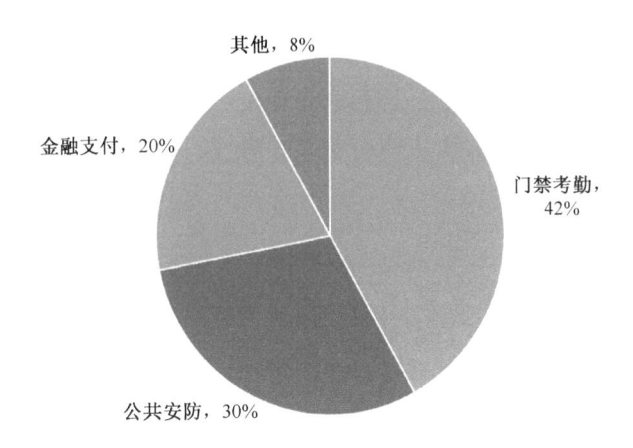

图 11-3 中国人脸识别行业应用领域占比统计情况

资料来源：前瞻产业研究院、商汤智能产业研究院整理。

（二）人脸识别领域投融资向头部企业聚集

据前瞻产业研究院数据，2012—2019年，我国人脸识别领域共完成80件投融资事件（见图11-4），总金额达337亿元，占计算机视觉与图像投融资金额比重的40%。其中，2017—2018年人脸识别投融资数量较多，行业投资热情较为高涨，为初创企业提供了大量的资金支持，2018年人脸识别行业投资规模达187.15亿元，同比增长50.6%，为近年来最高值。2019年人脸识别行业投融资开始向头部企业聚集，行业全年投资规模为

图 11-4 2012—2019年中国人脸识别行业投融资事件数量

资料来源：前瞻产业研究院，商汤智能产业研究院整理。

65.85亿元，如图11-5所示。被称为计算机视觉"四小龙"的商汤科技、旷视科技、云从科技和依图科技四家企业的融资表现最为抢眼。在短短几年时间内，"四小龙"都快速经历了多轮融资，深受资本市场青睐，目前估值均以超过百亿元。

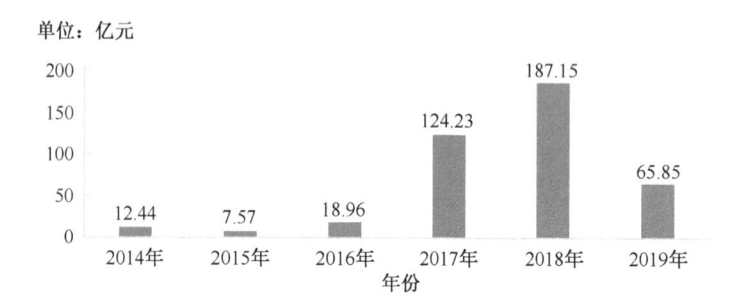

单位：亿元

年份	2014年	2015年	2016年	2017年	2018年	2019年
金额	12.44	7.57	18.96	124.23	187.15	65.85

图11-5 2014—2019年中国人脸识别行业投融资规模

资料来源：前瞻产业研究院，商汤智能产业研究院整理。

（三）人脸识别技术水平与科研能力快速提升

在技术研发方面，我国部分企业人脸识别算法处于国际领先水平。我国多家人脸识别企业在国际比赛中表现突出，达到全球领先水平，根据美国国家标准与技术研究院（NIST）2020年公布的全球人脸识别算法测试结果（FRRVT），全球排名前10的算法有半数以上来自中国，其中商汤、依图、海康威视、大华等企业在历次测试中成绩领先。

在科研人才方面，美国拥有最多的人脸识别研究学者，我国人脸识别人才虽存在缺口但潜力巨大。2018年，AMiner[1]基于发表于国际期刊会议的学术论文，对人脸识别领域排名前1000位的学者的分析结果显示，美国是人脸识别研究学者聚集最多的国家，在人脸识别领域的研究占有绝对优势；英国位列第二；中国位列第三。

---

[1] 科技情报大数据挖掘与服务系统平台AMiner是由清华大学计算机科学与技术系教授唐杰率领团队建立的，具有完全自主知识产权的新一代科技情报分析与挖掘平台。

在专利申请方面，美国人脸识别专利申请起步较早，我国起步较晚但增速较快。美国在20世纪20年代就申请到了该领域的第一项专利，我国于2002年获得首个人脸识别相关专利；从近20年行业全球专利申请变化趋势来看，在2010年以前日本、美国专利申请较多，而在2010年以后我国开始渐渐发力。据前瞻产业研究院数据，2010—2018年我国人脸识别相关专利申请数量逐年增长，2018年达到5618项，为近年来最高，2019年达到3024项；截至2019年年底我国人脸识别相关专利申请数量累计达到20208项，其中发明专利数量最多，达到12407项，占61.40%，其次是实用新型专利，占24.76%。

二、人脸识别落地应用广泛，仍存一定挑战和争议

（一）人脸识别有助于促进产业升级、提高生活便捷性、助力疫情防控

随着人脸识别在全球落地应用的深度广度不断提升，其为赋能实体经济、改善社会民生、助力疫情防控发挥了积极作用。

1. 人脸识别赋能实体经济，促进产业转型升级

零售、交通、公共安全等传统领域都存在身份识别需求，人脸识别的应用进一步推动这些领域向自动化、智能化、高效化转型升级。在零售领域，人脸识别推动无人商店等新业态发展并为客户行为分析提供技术支撑。亚马逊、阿里巴巴等公司先后建立了Amazon Go、WithAnt等无人商店。在交通出行领域，人脸识别能够帮助提升交通出行效率，推动配套设施走向智能化。航空、高铁、道路客运等诸多出行方式都普及了实名购票，利用人脸识别技术可以高效地判断来判断人证是否相符，目前人脸识别人证合验闸机已经基本覆盖了全国各大机场、火车站，同时汽车站、渡口等公共交通场合也逐渐采用该技术。在公共安全领域，人脸识别能够促进安全防控精准化。对于一些封闭式小区或办公楼宇，配备有人脸识别功能的摄

像头可以判断人员是否有准入资质，从而满足其安全需求；对于一些开放区域，逐步配备的视频监控、卡口等设备可与特定的犯罪分子、通缉人员面部数据库相连接，从而精准识别可疑人员，实现实时比对抓逃和安全预警。

2. 人脸识别深入社会民生领域，提高生活便捷性

人脸识别在医疗、教育、金融等领域深化应用，有效提升了人民生活品质和公共服务水平。在医疗领域，人脸识别可以用于刷脸挂号、刷脸就诊、病房安保等。在教育领域，人脸识别可用于考生身份查验、刷脸签到、校园安防等。在金融领域，人脸识别已用于远程银行开户、身份核验、保险理赔、刷脸支付等业务。国内包括农业银行、交通银行、工商银行、建设银行、民生银行、浦发银行、平安银行等在内的多家银行已经布局了人脸识别技术。艾媒咨询数据显示，2019年，我国刷脸支付用户已达1.18亿人。

3. 人脸识别助力疫情防控，提升防控效率

人脸识别在疫情防控中发挥了巨大的作用。在智能测温方面，人脸识别测温一体机终端设备不仅可以识别人员信息，还能无接触快速测量人员体温，成为帮助社区、企业、公众场所等防控利器，短时间内或成为市场上的热门产品。在社区管理方面，为遏制疫情传播，全国各地纷纷对小区进行封闭管理，严格管控社区人口的出入，包含人脸识别在内的智能门禁起到了重要作用。

（二）人脸识别仍在安全、隐私、人权等方面存在争议和挑战

人脸识别高速发展、深刻改变生产生活方式的同时，也暴露出了人权、隐私、安全等问题，引发了诸多争议和挑战。

1. 现阶段人脸识别技术的成熟度仍然有待提升

虽然在实验室中人脸识别算法准确率已超过人眼，但是在实际应用中

成熟度仍有待提升。一是人脸识别算法本身还存在误差，可能造成识别错误。美国政府问责局（GAO）经过调查，发现美国联邦调查局（FBI）人脸分析比对评估（FACE）等系统的匹配精度还有待提高，在识别样本较大的情况下可能出现了犯罪嫌疑人匹配错误的情况。2020年1月，美国底特律警方根据人脸识别系统的比对结果将一名叫作威廉姆斯的公民以盗窃罪逮捕，然而最终威廉姆斯被证实无罪，2020年6月，美国公民自由联盟向底特律警察局提出了行政诉讼并呼吁停止使用人脸识别作为调查工具。二是人脸识别易受到测试集、数据集、环境等因素的干扰。尽管实验室中人脸识别的准确率已经超过99%，但在真实环境中其准确率会大幅下降。一些干扰因素或特定的场景可能让人脸识别算法输出不同的结果，从而影响决策。面部图像采集在实际中可能存在姿势不正、光线不足及其他部位遮挡等问题，不能满足规范化要求，这些情况都可能引发算法输出错误结果。此外，人类存在面部相似（双胞胎）、面部老化等实际问题，当使用固定的面部数据库时，人脸识别算法可能无法匹配出正确的结果。美国国家标准与技术研究院（NIST）测试发现，因疫情影响佩戴口罩给面部图像带来遮挡，89种常见的人脸识别算法错误率均有所上升，最高可达50%。

2. 人脸识别算法可能引发歧视和偏见问题

由于不同人脸识别训练数据集覆盖群体的肤色、性别、年龄不同，在应用时可能种族与性别歧视问题。一是人脸识别对浅肤色人群的识别率高于深肤色人群，可能引发种族歧视。美国国家标准与技术研究院（NIST）研究表明，近200种人脸识别算法在非白人面孔上的表现较差，其错误匹配率甚至相差100倍。二是人脸识别对男性的准确率高于女性，可能引发性别偏见。《纽约时报》发表的研究文章表明，人脸识别技术针对不同种族的准确率差异巨大，对白人男性识别错误率低于1%，而对黑人女性识别错误率则高达35%。据英国《每日邮报》报道，2019年9月伦敦一位黑人男子在上传头像照片时，只是因为嘴唇厚就被人脸识别系统认定为了张着嘴，这种简单的识别偏差证明人脸识别算法存在种族偏见。

3. 人脸数据采集和应用泛滥引发人权和隐私问题

人脸识别算法在训练及应用中需采集用户面部数据等敏感信息，极易出现侵犯人权、泄露隐私等问题。一是部分人脸识别技术使用时未征得用户同意，引发了人权争议。欧盟出台的数据安全保护法案《通用数据保护条例》（General Data Protection Regulation）中将包括人脸图像、指纹数据等在内的生物识别数据定义为敏感数据，并对人脸数据的使用做出了严格限制。该法案提出，人脸识别技术只能在主体同意，并且"必要"的情形下使用。然而，世界上大部分国家和地区并未有针对人脸识别技术使用的相关立法和规定，在实际应用中仍存在着未取得用户同意甚至强制采集的情况。2019年，英国公民布里吉斯将南威尔士警方告上法庭，布里吉斯认为，警方在未经本人同意的情况下使用自动化人脸识别技术扫描其面部信息，侵犯了公民的隐私权。2019年10月，浙江理工大学副教授郭兵向杭州市富阳区人民法院提起了诉讼，指控杭州野生动物世界未经其同意，便通过会员卡系统强制收集个人面部图像信息，损害其合法权益，2020年11月20日，杭州市富阳区人民法院做出一审判决——判决野生动物世界赔偿合同利益损失及交通费共计1038元，删除郭兵办理指纹年卡时提交的照片等面部特征信息。2020年年初，脸书公司因在社交网络产品中未经用户明确同意便应用人脸识别技术，被处以5.5亿美元罚款。二是人脸数据的归属与保管尚没有明确规范，可能在用户不知情的情况下被滥用或泄露。"刷脸支付"、美颜软件、刷脸门禁等应用的广泛普及，使得人脸数据采集变得轻而易举，随之而来的问题是数据滥用风险大大增加。《人脸识别落地场景观察报告（2019年）》显示，超过七成的民众担心面部数据泄露。2020年，服务于600多家执法机构及安保公司的美国人脸识别创业公司Clearview AI称其客户面部信息数据库被盗。据报道，Clearview AI从网络社交媒体上抓取了超过30亿张照片，这些数据在采集时并未明确获得用户的同意。

三、各国对人脸识别关注度提升,监管态度有所差异

部分国家和地区已经充分认识到人脸识别在安全、伦理等方面的问题,正在积极开展对监管与发展的探索。

(一)美国社会对人脸识别技术表示担忧和反对

截至目前,已经有旧金山、波士顿等至少 8 个城市颁布了人脸识别禁令,禁止政府部门和执法机构使用人脸识别,2020 年 9 月,波特兰市宣布,出于保护公众个人隐私和消除歧视的目的,禁止在公共场所使用人脸识别技术。2020 年 12 月,纽约州宣布禁止在学校中使用人脸识别和其他生物识别技术。微软、IBM、亚马逊等公司也因担心种族歧视问题纷纷宣布退出人脸识别业务。

(二)欧盟委员会对人脸识别持谨慎态度

2019 年 12 月的《人工智能白皮书(草案)》中,欧盟曾纳入了 "5 年内禁止人脸识别使用" 的内容,但随后由于争议过大,在 2020 年 2 月发布的正式版本中删去了有关内容。2020 年 2 月 17 日,欧盟委员会负责数字事务的执行副主席韦斯塔格对媒体表示,通过人脸识别进行身份验证的技术违反了欧盟《通用数据保护条例》有关规定,是不合法的。2021 年 1 月 29 日,欧盟委员会表示公司不得使用面部识别技术来评判员工,应该禁止利用面部识别技术分析情绪和个性,并以此为根据来招聘和解雇员工。

(三)英国、瑞典、比利时等国对人脸识别应用都做出了一定限制

2020 年 8 月 12 日,伦敦一家法院对警方使用人脸识别技术的一起诉

讼做出裁决，认定英国警方在部署面部识别技术时违反了人权和数据保护法。2019年8月20日，瑞典数据检查局对使用摄像头人脸识别记录学生出勤率的高中进行罚款，判定其违反了《通用数据保护条款》，侵犯学生隐私。2018年8月，比利时出台法规，禁止私人使用人脸识别或其他基于生物特征的视频分析摄像机。

（四）日本、韩国、印度等国家对待人脸识别态度较为包容

日本、韩国、印度等国家正以数据安全、隐私保护等相关政策护航，大力推进人脸识别应用。印度政府2019年年底启动一项全球招标，为28个邦、7个加盟领地的警方建设一个集中的自动面部识别系统。2019年，日本法务省决定在日本的主要机场简化访日外国人的出入境手续。从2019年7月开始，访日外国人也能够使用面部识别技术出入境，最快15秒即可办好出境手续。此外，日本还计划在东京奥运会期间采用人脸识别技术进行安检身份认证。2019年4月，韩国科学技术信息通信部和法务部签署人工智能识别追踪系统项目的谅解备忘录，在机场引进人脸识别系统，以确认出入境者身份，并将在2022年前进行示范运营和全面推广。

四、我国多措并举，推动人脸识别安全应用

我国在积极鼓励人脸识别技术发展的同时，及时推进人脸识别安全监管与治理工作，通过出台相关政策法规、制定行业标准，开展专项整治行动等，切实保护人民群众隐私权，护航人脸识别技术安全应用。

（一）出台多项政策，做好人脸识别技术发展与安全保障的顶层设计

2017年6月，国务院印发《新一代人工智能发展规划》，提出促进人工智能在公共安全领域的深度应用，推动构建公共安全智能化监测预警与

控制体系。在社会综合治理和公共安全管理等一批需求大、任务重的领域，应当充分发挥人工智能技术的优势，探索先进传感探测技术、计算机视觉技术、生物特征识别技术的应用落地场景，如智能化信息监测平台、智能警用终端设备、安防系统等。2019年9月，中国人民银行印发《金融科技（FinTech）发展规划（2019—2021年）》（以下简称《规划》），强调了坚持创新驱动发展，加快金融科技战略部署与安全应用，在产业政策层面上，为以人脸识别为代表的生物特征识别信息技术在金融领域的推广应用铺平了道路。

（二）制定法律法规，规范人脸识别技术的研发与应用

我国正不断完善法律法规，保障人脸识别健康有序发展。2020年7月由全国人大公布的《数据安全法（草案）》明确规定了数据安全管理基本制度、促进数据安全与发展的措施等。草案明确了数据活动的"红线"，以法律条文的形式为数据提供了保护。2020年10月21日全国人大公布的《个人信息保护法（草案）》在2016年《网络安全法》的基础上，进一步规定了个人信息是以电子或者其他方式记录的与已识别或者可识别的自然人有关的各种信息；规定了个人信息的处理包括个人信息的收集、存储、使用、加工、传输、提供、公开等活动。

（三）发布国家标准，积极参与国际标准制定

目前我国已制定了多项人脸识别相关国家标准与行业标准，相关标准的技术委员会包括：全国信息技术标准化技术委员会生物特征识别分委会（SAC/TC28/SC37）、全国安全防范报警系统标准化技术委员会（SAC/TC100）。2019年，全国信息技术标准化技术委员会生物特征识别分委会（SAC/TC28/SC37）成立了专门的人脸识别工作组，人脸识别国家标准制定全面启动。目前，SAC/TC28/SC37发布了人脸样本质量、人脸图像数据交换格式、移动设备人脸识别等标准；SAC/TC100发布了视频监控、

出入口控制等公共安全领域的多项人脸识别标准。此外，国内其他行业技术委员会也针对人脸识别技术制定了一系列的标准。全国防伪标准化技术委员会（SAC/TC218）发布了国家标准《生物特征识别防伪技术要求 第1部分：人脸识别》。全国金融标准化技术委员会（SAC/TC 180）发布了国家标准《金融服务 生物特征识别 安全框架》；针对生物特征识别行业，《人脸识别技术线下支付安全应用规范》目前正在制定中。公安部社会公共安全应用基础标准化技术委员会发布了行业标准《视频图像分析仪 第4部分：人脸分析技术要求》。全国信息安全标准化技术委员会（SAC/TC260）发布了国家标准《信息安全技术 远程人脸识别系统技术要求》等。

欧、美、日等国家和地区是生物识别技术领域国际标准化工作的领头羊，牵头制定了多项ISO生物特征识别标准，我国在该领域的国家标准大多是基于ISO国际标准采标的。目前，我国生物特征识别技术与应用快速发展，已在人脸识别、活体检测等领域已达到较为领先的水平，逐渐开始牵头引领部分国际标准制订。2020年5月，人工智能平台公司商汤科技参与的生物特征活体检测国际标准《生物特征识别活体检测标准》正式发布。2020年3月，金融服务公司蚂蚁金服在全球最大的非营利性专业技术学会电气和电子工程师协会（IEEE）成功申请立项"生物特征识别多模态融合"标准。

（四）开展App专项治理行动，保障用户隐私权

2019年起，中共中央网络安全和信息化办公室、工业和信息化部、公安部、国家市场监督管理总局等部门联合在全国范围内组织开展App违法违规收集使用个人信息专项治理。由全国信息安全标准化技术委员会、中国消费者协会、中国互联网协会、中国网络空间安全协会等机构牵头成立App专项治理工作组，对App隐私政策和个人信息收集使用情况进行评估。2019年3月，App违法违规收集使用个人信息举报平台正式上线，截至2020年2月，平台共收到10000多条有效举报信息，500多条与人

脸识别问题有关，涉及50多款App，其中强制收集人脸的问题最为突出，60%的App强制要求用户提供人脸信息，90%的App没有清晰说明收集使用人脸信息的规则，近100%的App没有为用户提供撤回已提交的人脸信息的方法。

五、应坚持发展与监管并重，促进人脸识别健康发展

（一）着力提升技术水平，推动规范应用

充分重视人脸识别发展，提升技术水平，夯实人脸识别应用发展基础，部署重大前沿理论和关键技术研究。推进人脸识别在智慧城市、公共安全、政府治理、交通、金融等行业的规范应用，加快人脸识别创新结果转化应用，在实际应用中进一步提高人脸识别准确率。

（二）适度监管，增强人脸识别应用的可靠性

对不同场景下人脸识别的应用进行规范，研制相应的规范和标准，使人脸识别应用符合安全、法律和伦理道德要求。鼓励开展第三方人脸识别测试评估服务，对人脸识别产品和技术水平和安全性进行测试、评估和审核，保证人脸识别产品符合一定安全标准和道德规范，确保人脸识别技术只能用于正当和相称的目的，限制人脸识别的非法应用。

（三）建立数据安全保护机制，加大个人隐私保护力度

制定相关标准、规范和法律，提升个人数据采集和使用过程的透明度，督促企业制定并发布清晰明确的人脸信息隐私政策，加强个人隐私保护。着力规范企业对人脸信息的采集、传输、存储及使用，对于不遵守相关制度、非法采集、泄露及滥用个人隐私、不正当竞争的企业，加大处罚力度，督促其落实安全主体责任。

参考资料

1. 全国技术标准化委员会生物特征识别分技术委员会. 2020 人脸识别行业研究报告，2020-12。
2. 智慧芽&罗思咨询. 人脸识别行业白皮书，2021-01。
3. 君合法评. 人脸识别技术的法律与实践研究，2020-01。
4. 洪延青. 人脸识别技术的法律规制研究初探，2019-08。
5. 人脸识别技术市场前景深度报告，2018-09。
6. 清华 Aminer. 人脸识别研究报告，2019-09。
7. App 专项治理工作组. 已收到 500 余条涉及人脸识别的举报信息 https://ishare.ifeng.com/ c/s/7uBnLECzwdI。

新冠肺炎疫情对我国人工智能产业的影响分析

张瑶 明书聪[1]

摘　要： 2020年，新冠肺炎疫情对经济产生了巨大的影响，但对人工智能产业的直接冲击相对较小，并为人工智能技术的应用落地提供了诸多场景和强大动力。人工智能技术在疫情防控、辅助医疗、物资调配等方面发挥了积极作用，但应用过程中也暴露了数据安全等问题，应紧抓机遇，直面挑战，充分调动各方力量和积极性，推动我国人工智能产业快速高质量发展。

关键词： 新冠肺炎疫情；人工智能；疫情防控

Abstract: The epidemic of COVID-19 in 2020 has exert a huge impact on Chinese economy, but the direct impact on the artificial intelligence industry is relatively slight Besides, the epidemic has provided the AI technology not only application scenarios like epidemic prevention and control, auxiliary medical treatment, and material allocation, but also apowerful driving force for the application. But problems such as data security have also been exposed when AI technology has been applied. Therefore, in order to promote

---

[1] 张瑶，国家工业信息安全发展研究中心工程师，硕士，主要跟踪国内外人工智能、智能语音、计算机视觉等多个领域企业、战略规划和产业的发展动向，在人工智能产业发展、政策规划及安全、伦理、就业相关领域具有丰富的研究经验；明书聪，国家工业信息安全发展研究中心助理工程师，硕士，主要从事国内外新一代信息技术、人工智能等领域研究工作。

rapid and high-quality development of Chinese AI industry, all the related parties should be encouraged to seize the opportunity to dealing with challenges.

Keywords: COVID-19; AI; Prevention and Control of COVID-19

2020年，新冠肺炎肆虐蔓延，对我国人工智能产业产生了诸多影响。人工智能企业发挥自身特点，在助力病毒研究、智能辅助诊断、疫情信息摸排、物资供需匹配等方面发挥了积极作用。疫情在推动产业升级、打通应用壁垒、促进融合落地等方面产生了积极作用，我国人工智能产业将因"需求"增加而受益。纵观全球，人工智能正处于格局未定的窗口期，我们必须紧抓机遇，加强政策帮扶、夯实基础创新、开放应用场景、优化发展环境，推动我国人工智能实现跨越式发展。

一、人工智能技术广泛应用于疫情防控工作，疫情对人工智能的直接冲击相对较小

企业积极发挥人工智能技术的特点，快速将各项技术应用到疫情防控中，在基因分析、疾病筛查、辅助治疗、物资调度等方面发挥巨大作用，坚决打赢智能"战"疫这场硬仗。

（一）发挥算法算力优势助力病毒分析研究

在病毒基因分析方面，百度提出的 LinearFold 算法可将此次新型冠状病毒的全基因组二级结构预测从 55 分钟缩短至 27 秒，且百度宣布将该算法免费开放。深兰科技研发算法将病毒基因全序列的对比时间缩减到 3 分钟，并将针对病毒蛋白序列的对比时间缩减到秒级。在病毒检测方面，浙江省疾病预防控制中心、阿里达摩院医疗 AI 团队和杰毅生物技术公司共同研发的全基因组检测分析平台，对疑似病例的病毒样本进行全基因组序

列分析比对，将原需数小时的全基因分析流程缩减到半小时，提高了疑似病例的确诊速度和准确率。在算力提供方面，滴滴出行向国内科研机构、医疗及救助平台等开放用于抗击疫情相关工作的 GPU 云服务器等云计算资源和技术支持。中科曙光向相关科研机构免费提供超 100PFlops 算力的强大计算资源，助力对于新型冠状病毒肺炎防治的科研攻坚。阿里云、腾讯云向新冠病毒科研机构提供 AI 算力，助力药物筛选和疫苗研发工作加快推进。

（二）依托图像识别、机器人等技术开展智能辅助诊断

在智能影像诊断方面，依图科技的新冠肺炎智能影像辅助决策系统能够实现 2~3 秒内病变区域的自动定量检测分析，已在上海市公共卫生中心开展临床迭代工作。推想科技研发针对诊断新型冠状病毒肺炎的人工智能模型，已在武汉市同济医院和深圳市第三人民医院上线。在智能机器人应用方面，赛特智能的"平平"和"安安"机器人在广东省人民医院承担送药、送餐、回收被服和医疗垃圾等工作。达闼科技的 5G 云端智能机器人在武汉协和医院、同济天佑医院和上海第六人民医院帮助医护人员承担导诊、消毒、清洁和送药等工作。猎户星空智能递送服务机器人豹小递已交付武汉火神山医院投入使用。在远程诊疗方面，清华长庚医院推出的新型冠状病毒肺炎自测评估系统可对患病风险层级进行评估并给出指导意见，帮助民众理性就医。依图科技研发的基于语音识别、自然语言处理和知识图谱的新冠肺炎小依医生可提供智能问诊、智能宣教等服务。

（三）替代人工高效开展人员健康状况摸排工作

在智能测温方面，旷视科技提出"人体识别+人像识别+红外/可见光双传感"智能测温解决方案，已在北京市海淀区率先试用。该系统支持大于 3 米的非接触远距离测温，可以辅助火车站、汽车站、地铁站、机场等公共场所高密度人员流动场景下的体温异常者进行快速筛查。百度、云天励

飞、高德红外等企业也针对疫情推出多人体温快速检测解决方案，已在北京清河火车站、武汉火车站、天河机场等全国多个场站落地。在智能外呼方面，各企业通过智能语音、自然语言处理等技术向居民打电话、发短信，实现重点人群的筛查、防控和宣教。科大讯飞的智医助理外呼平台已服务625万人次，每日服务量已达80万人次[1]。阿里达摩院、百度、思必驰、小i机器人、云知声等也均通过外呼平台系统协助开展疫情访问工作，支援浙江、黑龙江、山东济南等地，减轻人员压力。

（四）发挥平台优势智能匹配防疫物资

在物资供需匹配方面，京东推出应急资源信息发布平台，使用者填写相关物资信息，平台便可利用人工智能技术进行智能搜索匹配，从而促成需求方和提供方的应急沟通。合合信息在启信宝App上发布疫情防控物资企业查询专项功能，通过人工智能算法找到疫情物资相关企业名单及详细信息，方便医疗物资需求方快速找到急需物资的提供企业。

二、疫情防控倒逼人工智能长期向好发展

新冠肺炎疫情"大考"在给我国人工智能产业带来挑战的同时，也蕴含着跨越式发展的新机遇，倒逼产业实力提升、技术落地场景不断拓宽、融合发展壁垒加速破除。从长期来看，新冠肺炎疫情对我国人工智能产业有积极的推动作用。

（一）新冠肺炎疫情不改人工智能需求潜力，逆向整合后产业实力大幅跃升

从长期来看，市场对人工智能产业的发展需求没有变，产业经历"寒

---

[1] 1月21日至2月1日数据。

冬"后将迎来新一轮整合升级，有望实现更高质量的发展。一方面，新冠肺炎疫情无法撼动经济社会发展对人工智能的刚性需求。作为实体经济的核心驱动力、数字经济的战略抓手和新型基础设施，人工智能已经成为我国经济社会发展的新引擎。短期的新冠肺炎疫情不改我国经济社会长期向好的基本面，也无法改变我国人工智能的高质量发展态势。另一方面，经过新冠肺炎疫情考验的企业应对危机的能力和组织韧性更强。新冠肺炎疫情将成为人工智能企业质量"试金石"，无法在危机中抓住机遇的企业被淘汰，"活下来"的企业加快变革发展模式，适应市场变化、挖掘市场需求的能力更强，可带动发展真正适合人工智能落地的商业模式，提升我国人工智能产业实力。

（二）新冠肺炎疫情重塑消费习惯、倒逼壁垒破除，未来融合应用场景将更加丰富

从长期来看，新冠肺炎疫情会进一步扩宽我国人工智能与实体经济融合的广度和深度。一方面，新冠肺炎疫情以催生消费习惯带动人工智能技术落地。新型消费习惯带动消费模式转变，在新冠肺炎疫情期间，"不见面""不接触"的要求催生了消费远程化、无人化的行为模式，"非接触式消费"应运发展，无人经济、智慧经济等新业态加快发展。另一方面，新冠肺炎疫情助力破除数据、法规等人工智能应用壁垒。新冠肺炎疫情防控挖掘了远程办公拾音解决方案等更加细分的应用场景，推动建立了上海卫健、公安、交通"一网统管"平台等数据共享平台，倒逼出台了个人信息保护规范[1]等制度文件，疫后的公共卫生体系建设、新型基础设施建设将会进一步破除发展路径不明、行业间数据不通、法规准备不足等制约我国人工智能与实体经济融合的瓶颈。

---

[1] 2020年2月，中共中央网络安全和信息化委员会办公室发布《关于做好个人信息保护利用大数据支撑联防联控工作的通知》。

（三）新冠肺炎疫情催生智能化应用需求，人工智能落地区域不断走向深入

在新冠肺炎疫情期间，多个地区加大人工智能产品应用强度，未来各区域人工智能融合应用有望更加广泛深入。一方面，新冠肺炎疫情激发各地区智能化升级需求。当前我国人工智能呈现集聚发展态势，部分信息化基础较弱、资金人才较少的地区人工智能发展相对落后。在防疫工作中，阿里巴巴、科大讯飞、思必驰等企业的人工智能防疫产品辐射全国 20 多个省市，并下沉至乡镇社区，为各地区深度挖掘市场需求，拓宽人工智能应用打下基础。另一方面，多地区将人工智能作为拉动疫情后经济发展的重要手段。北京、江西等 12 个省市已出台包含人工智能的疫后发展政策，大连、宁波分别投入 200 亿元信贷资金、150 亿元补短板稳投资专项资金，支持人工智能及相关产业发展。

三、新冠肺炎疫情暴露出我国人工智能产业发展的诸多问题

人工智能在此次新冠肺炎疫情"大考"中发挥了重要作用，也暴露出诸多问题，我国人工智能算法、算力等核心技术仍然依赖国外，数据共享互通存在壁垒，"数据孤岛"问题凸显，人工智能技术落地应用仍需进一步深化和规范。

（一）人工智能核心基础技术对外依赖性较强

国内人工智能基础技术积累相对较弱，在算法和算力上仍多依托国外技术和产品。一是人工智能产品的开发以国外算法模型为主要技术基础。国内人工智能在疫情防控中的应用多以国外开源框架和算法模型为基础实现，如武汉人民大学基于美国科研机构开源的 UNet++深度学习模型检测医学影像新冠肺炎特征，国内药物研发团队使用谷歌提出的 BERT 等模

型实现快速大规模文献筛选等工作。二是国内算力核心硬件依赖进口。在新冠肺炎疫情期间多家人工智能龙头企业宣布对外提供算力支持,但深究国内各大厂商服务器底层技术,仍需通过进口英伟达、英特尔等企业的GPU、CPU产品,算力的扩充发展受到国外产品的极大制约,容易造成"卡脖子"困境。

(二)多部门多行业数据共享壁垒凸显

在疫情防控工作中,跨部门跨省市数据共享意愿不强、信息交互手段不足,凸显"数据孤岛"形态严重。一是国内各地区之间数据共享互认渠道不通。各地区数据无法高效共享互通给疫情防控和复工复产带来了诸多困难。由于各省市确诊病例等数据未实现共享和同步,导致河北疑似病例进入北京,发生单位内部聚集性感染。国内不同省份"健康码"标准不一、数据不共享、缺乏互认机制,人员跨省流动重复隔离,造成社会资源浪费。二是行业数据衔接存在壁垒,数据集成度较低。由于数据采集手段差距、共享系统不完善等原因造成不同行业间数据衔接不通畅。社区终端人员管理数据采集信息化程度弱,难以与医疗体系实现数据共享。在复工复产中,家电、半导体、汽车等产业链较长的行业数据共享壁垒较高,导致上下游企业衔接不畅,企业间生产供应匹配难度增加,出现"产品积压"及"等米下锅"订单减少的现象。

(三)人工智能产品落地管理体系不完善

在此次疫情防控中,技术应用管理规范无法匹配人工智能技术的快速发展等问题进一步凸显。一是缺乏人工智能技术和产品落地的安全评测体系。人工智能算法的黑箱特性明显,落实产品安全评测是非常必要的。随着新冠肺炎疫情的发展,人工智能赋能抗疫的产品不断涌现,但国内缺乏针对机器人、测温产品、医疗影像等产品功能、性能的评估规范,难以保障进入市场的产品安全性和可用性,存在一定的隐患。二是个人隐私安全保障体系不完善。基于个人信息的大数据分析、人脸识别等技术在疫情防控上发挥了巨大的作用，为保护隐私安全，中共中央网络安全和信息化办公室第一时间发布做好个人信息保护相关文件，但个人隐私信息、戴口罩的人脸数据泄露事件仍频频发生，国内个人信息收集、管理和使用规范仍需进一步加强。

（四）人工智能技术融合应用深度不足

在新冠肺炎疫情期间，人工智能产品爆发式落地，但应用仍处于早期和初级阶段，融合广度和深度都有待拓展。一是人工智能助力疫情防控仅能满足浅层需求，产品落地有"避重就轻"之嫌。此次疫情防控，人工智能产品仅用于实现辅助、监测、"线上化"等功能。智能影像难以实现医学判断，智能机器人在路径规划、柔性控制、人机交互等核心技术方面尚未满足智能化水平，病毒检测等复杂领域参与企业较少，人工智能技术也未能成为基因检测的标准手段。二是人工智能产品数量多但质量良莠不齐。智能测温、智能机器人、智能外呼平台等智能抗疫产品种类繁多，但由于开发周期短、企业技术实力差异和成本控制等原因，市场上产品鱼龙混杂质量参差不齐。智能外呼产品在对话水平自然顺畅程度、语义理解等性能上差别明显，部分智能测温产品在恶劣环境下的测温准确度明显下降。

四、紧抓机遇积极推动人工智能跨越式发展

新冠肺炎疫情期间人工智能在多个领域发挥了重要作用，为人工智能的落地发展撬开了多个场景的入口，应紧抓机遇，扬长补短，继续发挥我国在制度、市场方面的优势，拓展人工智能在应急管理体系中的应用，加快夯实产业发展基础，优化发展环境，推动我国人工智能产业长期向好发展。

（一）发挥人工智能赋能效应，完善国家应急管理体系

新冠肺炎疫情体现出国家公共卫生管理应急体系存在部分短板，考虑将人工智能等新一代信息技术纳入公共卫生和应急管理体系建设工作中。建立跨部门跨区域的联动协作应急平台，促进跨部门的政府信息交换模型和体系建设，加强相关数据收集与信息共享，形成高效的信息报送与决策反馈机制，充分发挥人工智能技术在日常监测、突发事件预警和防控中的重要作用，推动提高应急物资管理、调配、配送效率。

（二）夯实产业发展基础技术，加快建设数据共享机制

针对人工智能在疫情防控中凸显的短板，要进一步协同各方力量，推动关键核心技术突破，加速破除数据壁垒。一是多主体共同发力补足基础技术短板，加快提升国产核心技术的认可度。鼓励高校、科研院所加强与企业的协同合作，通过成立联合实验室、研究中心、人才流动等途径，推动创新算法研发和算力提升。鼓励企业优先使用国内百度、华为、旷视科技开源的深度学习框架、算法模型，提升高知名度和认可度。二是构建人工智能基础数据平台，打通数据交流渠道。加快制定各行业部门数据格式规范手册，推动创建标准统一、跨平台分享的数据采集和共享生态系统，搭建人工智能基础数据平台，提高数据的有效性和可用性，强化数据权责及安全法规制度，打破人工智能融合发展的数据孤岛困境。

（三）推动场景加速开放，进一步优化发展环境

依靠疫情防控和复工复产，挖掘更加丰富的应用场景，推动释放可用数据，助力优化产业发展环境。一是深度挖掘市场需求，开放更丰富的场景。面向公共卫生体系、医疗、教育等公共领域、制造等传统行业，以市场需求为导向，开放一批应用场景，开展重点领域试点示范工作，形成可推广、可复制的发展模式。二是推动开放多领域数据，丰富可用数据资源。

在保护隐私和重要数据的前提下，推进医疗、教育、交通等公共等领域的数据开放，在涉及国家信息安全、个人隐私安全的领域，由政府部门主导建立如人脸、指纹、基因等数据库，可根据需要向企业提供开放接口。

（四）加强应用落地规范研究，建立健全安全监管机制

基于人工智能技术的风险性，需要加快规范融合应用落地，开展数据安全和隐私保护工作研究。一是加强个人隐私安全保护规范体系建设。结合《个人信息安全规范》，研究制定人工智能技术个人隐私数据获取、使用和处理规范，推动数据分级管理体系建设，研发可用技术手段提升安全防护能力。二是加快推进人工智能产品落地管理规范和评测体系建设。围绕人工智能与实体经济融合落地场景和重点技术产品，建立健全重点部门技术落地管理办法、技术和产品安全评测指标和检测体系，将重点制约融合的法律、法规制定工作提上日程，推动打破在医疗等领域落地的法规壁垒。

B.13 中国—东盟人工智能产业发展与合作前景广阔

明书聪[1]

摘　要： 东盟十国人工智能发展进程各有不同，印度尼西亚、马来西亚、菲律宾、新加坡、泰国六国是东盟人工智能产业发展的主要力量，文莱、柬埔寨、缅甸、老挝四国尚处于探索阶段。中国与东盟各方通过技术转移、数据共享、部署重大项目、共商人工智能治理等途径不断拓宽合作范围，夯实合作内容。未来，中国与东盟各国将进一步挖掘利益共同点，加快构建高效的合作机制，促进产业高质量对接，持续深化人工智能产业合作内容，共同推动人工智能技术创新、应用落地、安全治理等重点领域的快速发展，共享技术发展红利，赋能经济社会高质量发展。

关键词： 东盟；人工智能；合作；新冠肺炎疫情

Abstract: The development situation of the artificial intelligence industry in ten ASEAN countries is different. Indonesia, Malaysia, the Philippines, Singapore, and Thailand are the main driving forces in the development of the artificial intelligence industry in ASEAN, while the industry in Brunei, Cambodia, Myanmar, and Laos are still in the exploration stage. China and ASEAN continue to

---

[1] 明书聪，国家工业信息安全发展研究中心助理工程师，硕士，主要从事国内外新一代信息技术、人工智能等领域研究工作。

broaden the scope of cooperation and consolidate the content of cooperation throughout technology transfer, data sharing, deployment of major projects, and discussion on artificial intelligence governance. In the future, China and ASEAN countries will further explore common interests, speed up the construction of an efficient cooperation mechanism, promote high-quality industry tie-in activity, and continuously deepen the content of cooperation in the artificial intelligence industry. The aim is to jointly promote the rapid development of key areas such as artificial intelligence technology innovation, application landing, and security governance, to share the dividend of technological development, and to enable high-quality economic and social development.

Keywords: ASEAN; Artificial Intelligence; Cooperation; COVID-19

一、中国与东盟各国人工智能产业发展各具特色

人工智能作为引领新一代科技革命和产业变革的颠覆性技术，对科技、产业和社会变革的巨大潜力得到全球的广泛认同。东盟十国人工智能发展进程各有不同，总体而言，印度尼西亚、马来西亚、菲律宾、新加坡、泰国六国是东盟人工智能产业发展的主要力量。相比之下，文莱、柬埔寨、缅甸、老挝四国则仍处于探索阶段，人工智能产业整体发展水平相对较低。

（一）印度尼西亚——以人工智能发展促进"工业4.0"建设

近年来，印度尼西亚（简称"印尼"）人工智能产业发展快速，技术水平逐步提升，印尼政府有意通过人工智能技术来促进"工业4.0"的全面发展，但人工智能产业仍属于起步阶段，在东盟地区属于中等水平，具有一定的影响力。

一是政府政策持续出台，产业不断发展。2018年4月，印尼政府发布了《印尼工业4.0路线图》，指导印尼国内工业更好地应对数字经济时代。在该路线图基础上，印尼政府进一步聚焦人工智能产业发展，2019年10月25日，印尼政府牵头成立印尼人工智能协会，为印尼创建人工智能路线图，有计划地发展人工智能技术。

二是推动人工智能多领域融合，成效初显。印尼政府积极探索人工智能与传统行业融合发展，咨询企业Forrester Consulting的调查显示，印尼65%的受访企业家表示已将人工智能应用于公司业务中，在农业、交通等领域开展大量工作，取得了一定的成果。在智慧农业方面，印尼加迪亚马达大学开发了可消除空气传播的植物病害系统，利用无人机监测病害情况，携带农药针对病害位置进行喷洒。在智慧交通领域，2020年2月，印度尼西亚力宝集团与印尼政府共同合作推出智慧交通方案，通过人工智能与物联网技术对首都的交通移动性进行了提升。

三是集中效应明显，融资规模有待提升。印度尼西亚人工智能企业多为初创企业，地区聚集效应明显，主要集中在首都雅加达，总体投资规模较小，各企业间融资金额差距较大，企业聚焦AI对话以及数据分析技术印尼部分独角兽企业正利用人工智能技术，促进企业发展。表13-1给出了部分印尼人工智能企业的情况。

表13-1 部分印尼人工智能企业情况

企业名称	应用方向	成立时间	所在城市	融资规模/万美元
Ruangguru	在线教育	2013年	雅加达	15000
Halodoc	医疗平台	2016年	雅加达	10000
Alodokter	远程医疗	2012年	N/A	4000
Zenius Education	远程教育	2004年	印尼	2000
Ekrut	基于算法猎聘公司	2016年	雅加达	1500
Element Inc	生物识别	—	—	1200
Yummy Corp	虚拟现实餐饮	2005	万丹市	775
SweetEscape	人工智能成像	—	雅加达	700
Snapcart	智能收据	2015年	雅加达	14.7

续表

企业名称	应用方向	成立时间	所在城市	融资规模/万美元
Bahasa.ai	对话 AI	—	雅加达	10
Kata.ai	对话 AI	—	雅加达	3.5
BJtech	对话 AI	—	雅加达	1.5
Sonar Platform	社交媒体监控	2013 年	雅加达	0.15
AiSensum	机器人进程自动化	2018 年	雅加达	—
Dattabot	大数据分析	—	雅加达	—
Deligence.ai	通用 AI	—	雅加达	—
Nodeflux	计算平台	—	雅加达	—
Prosai.ai	对话 AI	—	雅加达	—
AiHouse（Dekorey）	人工智能室内设计	—	雅加达	—
Gringgo	识别与追踪	—	—	—
Datasaur	数据处理	—	—	—

资料来源：国家工业信息安全发展研究中心整理。

（二）马来西亚——持续夯实人工智能产业发展基础

马来西亚人工智能产业在东南亚地区相对领先，近年来马来西亚政府加快推动数字经济及工业 4.0 建设，开展 STEM 教育，鼓励政府和企业上云，不断为人工智能发展提供良好环境。

一是持续推动数字化转型，人工智能战略即将出台。马来西亚政府连续出台一系列政策开展数字经济及工业 4.0 建设，持续推动政府及企业数字化转型，为人工智能发展应用奠定了一定基础。马来西亚政府正加快制定人工智能战略框架，加大对智能化领域的投资力度。2017 年 10 月，MDEC 计划在《国家大数据分析框架》基础上扩展并推出《国家人工智能框架》，希望以此推动国家人工智能的发展，将云计算、人工智能等技术优先作为本国经济数字化转型的重要推动力。2018年，《马来西亚国家工业 4.0 政策》正式启动，促进人工智能、机器人技术、3D 打印和物联网发展。

B.13 中国—东盟人工智能产业发展与合作前景广阔

二是产业发展环境逐步优化，研究能力相对领先。马来西亚近年来迫切发展大数据、云计算产业，启动建设人工智能产业园区，夯实产业发展基础。2019年，马来西亚科技公司G3 Global建设马来西亚首个人工智能产业园。马来西亚不断改善教育体系，重视培养适应数字时代就业市场的劳动力。2019年，马来西亚教育部推出STEM4ALL计划，将人工智能基础教育引入马来西亚课程体系。同时，积极建设人工智能本科专业，推动产业人才发展。马来西亚大学、马来西亚思特雅大学等已尝试在本校计算机科学中新建人工智能本科项目，培养人工智能等高科技人才。

三是应用领域逐步扩展，积极探索应用人工智能抗疫。在政府率先应用的带动下，人工智能技术在马来西亚各行业应用逐步拓展。从应用领域来看，马来西亚在金融、医疗、安全、交通等领域积极采用人工智能技术，并初步探索教育、娱乐、法律等领域的应用。例如，在金融领域，丰隆银行基于IBM Watson系统，利用情感分析技术开展精准营销。在医疗领域，Getdoc企业使用AI算法来预测患者的医疗需求；马来西亚投资发展局与M3DICINE公司合作研发了配备AI的听诊器。在安全领域，马来西亚运输部、马来西亚槟州政府等机构已安装面试识别系统，利用人工智能视频分析技术来监控犯罪行为。

四是企业实力东盟区域内领先，多领域开放对外合作。马来西亚人工智能企业在东盟区域内实力相对领先。在东南亚前50名的科技企业中，马来西亚企业占据16家，仅次于印尼的20家。在2019年 *CIO Advisor* 评选的亚太地区20家最热门人工智能公司中，马来西亚的Wise AI和Fustionnex共2家公司上榜，东盟区域内泰国、新加坡、印尼均只有1家上榜。

马来西亚政府面对科技领域的国际合作秉承开放心态，在"一带一路"的倡导下，加强和中国在大数据电子信息产业、人工智能产业方面的交流合作。在基础建设方面，2019年，商汤科技参与马来西亚首个人工智能产业园建设，提供在人工智能基础技术、产品研发、人才培养等方面的全力支持。在人才方面，2020年，华为在马来西亚推出华为东盟学院，为地区数字人才提供培训。华为表示将为马来西亚等亚太国家提供人工智能、视频会议等技术服务，以协助其应对COVID-19流行期间面临的通信挑战。

（三）菲律宾——疫情助推人工智能产业布局和应用

菲律宾从政府层面高度重视人工智能，确立"云优先政策"，发布产业发展路线图促进和指导产业发展，通过引进美国、以色列、中国等国的技术，积极推动人工智能与当地产业合作落地，在金融、营销、医疗等领域多点开花，自然语言处理技术加速推动菲律宾传统电话客服的产业变革。

一是政府积极引导产业发展，布局人工智能目标清晰。2017年，菲律宾国家经济发展署（NEDA）发布《2017—2022菲律宾发展规划》，将人工智能列为发展计划中的新兴技术之一。2019年，菲律宾贸易和工业部宣布，将会同农业部等部门联合制定国家人工智能发展路线图，引导国内人工智能在技术、人才教育等领域的发展。2020年，菲律宾IT和业务流程协会（IBPAP）发布《IT-BPM路线图2022》，文件认为人工智能、大数据、物联网将对行业产生重大影响，提出要综合考虑技术、人力、道德等多方面的影响，推动人工智能技术的发展。

二是引进海外先进技术，实现产业落地多点开花。菲律宾依托美国、以色列、中国等国的技术引进，推动人工智能与当地金融、营销、医疗、农业等行业融合落地，提升生产生活效率，促进传统行业实现智能化转型。在金融领域，2019年，菲律宾联昌国际银行与美国人工智能驱动型端到端身份验证解决方案提供商Jumio合作，为客户提供安全和快速的数码开户体验，开户流程完成时间从15分钟降至不到5分钟，转化率和客户满意度大幅提升。在农业领域，菲律宾农业与联合国粮食及农业组织合作，运用无人机等技术手段加强天气监测，开展灾前和灾后的评估。菲律宾农业部与韩国企业合作，推出了首个智能温室菲律宾项目（SGPP），旨在利用韩国先进的技术发展国内农业。在医疗领域，疫情期间，菲律宾积极发挥人工智能的重要作用。2020年3月，碧瑶市信息管理与技术部已经与华为技术团队展开合作，建立人工智能诊断系统。

三是新冠肺炎疫情蔓延改变传统工作模式，行业借助人工智能加速变革。菲律宾是全球外包行业最发达的国家之一，此次新冠肺炎疫情的暴发，防疫隔离政策导致正常的办公室工作无法正常进行，菲律宾的部分客服外包公司也加速了人工智能替代人类电话客服的进度，各企业利用自然语言处理技术帮助提升客服工作效率。疫情期间，具有"无接触金融"概念的金融科技行业在菲律宾蓬勃发展，新的战略投资和业务扩张不断发生，菲律宾电子支付企业 Voyager Innovation 获得总额 1.2 亿美元的新一轮投资，将用于在菲律宾扩张数字金融服务。菲律宾 P2P 平台 PT Investree Radhika Jaya 获得 2350 万美元 C 轮融资，这笔资金将用于扩大 Investree 在印度尼西亚的业务，包括在电子采购和电子发票方面。

（四）新加坡——雄厚科技实力引领东盟人工智能发展

近年来，新加坡依托其雄厚的科技基础，持续推动人工智能产业发展，政府连续出台多项政策促进人工智能的研发应用和治理水平，人工智能的快速发展为新加坡交通物流、医疗保健、教育和安保与安全等行业注入了新的活力。

一是政策环境持续优化，重点发力人工智能治理。近年来，新加坡政府高度重视人工智能产业发展，连续出台多项相关政策，引导人工智能快速健康发展，推动新加坡成为人工智能科技方案的领导者。2017 年，新加坡国家研究基金会（NRF）发布《国家人工智能核心》（AI.SG），计划在未来五年投入 1.5 亿新加坡元（约合 1.07 亿美元），发挥政产学研各界优势，高质量发展人工智能。2019 年 3 月，新加坡成立全国人工智能署，推进新加坡 2030 年前成为开发和部署人工智能解决方案的领导者。2019 年 11 月，新加坡政府推出《人工智能策略》，大力推动人工智能在交通物流、智能市镇与邻里、医疗保健与教育，以及保安与安全五大领域的应用。新加坡格外注重人工智能监管治理。2019 年 1 月，推出亚洲首个《人工智能监管模式框架》，监管人工智能所产生的挑战和可能的解决方案展开讨论。2019年4月，新加坡知识产权局发布《人工智能专利优先计划》，将加快人工智能发明案申请速度，为新加坡人工智能的发展营造良好的政策环境。表13-2给出了新加坡人工智能相关政策。

表13-2 新加坡人工智能相关政策

序号	政策名称	发布部门	发布时间
1	《国家人工智能核心》	新加坡国家研究基金会	2017-05
2	《人工智能监管模式框架》	新加坡通信及新闻部	2019-01
3	《技术参考68》	新加坡陆运管理局	2019-01
4	《人工智能专利优先计划》	新加坡知识产权局	2019-04
5	《全国人工智能策略》	新加坡政府	2019-11

资料来源：国家工业信息安全发展研究中心整理。

二是政产学研合作持续深化，人工智能产业实力位居东南亚之首。在语音识别领域，新加坡国立大学建立语言模型，用于解决中英混合文本数据缺失问题，首次突破多语种切换语音识别的难题。在自然语言处理领域，新加坡最高法院通过采用语音识别、视频识别及文字识别等技术，研发"智能案件检索系统"，帮助提高法院的审判效率。在自动驾驶领域，2019年，南大联合沃尔沃发布世界首辆全尺寸自动驾驶电动公交车，预计2022实现规模化应用。

新加坡人工智能发展产学研合作逐步加强。璞珥教育集团与新加坡国立大学合作，研究以人工智能为基础的商业模式如何以可信赖并且符合道德要求的方式开展，人工智能如何用于增进人类福祉，人类与机器关系的加强对未来工作和社会的发展等方面；新加坡电信、南洋理工大学和国家研究基金会斥资4240万新加坡元设立"新电信企业认知与人工智能研究室"，聚焦人工智能、数据分析及物联网研发，为公共安全、交通运输、医疗保健和制造业等领域提供智能技术支撑。图13-1给出了新加坡AI产学研结合情况。

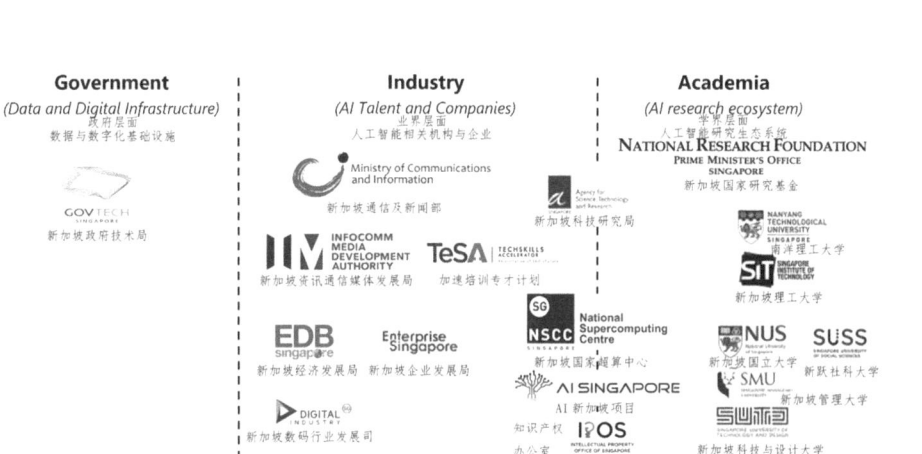

图 13-1 新加坡 AI 产学研结合

资料来源：National AI Office (NAIO)。

三是加快推进人工智能应用落地，赋能经济发展。在交通和出行方面，新加坡推出智能交通系统，该系统包含高速公路监控及信息发布系统、公路电子收费系统、优化交通信号系统、智能地图系统和停车指引系统及动态路线导航等，通过该系统可有效地分配城市有限的交通资源，解决新加坡的交通拥堵问题。在智慧城市方面，新加坡已经成为自动驾驶交通工具测试的前沿阵地，专门开通了一条自动驾驶测试路线，以便在制定公共道路标准方面发挥作用，目前已有 10 个本地和外国公司在新加坡进行了自动驾驶试验。在教育领域，2020 年，新加坡在部分中小学实行推广工智能英语自动评分系统，该系统能够使用机器学习算法分析每个学生对材料和活动的反应，为每个学生推荐定制化的学习计划。

在新冠肺炎疫情期间，新加坡各机构积极研发人工智能技术和产品助力疫情防控。新加坡政府提出"Trace Together"策略，通过手机之间交换短距离蓝牙信号追踪新冠肺炎确诊患者密切接触者；AISG 研发社交疏散应用程序 FinePose，通过建立人体关键骨骼点识别算法确定人与人之间的距离；新加坡碧山-宏茂桥公园引入"Spot"四足机器狗，用于监控和提醒游客保持安全距离。为帮助企业及员工在疫情后可顺利抓力数字化转型变革机遇，AISG 为企业和个人提供人工智能应用和技能培训。面向企业，AISG 启动 100E4I 计划，帮助企业转换并采用人工智能技术来解决业务挑战。面向个人，AISG 通过工业 AI（AI4I）、AI 学徒计划（AIAP）以及 AI 数据学徒计划（AIDP）三项培训计划为 2800 名员工提供数字技术培训，掌握人工智能编程算法、数据管理等技能。

（五）泰国——多主体发力共促人工智能发展和应用

当前，泰国正处于以发展高附加值经济为主的"泰国 4.0"时代，为东南亚第二大经济体。在人工智能领域，泰国政府、科研机构、企业等主体共同发力，在技术、应用等方面取得诸多成果。

一是泰国经济进入 4.0 时代，人工智能发展备受关注。2019 年 10 月，泰国数字委员会（DCT）与泰国工业联合会（FTI）联合宣布，将通过发展数据中心和人工智能将泰国建设成为东盟的数字创新中心。同月，泰国数字经济与社会部发布泰国的首部人工智能道德准则草案，保障人工智能的发展有利于泰国竞争力的提升和可持续发展，确保人工智能技术的可靠性。泰国政府成立国家智慧城市委员会，并将制定旨在融合数字化科技、能源和交通三大领域的国家智慧城市发展规划，同时在相应城市设立了项目管理办公室。

二是产学研体系加速建设，学科研究水平不断上升。泰国在自然语言处理、智能语音识别等领域积极投入，并取得一定成果。在自然语言处理领域，泰国作为亚洲语音翻译高级研究联盟（A-STAR）成员国，参与开发智能语音翻译系统，泰语、英语互译准确度最高可达 90%。在情感文本分析方面，泰国语音和音频技术（SPT）实验室设计研发 S-Sense，可以将社交媒体内容分为请求、问题、公告和情感表达四种类型，进一步分析内容表达属于正面或负面。在语音识别领域，泰国语音识别系统 Partii 可将泰语语音信号转换为文本，在安静环境中识别准确率可达到 80%。

三是多场景部署人工智能，行业应用不断扩展。在医疗保健领域，

2019年，泰国数字政府发展办公室疾病控制部联合国家计算机科学与技术中心（NECTEC）、孔敬大学等机构研发人工智能相关算法，快速准确地诊断肝吸虫病。在教育领域，泰国研究机构研发面向学生的人工智能技术学习平台KidBright AI，学生通过创建命令集即可实现编程，为中学生提供了简单的编程入门工具，已交付了20万套。在城市安防领域，泰国打击假新闻中心利用泰国国有电信公司的资源跟踪可疑信息，并通过人工智能来筛查网络信息。在金融领域，泰国金融业的多个主体都在积极推进人工智能的应用。2019年11月，大华银行泰国分行利用人工智能系统Mighty Insights，更好地跟踪分析客户的储蓄和支出，为客户提供更有针对性的金融投资解决方案。

在疫情防控工作中，泰国政府部门联合国内外科技企业，在多个场景下部署人工智能产品和技术。在疫情防控方面，多家政府机构、企业协同合作研发Doctor Win应用程序，根据用户信息呈现红黄绿三种颜色代表其所处风险级别，提供就诊、居家隔离等行动建议。在智能测温方面，国家计算机科学与技术中心（NECTEC）推出智能测温产品μThermFaceSense，可同时识别多达9个人的体温，在1.5米内识别体温仅需0.1秒，并搭载戴口罩人脸识别算法以适应疫情需求。泰国引进旷视明骥AI智能测温系统，非接触式、高效、精准的测温方案帮助提升检测效率、降低交叉感染风险。

（六）越南——打造活跃生态激发人工智能产业发展活力

越南政府发布多项政策措施推动人工智能技术发展和应用，诸多越南组织和企业积极展开布局，加速人工智能技术在医疗、教育、交通等领域应用。目前，越南已经形成了人工智能研究与知识分享共同体，为越南人工智能技术发展提供强大的基础和动力。

一是政府高度重视人工智能产业发展，列入优先发展高科技名单。2018年3月，越南政府工作例会决议中提出将出台多种政策优先发展人工智能行业，推动第四次工业革命国家战略建设任务。2018年10月，科技部颁布《决定发布实施"2025年人工智能研究与开发"的计划》，旨在连接各行业发展、研究、实施与应用人工智能技术，推动其在重点和优势领域发展。2017年，胡志明市已把人工智能多个领域列入胡志明市智慧城市建设的提案；2019年，胡志明市进一步宣布将优先发展有助于解决城市难题和智慧城市发展的科技项目，特别是使用人工智能相关技术的项目，并提出将完善和颁布"2019至2020年阶段胡市应用人工智能的生态建设"计划。

二是越南智能识别技术发展迅速。在政府的大力推动下，越南人工智能技术快速发展，语音识别、人脸识别部分产品跻身全球发展前列。语音识别方面，越南英语发音培训应用程序ELSA，可准确辨识语音并帮助用户提高技能，跻身全球五大人工智能应用。即时聊天软件企业Zalo启动Ki-Ki虚拟助手可辨识越南人的声音并以北部、中部、南部口音进行回答。Viettel网络空间中心（VTCC）提供TTS（文件到语音）、语音到文件和语音唤醒三种语音处理服务，该产品可应用于阅读报纸、书籍或自动客户服务系统。在人脸识别方面，越南人工智能企业Vingroup旗下的VinAI Research成功研发面向戴口罩人群的人脸识别算法，走在全球前列，成为世界上最早研发出该类型人工智能识别算法的机构之一。

三是赛事活动激发产业活力，助力搭建产业沟通平台。2019年5月，越南政府携手麦肯锡、越南创新网络（VIN）和非营利组织VietAI等合作伙伴举办人工智能超级挑战赛，在全国范围内掀起人工智能热潮。越南人工智能企业Kambria举办越南人工智能大挑战黑客马拉松竞赛，有超过700名开发者和187个团队注册参赛，开发关于零售、教育和医疗等领域人工智能虚拟助理，极大地调动了越南国内人工智能开发热情。2019年8月，越南科学与技术部举办以"大力推动人工智能生态系统发展"为主题的2019年越南人工智能日，为越南人工智能发展提供良好的交流分享平台，促进国内人工智能生态系统各因素之间的联系，推动人工智能在卫生、教育、经济、贸易、财政、农业等经济社会多个重点领域中的研究与应用。

四是努力推动人工智能应用,为社会提供优质服务。越南人工智能在教育、医疗、交通等领域的应用逐步深入,新冠肺炎疫情期间,越南政府、多个企业积极推进人工智能技术和产品研发,并将其用于疫情防控和复工复产,尽量降低新冠肺炎疫情影响。在医疗领域,越南多个医院积极引进人工智能技术和产品,THU DUC医院建立包含电子病历在内的智能医院系统,平丹医院引进机器人辅助手术,使用人工智能系统检测细胞癌变等。在机器人领域,越南平阳省明龙二号技术陶瓷工厂,使用机器人完成超过70%的工作,极大地提高了工作效率。在教育领域,越南邮政电信集团推出智能教育生态体系"Smart Education-vnEdu 4.0",该系统利用虚拟现实、文字转语音、人工智能和物联网等技术提升教学效率和质量,在全国63个省市得到广泛应用。在疫情防控方面,越南通信传媒部联合卫生部及电信企业研发推出NCOVI应用,方便用户在线进行健康申报并获取疫情预警信息。Memozone、VNPT、MobiFone和BKAV等越南数字技术企业联合开发智能应用程序Bluezone,可记录手机2米范围内的用户非敏感信息,通过医疗机构感染数据追踪密切接触者。

(七)其他国家——逐步探索人工智能发展路径

文莱、柬埔寨、老挝、缅甸是东盟国家中人工智能产业发展水平相对较低的国家,但是随着政府对人工智能产业发展引导的不断加强,各国数字经济水平不断提升,促进智能化发展基础设施水平提升,通过技术引进等方式变革生产生活方式。一是政府引导不断加强,积极引入人工智能技术落地。老挝将"建设智慧城市"列入政府议程,智慧城市计划成为老挝政府2019年计划实施的大型发展项目之一,也是老挝政府针对智慧城市建设第一次采取具体行动。柬埔寨联合欧洲著名人工智能科研公司LUXURY GOAL研发IGC通用链,将区块链和人工智能相结合,在分布式的物联网中建立信用机制,利用区块链的记录来监控、管理智能设备,利用智能合约来规范智能设备的行为。二是数字经济发展持续推进,基础设施水平日益提升。2019年，文莱成立数字经济委员会，为数字经济发展提供战略引导，发布《文莱2019—2025电子支付路线图》，积极推动国内支付手段向电子支付转变，计划在2025年前建成无现金社会。2019年3月，柬埔寨成为东盟首个使用第五代移动通信技术的国家，一年内完成暹粒省吴哥窟5G安装工作，大力提升当地通信效率。三是对外合作不断加强，人工智能人才培养逐渐受到重视。文莱、缅甸、老挝等国家积极参与华为"未来种子"项目，分别选取10名优秀在校大学生到中国开展两周的ICT培训，重点学习5G、LTE、云计算等前沿通信专业技术，并可进入华为最先进的实验室实操训练。

二、中国—东盟人工智能合作基础深厚

中国与东盟国家在人工智能领域的合作日益密切，技术转移、基地建设、人才培养等领域的合作多点开花并取得丰硕成果，随着数字经济热潮的到来，中国—东盟在人工智能领域的互利合作潜力将不断释放，迎来更广阔的开放与合作空间。

（一）技术转移引领人工智能创新合作走深走实

中国与东盟技术转移协作网络持续扩大，创新基地建设成效显著。中国—东盟技术转移中心自2012年成立以来，与9个国家建立了双边技术转移机制，促进了2400余个企业、行业协会和科研机构加入技术转移协作网络。创新基地共建步伐加快，双边互利合作平台更加广阔。2019年中国—东盟人工智能峰会和人工智能产业大会成功举办，人工智能、智慧城市、先进制造等多领域的创新资源得以在东盟国家间交汇对接，一批人工智能创新中心和联合实验室加速落成，产业基地和科技园区合作迈上新台阶。如图13-2所示为中国与东盟联合成立的部分合作中心及实验室。

B.13 中国—东盟人工智能产业发展与合作前景广阔

```
┌─────────────┐   ┌─────────────┐   ┌─────────────┐   ┌─────────────┐
│  2017年12月  │   │  2018年11月  │   │  2019年9月   │   │  2019年12月  │
│ 中国科学院曼谷│   │中国—东盟新型智慧│ │ 中新(重庆)国际│  │ 华为新加坡5G │
│  创新合作中心 │   │城市协同创新中心│   │互联网数据专用通道│ │人工智能创新实验室│
└─────────────┘   └─────────────┘   └─────────────┘   └─────────────┘
      ┌─────────────┐   ┌─────────────┐   ┌─────────────┐
      │   2018年6月  │   │  2019年8月   │   │  2019年9月   │
      │   中国—东盟  │   │ 中国—东盟(华为)│ │ 人工智能与大数据│
      │ 北斗智能产业园│   │人工智能创新中心│   │ 国际联合实验室│
      └─────────────┘   └─────────────┘   └─────────────┘
```

图 13-2 中国与东盟联合成立的部分合作中心及实验室

资料来源：国家工业信息安全发展研究中心整理。

（二）携手推进融合应用为产业注智赋能

中国与东盟各国积极开展人工智能应用与示范跨国共建。公共安全领域智能化合作提升了东盟国家守护生命安全的能力，国内企业通过"人工智能+数字影像"助力老挝快速开展水灾后的救援工作，无人机遥感系统、航空影像技术拯救了大量困于隐蔽区域的村民。健康医疗智能化合作成果正在惠及东盟更多民众，双方共同探索人工智能技术在医疗场景中的应用，"AI+医疗"帮助柬埔寨、老挝、缅甸等国家实现口腔疾病、心脏病等快捷诊断和治疗，为自贸区民众健康提供人工智能级别的医护服务。社会治理智能化合作为城市赋能，阿里云和马来西亚数字经济发展机构（MDEC）、吉隆坡市政厅（DBKL）合作，将阿里云 ET 城市大脑应用于马来西亚交通治理、城市规划、环境保护等领域。

跨国合作加快推动传统产业转型升级。智能物流合作助力自贸区跨越式发展，为贸易自由化便利化赋能。中国—东盟智能跨境物流平台启动，中通快递东盟跨境（南宁）智慧物流产业园成功落地，将为东盟十国提供货源智能匹配、快递转运、智能化云仓储等一体化服务。智能制造合作为推动传统制造业转型增加动能。中国的智能设备在东盟国家获得更广泛的应用，越来越多的中国智能制造企业在东盟国家设立了生产基地，跨国产能合作更加密切。

（三）加强教育合作共促高层次人才培养

以人才计划促进知识迁移，实现科技人力资源互联互通。华为在泰国、文莱、柬埔寨等国家开展"未来种子"计划，为东盟学子提供赴华学习与技能培训的机会，帮助学员提升人工智能相关技能。"东盟青年科学家来华入桂工作计划"及"东盟青年领导人研修计划"等项目成效显著，东盟科学家与高校、科研院所和企业共同开展科研合作，并获得一定的研发和生活保障经费，内外联动的人才合作新格局正在形成。中国—东盟双十万学生流动计划为人工智能人才培养和知识迁移提供了广阔平台。中国—东盟各国之间的学历、学位、学分互认覆盖范围扩大，教育合作框架和机制逐渐完善。如图 13-3 所示为中国—东盟教育交流周，图 13-4 所示为东盟国家青年科学家创新中国行。

图 13-3　中国—东盟教育交流周

图 13-4　东盟国家青年科学家创新中国行

以联合共建创新基地加强科研交流，促进人才协同培养。校企合作探索人工智能技术前沿，阿里巴巴与新加坡南洋理工大学成立联合研究院，致力于研究人工智能技术的突破和应用于实际生活的解决方案；"云南大学—华为ICT学院"的产学合作基地成为面向东南亚输出人工智能高端人才的重要平台。中国—东盟人才培养合作情况如表13-3所示。

表13-3 中国—东盟人才培养合作

院校	成立时间
山东大学—南洋理工大学人工智能国际联合研究院	2019年
"优必选"科技计划在越南国家大学建立越南第一个人工智能集散地	2019年
阿里巴巴与新加坡南洋理工大学AI联合研究院	2018年
云南大学—华为ICT学院产业合作基地	2018年
昆明理工大学与泰国泰北皇家理工大学人工智能学院	2017年
华为印度尼西亚分公司和印尼通信部门成立ICT创新中心	2016年

资料来源：国家工业信息安全发展研究中心整理。

（四）以数据共享合作促生态共赢

数字基础设施合作为人工智能跨地域发展打开通路。中国—东盟商贸通、桂建通、数据通、易运维、信安全、智连云和城市大脑等系列数字政务重点产品，为全区及东盟国家近20多个政府部门、城市架起了信息桥梁。中国—东盟信息港建设稳步推进，并吸引大量人工智能企业参与到信息港的建设中来。在促进数字基础设施互联互通过程中，企业跨国合作也在加强，中国—东盟华为云计算及大数据中心为东盟跨境贸易、港口物流提供全方位数据支撑，海容通信为柬埔寨提供的光纤通信网络与越南、泰国等邻国实现互联。

（五）共商人工智能治理规则促进产业健康发展

近年来，中国与东盟以高端论坛和圆桌会议等形式，在人工智能治理、技术规范和标准等方面建立了长效的交流机制。中国—东盟高校智能科技教育合作论坛上，政府和使馆代表、学者及产业界代表共同探讨智能学科对当今时代的影响，并对智能科学带来的医学伦理挑战进行深入交流。中国—东盟工程项目合作与发展论坛围绕人工智能政策、法规、标准、规范，人工智能安全与发展环境，系统技术解决方案及实际应用案例等方面进行了深入探讨研讨。在中国—东盟标准化论坛中提出了中国首个与东盟国家在标准化领域合作倡议——《南宁倡议》，对技术创新、产业合作和经贸往来的技术基础和技术规则建设发挥了重要作用。

（六）合作部署智慧城市等重大科技项目

近年来，中国与东盟在智慧城市建设中合作频频，政企联动推动智慧城市建设。各国政府的规划和引领能力不断提升，企业在智慧城市建设中的作用日益增强。浪潮集团、数梦工场、赛尔网络等 8 家企业入驻中国—东盟新型智慧城市协同创新中心。旷视科技与部分东盟国家进行合作，将旷视"城市大脑"布局的先进人工智能技术引入城市公共安全防护中。商汤科技在 2017 年应泰国国家政府投资委员会的邀请参与到东部城市的智慧城市建设，以智能视频技术解决方案助力城市治理。"中新智慧城市示范区"建设稳步开展，江苏与新加坡及其他东盟国家的务实合作关系进一步加强。

（七）凝聚前沿科技力量共同抗击疫情

在抗击新冠肺炎疫情的斗争中，中国—东盟迅速达成合作战疫共识并积极开展合作。在疫情考验中，"中国经验"为东盟提供了技术参考，并通过人工智能技术合作赋能医疗卫生领域，与东盟国家携手共渡难关。中国的人工智能企业在疫情期间与东盟国家进行了密切合作，旷视科技的明骥 AI 智能测温系统 Mini 版落地多家泰国医院；华为为泰国抗击新冠肺炎疫情提供 AI 辅助诊断服务，向柬埔寨捐赠视频会议系统帮助打通卫生部与医院、25个省份医疗机构的实时互联;腾讯健康新冠肺炎疫情模块国际版通过Github正式开源,为抗击新冠肺炎疫情贡献科技力量。

三、中国—东盟人工智能产业发展合作空间广阔

(一)夯实基础,加强新型基础设施共建共享

为进一步提升中国与东盟各国在人工智能领域的合作质量,应着力提升各方人工智能产业发展实力。一是深化互联互通,致力提升东盟基础设施建设水平。围绕《中国—东盟关于进一步深化基础设施互联互通合作的联合声明》,稳步推进铁路、公路等传统基础设施合作,拓展5G网络、数据中心等新型基础设施共建共享。二是加大资金投入,建立便利通畅沟通渠道。通过"一带一路"倡议,加大政府资金对东盟国家人工智能产业发展支持力度,引导民间资本投入布局。充分利用中国—东盟数字经济合作年、中国—东盟菁英奖学金等项目,加大对东盟国家人工智能专业人才培养的支持力度,为东盟人工智能产业发展及双方合作增加原动力。

(二)创新机制,积极探索差异化合作模式

结合东盟国家本地化科技需求,探索差异化合作模式,逐步深化双方合作内容,不断夯实合作关系提升合作质量。深入开展对东盟各国人工智能政策、产业、企业、市场的研究工作,准确把握各国智能化发展需求,制定符合各国智能化需求的合作方案。例如,与新加坡、马来西亚等人工智能发展水平较高的国家加强人工智能基础理论研究、核心技术与产品研发等领域的合作,依托与越南、菲律宾等国在电子商务领域的合作基础逐步引入人工智能技术,面向柬埔寨、老挝等国家,加大技术和资金扶持力度,围绕农业等重点领域推广和深化人工智能技术应用。

（三）挖掘潜力，加强人工智能技术、融合和治理合作

中国—东盟在人工智能领域的合作正呈方兴未艾之势，双方应进一步挖掘合作潜力，拓展合作范围。一是共同提升人工智能技术创新能力。鼓励各方有关企业、科研机构建立伙伴关系，以共建创新中心、实验室等形式加强在人工智能先进技术研发方面的合作；二是面向中国、东盟各国市场需求加快技术落地应用，各方应紧抓疫情后经济复苏、产业结构转型升级机遇，积极交流人工智能用于疫情防控和复工复产经验，促进人工智能技术在各行业的应用落地；三是积极开展人工智能治理研究合作，中国与新加坡等国应携手一道研究制定人工智能重点技术及应用领域安全性评估方案、监管原则等，大力推动各方标准互认进程。

参考资料

1. 中国信息通信研究院. 中国—东盟网络安全产业发展现状研究报告，2019。

2. 新华社. 中国和东盟科技工作者探讨加强人工智能领域合作，2018。

3. 国家工业信息安全发展研究中心. 东盟数字经济发展情况报告，2020。

4. 许宁宁. 中国—东盟合作新亮点：数字经济，2019。

5. 韦倩倩，李怡凡，苏宣云. "一带一路"倡议下中国—东盟信息化合作研究，2019。

6. 王勤. 面向工业4.0的中国与东盟区域合作，2019。

7. 云倩. 中国—东盟科技合作现状及对策研究，2019。

8. 李琰，胡素雅. 中国—东盟能源互联网发展现状及前景探析，2020。

9. 杨士彪. 面向东盟开展技术转移业务存在的问题及对策——以GA为例，2020。

10. 杨绍波，周海燕. 以平台思维推动中国与东盟对接，2019。

11. 中国信息通信研究院. 中国—东盟数字经济发展及融通合作的建议，2018。

B.14 欧盟人工智能监管政策走向及其应对分析

邱惠君　张瑶　明书聪[1]

摘　要： 近年来，欧盟对人工智能监管政策的研究投入和实践力度不断加大。2020年2月，欧盟提出对人工智能产品或服务实施分类监管，对高风险应用场景实施重点监管的政策设想，这将对全球企业进入欧盟市场带来直接影响。为此，我们既要加强对欧盟人工智能监管政策的跟踪分析，做好应对准备，还要加强人工智能发展与监管领域的国际交流与合作，为我国企业提供便捷的合格评定服务，降低企业进入海外市场的门槛。

关键词： 欧盟；人工智能；监管政策；合规评估

Abstract: In recent years, the European Union has been increasing its R&D investment and practice in AI regulatory policies. In February 2020, the EU put forward the policy idea of classifying AI products or services and focusing on high-risk application scenarios, which will have a direct impact on global enterprises' access to the EU market.

---

[1] 邱惠君，国家工业信息安全发展研究中心副总工程师，主要从事人工智能、大数据等战略与政策研究；张瑶，国家工业信息安全发展研究中心工程师，硕士，主要跟踪国内外人工智能、智能语音、计算机视觉等多个领域企业、战略规划和产业的发展动向，在人工智能产业发展、政策规划及安全、伦理、就业相关领域具有丰富的研究经验；明书聪，国家工业信息安全发展研究中心助理工程师，硕士，主要从事国内外新一代信息技术、人工智能等领域研究工作。

To this end, we should not only strengthen the tracking and analysis of the EU's AI regulatory policies, but also strengthen international exchanges and cooperation in the field of AI development and regulation, provide convenient conformity assessment services for Chinese enterprises, and lower the threshold for enterprises to enter overseas markets.

Keywords: EU; Artificial Intelligence; Regulatory Policy; Compliance Assessment

欧盟在其2020年2月发布的《人工智能白皮书：欧洲追求卓越和信任的策略》中用很大篇幅阐述了未来人工智能监管政策设想，提出将对人工智能产品和服务实行分类监管，要求对用于高风险应用场景的人工智能产品和服务开展强制性合格评定。欧盟这一监管政策设想一旦付诸实施，将直接影响到欧洲市场准入问题，如何应对成为业内关注的重点话题。

一、欧盟提出人工智能分类监管政策设想，对高风险应用场景要求开展强制性事前合规评估

欧盟人工智能监管政策设想的核心思想就是要对人工智能产品或服务实施分类监管，对高风险应用场景实施重点监管。

（一）对高风险领域或场景的人工智能应用系统要求开展强制性事前合规评估

欧盟监管政策设想提出，应该清晰易懂地确定什么是高风险的人工智能应用系统，评判高风险的标准同时要考虑相关领域和特定用途两种情况，特别是从保护安全、保护消费者权利的角度来考虑风险程度，要考虑人工智能的应用是否会造成身体伤害、死亡，以及重大财产或非物质损失的风

险，其产生的影响是个人或法人无法合理避免的。具体来说，要同时考虑以下两个要素：首先，要确定应用人工智能的领域通常是否具有高风险特点，是否会发生重大风险。例如，医疗保健、交通运输、能源和部分公共部门等领域属于高风险领域，应在监管框架中明确列出所涵盖的高风险领域清单，并根据实践对这一清单做出定期审查和必要的修改。其次，要考虑在上述领域中使用人工智能的方式是否可能会产生重大风险，并非在所选定的行业领域中每次使用人工智能都必然会带来重大风险。例如，医疗保健通常是属于具有较高风险的领域，但医院挂号预约系统中的缺陷通常不会带来具有重大意义的风险。除上述两个考虑因素外，欧盟对用于人才招聘、涉及从业者权益相关事项的人工智能应用，以及远程生物识别和其他侵入式监视等领域始终被认定为高风险领域。

（二）对非高风险人工智能应用系统则采取自愿贴标签方式

对不符合高风险条件的人工智能产品或服务，其利益相关主体可以决定是否自愿接受合格评定的监管要求，一旦决定采用合格评定方式，则按照评定程序的要求开展，如果决定不采用合格评定方式，那也应该受其他现有欧盟规则的管辖和约束。这有助于增强用户对人工智能产品或服务的信任，促进人工智能的广泛使用。

二、合规评估是欧盟可信人工智能监管政策的落地之锤，对全球企业进入欧盟市场带来直接影响

鉴于算法不透明和数据歧视等问题，如何将伦理规则具体落实到人工智能系统和产品的设计、部署和应用过程，做到有效把控和质量可追溯等是当前全球面临的亟待破解的难题。欧盟提出了实行合格评定的监管设想，该政策设想的适用范围包括为欧盟提供人工智能产品或服务的全球各类经济主体，这一政策一旦实施将对全球企业进入欧盟市场带来直接影响。

B.14 欧盟人工智能监管政策走向及其应对分析

（一）欧盟对人工智能监管政策的研究投入和实践力度居全球之首

人工智能是把双刃剑，如果人工智能应用得不到合理管控，就会出现严重的伦理风险，这一问题已经引起全球高度关注。国际组织和一些国家近来接连出台有关伦理和治理的原则，如经济合作与发展组织（OECD）在部长理事会上签署"经合组织人工智能原则"，二十国集团（G20）部长级会议通过使用或研发人工智能相关原则，美国白宫发布《人工智能应用规范指南》等。我国新一代人工智能治理专业委员会也于2019年6月发布《新一代人工智能治理原则——发展负责任的人工智能》，明确提出了和谐友好、公平公正、包容共享、尊重隐私、安全可控、共担责任、开放协作、敏捷治理等八项原则，希望将"负责任"贯穿人工智能的研发和应用，促进技术的健康发展。不过，从总体来看，目前与控制人工智能危害相关的行动仅停留在原则层面，还缺乏操作层面的具体规范。

从全球范围分析，欧盟在推进人工智能监管方面力度一直较大，很早就着手开展研究。2019年4月，欧盟人工智能高级别专家组发布了不具有强制约束力的《可信人工智能伦理指南》，在指南中列出了在人工智能开发和应用中需要考虑的一些问题清单，并在一些领域开展了实践探索和接受意见反馈。此次欧盟提出的分类监管和开展合格评定设想更具有落地操作性，一旦实施后就具有约束力。这也充分体现了欧盟在争取全球人工智能伦理治理领域"领头羊"地位的决心和投入的力度。

（二）欧盟未来人工智能合格评定重点考虑五大要素

合格评定是证实产品、过程、体系、人员或机构满足有关规定要求的活动。从欧盟此次发布的监管政策设想来看，未来欧盟人工智能合格评定重点考虑以下五大要素：一是训练数据的质量。训练用的数据集要有代表性，涵盖避免危险发生的所有相关场景，并可反映性别、种族及其他可能导致歧视内容的信息，满足保护隐私和个人数据的要求。二是记录和数据的保存。准确保存用于训练和测试人工智能系统的数据集选择标准、数据集特征，以及用于构建、测试和验证人工智能系统的编程文档、训练方法、过程和技术等，并按规定保存一段时间供监管部门测试和检查。三是信息的透明度。清晰提供有关人工智能系统的功能、局限性、预期用途、运行条件和期望达到的准确度等信息，以及当公众使用人工智能产品或服务时能被告知和提示。四是技术的鲁棒性和准确性。应确保人工智能系统全生命周期的可靠和准确性、运行结果可重复，以及具有抵御公开攻击和对数据或算法本身进行操控的能力。五是人类的监督。根据系统的预期用途和影响情况确定人类适当参与监督的类型和程度，以实现可信任、符合道德伦理和以人为本的人工智能目标。在某些特殊情况下，要求人工智能产品需经过人工审查才可生效使用，投入后仍需人工干预和监督，在危险发生时可人工终止系统。

需要注意的是，欧盟合格评定设想中对远程生物识别技术提出了特殊要求。欧盟数据保护规则原则上禁止为识别某个自然人的目的而处理生物特征数据，出于实质性为公共利益考虑的特殊情况除外，但要受欧盟数据保护规则和《基本权利宪章》的约束。只有在合理使用且有充分保障的情况下，才允许把人工智能用于远程生物识别的目的。对此，欧盟委员会还将在欧洲展开广泛辩论。

三、采取内外结合等方式，引导企业积极应对欧盟市场准入要求

（一）建立人工智能安全风险管理体系，出台分类指导规范

从国内发展来看，我国具有广阔的智能化应用场景，在人工智能应用方面居于全球领先地位。在此次抗击新冠肺炎疫情中，人工智能技术和产品得到了推广应用，市场需求为人工智能技术的落地带来了宝贵的练兵机会和发展空间。同时，随着应用的不断拓宽和深入，其潜在风险也会不断

涌现，在一定程度上也倒逼人工智能伦理治理原则的落地实施。从国际趋势来看，欧盟拟采用合格评定方式对高风险人工智能应用场景加强监管的举动，对全球高科技企业的市场准入带来直接影响。为此，应积极发挥应用优势，结合内外需求，聚焦全球视野和国际经验，加快研究建立人工智能安全风险管理体系，提出能够落地实施的应用指南，分类规范国内应用。

（二）加强国际交流与合作，降低企业进入海外市场门槛

合规评估是国际通行的市场经济运行的基础性制度安排，欧盟拟采用统一符合性评定的方式加强对人工智能产品或服务的监管，以成员国国家主管部门合作框架的形式建立欧洲的人工智能治理结构。目前，欧盟委员会正在就这一设想向成员国社会团体、行业和学术界开展为期3个月的意见征集。这一监管设想一旦通过，欧盟计划将符合性评定工作委托给成员国指定的机构进行，各成员国测试中心应根据要求对人工智能系统进行独立审核和评估。白皮书指出，想要进入某个成员国内部市场的第三国经济主体可以利用欧盟指定机构进行评估，或者在与第三国达成互认协议的前提下，可以委托第三国指定机构进行相应的评估。为此，一方面要鼓励专业力量加强对欧盟人工智能监管政策的跟踪分析，指导企业吃透欧盟政策要求，做好应对准备；另一方面，要加强人工智能发展与监管领域的国际交流与合作，为我国企业提供更便利、更就近的合格评定服务，降低企业进入海外市场的门槛。

参考资料

1. European Commission. White Paper on Artificial Intelligence-a European approach to excellence and trust, 2020。

2. EU Should Be Building Connections, Not Walls, As Part of Its Ambitious Digital Agenda. https://www.datainnovation.org/2020/02/eu-should-

be-building-connections-not-walls-as-part-of-its-ambitious-digital-agenda/。

3. European Union. Artificial Intelligence White Paper: What Are The Practical Implications? https://www.mondaq.com/Technology/896952/Artificial-Intelligence-White-Paper-What-Are-The-Practical-Implications。

4. Europe sets out plan to boost data reuse and regulate 'high risk' AIs. https://techcrunch.com/2020/02/19/europe-sets-out-plan-to-boost-data-reuse-and-regulate-high-risk-ais/。

5. The EU just released weakened guidelines for regulating artificial intelligence-MIT Technology Review. https://mc.ai/the-eu-just-released-weakened-guidelines-for-regulating-artificial-intelligence-mit-technology-review/。

6. EU lawmakers are eyeing risk-based rules for AI, per leaked white paper。

B.15 人工智能数据安全风险及对策研究

宋琦[1]

摘　要： 人工智能在为数据安全风险带来治理新手段的同时，也加剧了某些传统数据安全风险，并催生出新型数据安全风险。不同行业中的人工智能数据安全风险也存在着差异与共性。为提升我国人工智能数据安全监管能力，需要建立人工智能数据安全综合监管体系，以提供更全面和优质的数据安全解决方案。

关键词： 人工智能；数据安全风险；对策研究

Abstract: Artificial intelligence (AI) not only brings new means for data security risk management, but also intensifies some traditional data security risk, and gives birth to new data security risk. There are also differences and commonalities in the data security risks of artificial intelligence in different industries. In order to improve Chinese AI data security supervision ability, it is necessary to establish an AI data security comprehensive supervision system to provide more comprehensive and high-quality data security solutions.

---

[1] 宋琦，国家工业信息安全发展研究中心工程师，博士，主要从事国内外人工智能、数据安全等领域政策与产业研究工作。

Keywords: Artificial Intelligence; Data Security Risk; Countermeasure Study

作为新一轮科技产业变革的重要驱动力量，人工智能正快速融入社会生活的各个层面，成为全球新一轮科技革命与产业变革的发力点和着力点。人工智能时代离不开"数据驱动"的新动能，数据资源日益成为人工智能发展的重要基础和引擎。在此背景下，数据安全问题已成为人工智能发展中面临的关键安全挑战，引发了各方高度关注。

一、人工智能数据安全涵盖安全风险、安全应用与安全治理三要素

在信息技术发展及应用领域，数据安全一直是技术研究和应用的关注重点。数据安全可认为是数据应用行为中数据的准确性、完整性、保密性、可用性及伦理性要求。人工智能数据安全是指人工智能在发展与应用过程中所面临的数据安全，其内涵包括三个要素：一是人工智能自身面临及被恶意或不当应用导致的数据安全风险；二是利用人工智能技术，将其在数据安全领域中加以应用，提高数据安全管理水平；三是采取战略规划、技术监管、法规规范、伦理约束及人才建设等手段，对人工智能数据安全进行综合治理，如图15-1所示。

二、人工智能为数据安全管理带来新机遇

随着人工智能技术在数据安全领域中的不断运用，数据安全管理迎来了新的方法与手段。数据清洗、数据挖掘、机器学习、知识图谱、认知计算等人工智能领域技术，可有效缓解现有数据安全管理对人工分析判断手段的高度依赖，实现对动态变化数据安全的自动和智能监测防护，从而实现对大规模数据资产和数据活动的精准管理和高效保护，驱动数据安全管理加速向智能化、高效化、精准化方向演进。

B.15 人工智能数据安全风险及对策研究

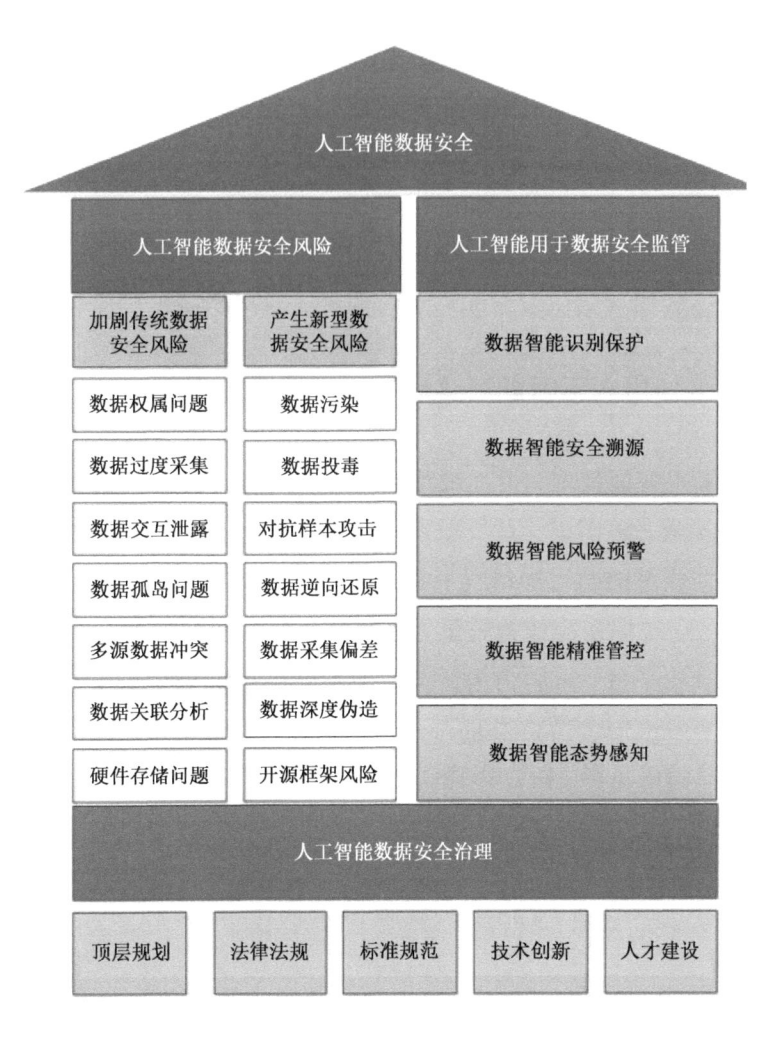

图 15-1 人工智能数据安全概念框架示意图

资料来源：国家工业信息安全发展研究中心整理。

（一）利用人工智能可有效实现敏感数据识别保护

利用人工智能技术对数据进行自动爬取和深度挖掘分析，能够对敏感数据和有害信息进行智能识别，并根据一定数据合规性规则智能生成脱敏特征库，可实现敏感数据智能发现和自动脱敏，有效实现敏感数据内容保

221

护。2020年7月10日，阿里云正式发布云端公司敏感数据保护产品"敏感数据检测和保护"（Sensitive Data Detection and Protection，SDDP）。该产品引用了信息技术调研与咨询服务公司 Gartner 提出的"数据中心审核和保护"（Data-Centric Audit and Protection，DCAP）框架，结合阿里云多年人工智能分析技术和数据安全运营实践，采取多种算法帮助客户精准识别敏感数据存储位置并实施组合脱敏，确保数据的安全性和可用性。

（二）利用人工智能可实现数据安全溯源

利用人工智能技术，可在敏感数据识别基础上，根据用户行为图像数据和数据安全态势图谱，对数据来源和数据安全事件的源头进行追溯，从而实现数据质量的确认和错误来源的认知，能有效地保护数据真实性。"腾讯觅影"医疗影像系统作为腾讯人工智能在医疗领域的典型应用，可通过样本智能分析平台、威胁情报云查服务系统、云端反病毒引擎等产品，对威胁进行高效溯源分析，发现潜在安全威胁，提升用户的安全防护能力。2020年，"腾讯觅影"医疗影像人工智能解决方案荣获中国人工智能高峰论坛暨中国人工智能大赛"创新之星"奖。

（三）利用人工智能可实现数据精细化管控

近年来，机器学习、自然语言处理和文本聚类等技术和相关分类算法广泛应用于数据分类。通过这些人工智能技术，可以按照不同的划分规则对数据进行精准的分类。根据数据不同层次的分类结果，对数据使用规则和访问权限等进行合理配置，从而实现数据的精细化管控。例如，金融数据在流转的过程中，如果内部存在管控不严或安全漏洞的情况，后续追查难度较高。2020年8月在第八届互联网安全大会上，360数科（原360金融）表示，通过最前沿的人工智能技术，数据调用和流向可以被实时监控，数据调动方式可以被深入分析，数据违规操作、异常模式和潜在安全隐患也可以被及时发现并处理。

（四）利用人工智能可实现数据安全综合态势监测

利用人工智能技术对数据安全事件进行深度分析，可以智能生成数据使用规律和风险行为监测信息，并最终形成数据安全综合态势，有助于掌握和评估更为详细的数据安全状态。2020年美国信息安全大会（RSAC 2020）创新沙盒竞赛冠军——Securit.ai 公司应用"个人数据图谱"（People Data Graph）技术，对个人数据主体所有的属性维度信息进行关联，给出敏感数据存储的分布地图及传输的数据映射图，为客户提供敏感数据安全态势地图及整体解决方案。

（五）利用人工智能可实现数据风险智能预警

利用人工智能和大数据技术，通过对多个来源的数据进行整合和公开数据抓取来获得多个维度的全面信息，构建智慧预警监控体系，由系统自动分析预警，推理或挖掘出一些风险行为的模式，可以相对比较准确地预警或有针对性地发现风险，对数据系统内的行为及潜在的风险进行系统性和预见性的预警，进而及时有效率地监测、识别和预警风险。基于大规模知识图谱关系挖掘技术，苏宁金服构建了一种多类型反欺诈数据实体关系网络，可对金融数据行为进行监控、收集、分析，有效实现了金融数据潜在威胁检测、异常检测及反欺诈行为分析等数据安全风险预警功能。

三、人工智能数据面临更加复杂的安全风险

作为一种智能化技术，人工智能发展既以数据为手段，也将其作为应用对象。因此，人工智能数据安全面临更加复杂多样的挑战。总体而言，人工智能数据安全风险产生或作用于数据采集、数据处理、数据传输和数据使用等数据生命周期各个阶段，影响涉及数据质量、安全保护及隐私伦理等领域，具体包括数据过度采集、数据交互泄露、数据孤岛、数据跨境、数据智能窃取、物理存储损坏、数据污染、数据投毒、对抗样本攻击、逆

向还原攻击、数据偏差、深度伪造和开源数据框架风险等，如表 15-1 所示。

表 15-1　人工智能数据安全风险

数据安全风险		数据生命周期阶段			
		数据采集	数据处理	数据传输	数据使用
加剧的传统数据安全问题	数据权属问题	√			
	数据过度采集	√			
	数据交互泄露			√	
	数据孤岛			√	
	数据跨境			√	
	数据智能窃取	√	√		√
	物理存储损坏	√	√	√	√
产生的新数据安全问题	数据污染		√		
	数据投毒		√		
	对抗样本攻击				√
	逆向还原攻击		√	√	√
	数据偏差	√	√		√
	深度伪造		√		√
	开源数据框架风险	√	√	√	√

资料来源：国家工业信息安全发展研究中心整理。

（一）人工智能发展加剧用户隐私侵犯、数据过度采集、数据泄露、数据孤岛、数据跨境安全、数据关联分析隐患、数据存储安全等传统数据的安全风险

人工智能数据驱动的本质，导致人工智能面对的数据量呈井喷式爆发，数据流动渠道和方式更加复杂，数据利用场景更加丰富多样，数据资源与现实社会各个领域的融合渗透更加趋于深层。这在客观上导致一些在数据采集、存储、处理、传输、交易、使用等数据全生命周期中存在的传统数据安全风险，并没有随着人工智能技术的发展而消失，包括用户隐私侵犯、数据过度采集、数据交互泄露、数据孤岛、数据跨境安全、数据智能窃取、数据存储安全等在内的一些传统数据安全风险在广度和深度上还将进一步加剧。

1. 海量数据资源加大数据权属保护难度

在行业应用中，人工智能越是"智能"，获取、存储、分析的个人信息数据就越多。因此随着人工智能数据应用规模的增大，数据权属保护也越发困难。特别是随着 5G 等新一代信息通信技术和智能手机的普及应用，用户个人数据在收集和统计过程中的泄露和滥用问题更加严峻，个人变成"透明人"的趋势更加明显。2019 年 2 月，国内某人脸识别公司被曝出数据泄露，包括身份证信息、人脸识别图像及 GPS 位置记录等数据被泄露，影响波及超过 250 万人。

2. 过度采集行为威胁隐私和涉密数据保护

随着各类智能设备和系统的应用普及，人工智能数据的采集日益通过无差别、不定向的现场实时方式展开，对个人数据的采集更加直接与全面。由于难以提前预知采集数据对象和类型，无差别采集不可避免存在采集扩大化问题。当前在人脸识别系统、自动驾驶汽车和各类手机 App 中，可能采集到包括用户人脸、指纹、声纹、虹膜、心跳、基因等具有强个人属性的生物特征信息，以及行为轨迹、涉密通信和基础设施分布等重要涉密数据，一旦泄露或滥用会对公民隐私乃至安全造成严重影响。2020 年 11 月中旬，一名男子戴着头盔看房的视频引起了网上热议，其原因就在于该男子宣称："被售楼处人脸识别拍到，买房要多花 30 万元"。这种在安防、身份核验等场景中存在的数据过度采集状况，已加剧了包括隐私泄露在内的诸多安全风险。

3. 多主体数据交互增加数据泄露风险

在人工智能开发和应用中，多主体间的数据交互日益增多，导致整个数据环境的稳定性受到影响，容易产生不可避免的数据泄露。其原因包括多方主体在数据采集、标注等多个环节的交互中数据保护能力参差不齐，开源框架、第三方软件包、数据库和其他相关组件存在不可预期的系统漏洞、数据泄露和供应链断供情况，以及人工智能云服务平台、开发者、应用者的数据交互比传统信息系统更加复杂等。

4. 数据孤岛问题导致数据供给不足

人工智能和大数据的快速发展使得数据成为宝贵的资源，但企业和机构出于自身利益及数据安全方面的考虑，这些数据的开放、流通进程始终难以推进。同时，长期以来人工智能的开发应用存在架构不统一、开发语言不一致、数据库多样化等问题，从而导致虽然生产和存储了大量的数据资源，但这些数据资源并没有形成有效的整合、治理与利用，更难以协调共享，最终导致数据无法互通，形成数据孤岛。数据孤岛问题不仅导致数据供给不足，严重制约着人工智能的发展，同时还会滋生数据黑产等数据非法交易。根据商业信息服务机构华夏邓白氏、微码邓白氏的研究，目前超过九成的中国企业内部存在数据孤岛现象。其中，近四成企业该现象较为普遍。

5. 数据跨境流动中安全隐患凸显

人工智能技术研发和应用跨国合作逐渐变多，促使跨境数据流动从区域层面提升到国家层面。同时，随着互联网和通信技术的飞速发展，融合跨境数据的流量、速度和内容均呈现出指数级增长趋势，随之而来的数据风险也与日俱增。在传输环节，跨境流动的数据面临传输中断、截获、篡改和伪造等风险；在存储环节，由于承载介质多样、存储属地分散和访问人员庞杂等因素，跨境数据易出现数据泄露等风险。人工智能发展而加剧的跨境数据流动，一方面造成海量跨境数据难以梳理分类，不当应用引发风险隐患；另一方面引发跨境数据攻击升级，黑灰产加剧数据风险。这些都对国家安全和数据主权等带来复杂的挑战，使得各国高度重视跨境数据流动规制。2020年9月，爱尔兰数据监管机构"爱尔兰数据保护委员会"（DPC）已向脸书下达一项初步命令，要求对方停止将欧盟用户的相关数据传输到美国，并可能对脸书处以其最高年收入4%的罚款。据悉，DPC可能还会向其他美国科技巨头发布类似的命令。

6. 数据关联分析加深隐私泄露风险

利用人工智能对背景知识进行关联分析和深度挖掘，可以复原加密数据和有价值的个人信息，进而加剧隐私泄露风险。在个人数据授权和保护机制尚未建立的情况下，基于大数据和智能化的深度挖掘技术将使得包含个人隐私及敏感信息的数据被商家视为牟利的工具和随意转卖的商品，从而加深了个人隐私泄露和不当使用的风险。近年来，国内外出行交通企业等均爆出"大数据杀熟"等事件，通过对消费数据信息的深度关联分析和个性化推荐算法，差别化地来对待消费者，损害了消费者的知情权、公平交易权等权利，从而导致用户权益受损。

7. 人工智能发展面临更严峻的数据存储风险

在人工智能应用场景中，随着数据存储架构、数据来源和数据类型的日益多样化，数据存储面临着更严峻的安全挑战。人工智能和大数据技术紧密联系，目前大数据基本以云计算作为存储的架构，需要更加清晰地界定安全边界和合理的安全保护措施，否则会威胁数据传输的完整性和保密性。同时，大数据具有的非线性、指数级增长的数据量和多元化、多源性的数据类型，导致数据存储管理错位和混乱的风险增大，给数据存储和后期处理带来安全隐患。

（二）人工智能发展催生了数据污染、数据投毒、对抗样本攻击、模型逆向还原、数据偏差、深度伪造、开源框架安全等新型数据安全风险

人工智能主要通过庞大的训练数据集来驱动算法更迭优化，从而实现输出结果的智能化。这种对于数据资源特有的处理方式，将会导致数据污染、数据投毒、算法歧视和模型逆向还原等一系列的新型人工智能数据安全问题。同时，人工智能在自动化网络攻击、深度伪造和数据黑产中的应用，使得人工智能数据安全面临更加严重复杂的威胁，对现有的国家和企业的数据安全治理形势将形成巨大冲击。

1. 人工智能数据和模型面临数据污染风险

数据污染是指一种由人们故意的或偶然的行为造成的对原始数据的完整性和真实性的损害和扭曲。人工智能数据污染产生于人工智能训练数据的搜集和处理阶段，产生的原因主要包括数据采集规模过小、多样性或代表性不足、数据集标注质量过低和数据投毒攻击等。数据污染导致人工智能模型测试结果不稳定，泛化能力差，运行成本大大提高等问题，进而导致模型在实际使用中出现准确率低下、决策错误等问题，严重的数据污染甚至会导致人工智能算法模型完全失效。微软小冰作为领先的跨平台人工智能机器人，刚上线时也是使用对话数据进行训练的，如果使用者与它进行一些不好的对话，训练数据就会被污染，从而导致不良或错误的训练结果。

2. 人工智能决策面临数据投毒风险

数据投毒是指以在训练数据里加入伪装数据或恶意样本等的方式来破坏数据完整性，从而造成算法模型失效或决策偏差。人工智能浪潮兴起使得交通、医疗、金融、家居等行业对训练数据集的建设需求越发迫切，这就为恶意、伪造数据注入训练数据集提供了机会，进而在训练样本环节通过数据投毒引发训练模型决策偏差，潜在危害巨大。例如，对话机器人受到数据投毒影响，可能会在网上自动发表带歧视性或攻击性的言论。无人驾驶汽车受到数据投毒影响，可能会违反交通规则，进而造成严重交通事故。

3. 人工智能应用面临对抗样本攻击风险

对抗样本攻击是指利用人工智能模型的信息反馈机制发起攻击，在模型中加入干扰数据，导致模型在正常运转中输出一个错误的结果，进而影响人工智能模型决策结果。对抗数据样本攻击的主要攻击目标是人工智能的学习模型本身，添加干扰数据欺骗智能系统模型，导致人工智能决策错误而产生致命后果。例如，在汽车无人驾驶领域中，通过对交通标志等数据样本的精确更改，使得算法模型将其误识别为其他标识，从而引发交通事故。

4. 人工智能数据和模型面临逆向还原风险

逆向还原是指攻击者可通过一系列技术手段基本还原被攻击者的算法逻辑和训练数据特征集。虽然机器学习引擎的内部机制神秘莫测，但它们也并非是完全不可预测。攻击者可通过公共访问接口，根据输入和输出信息的特定映射关系，在训练数据和模型参数等先验知识未知的情况下，构造出与原模型有极高相似度的算法模型，实现对原模型的窃取而还原出模型参数和数据。逆向还原攻击通过窃取算法模型对企业的知识产权和网络资产安全产生严重的威胁，通过对训练数据隐私信息的窃取也对个人隐私构成安全威胁。

5. 人工智能数据采集面临数据偏差风险

数据偏差是指数据采集在客观上不能够准确反映现实，或在主观上存在结构性偏差。人工智能训练数据如果存在偏差，隐藏着特定的社会价值倾向甚至是社会偏见，将不仅影响人工智能系统的性能，更可使人工智能系统决策结果受到社会偏见或歧视严重干扰。例如，在职场成功率预测中，通过在数据采集中主观性的重男轻女，有目的地影响职场成功率预测结果。在犯罪风险评估时有意误标黑人数量等。

6. 人工智能应用导致深度伪造风险

深度伪造技术可利用收集的训练数据进行特征学习，生成逼真的虚假信息内容。随着深度伪造技术的出现，生成的虚假视频、音频、文本、图像等信息进入人们的世界，造成极大安全隐患。例如，基于深度伪造技术的"换脸"，可生成虚假图片或视频，从而损害他人声誉和个人隐私。2020年3月，美国信息安全厂商赛门铁克公司验证了三起深度伪造音频案例。诈骗者通过深度伪造技术模仿首席执行官的声音，欺骗员工紧急汇款。同时，通过制作虚假信息，深度伪造技术甚至可以威胁国家乃至国际安全秩序。目前，关于特朗普、普京等国家领导人的深度伪造视频在国外社交媒体上屡见不鲜，利用深度伪造视频影响现实世界政治的风险在不断增大。

7. 开源学习框架导致数据泄露篡改

人工智能开源学习框架实现了基础算法的模块化封装，可以让应用开发人员不需要关注底层实现细节，大大提高了人工智能应用的开发效率。然而，开源学习框架在提供方便快捷的开发平台的同时，也带来了诸多数据安全隐患。例如，开源学习框架大都是搭建在众多第三方开源基础库之上的，众多平台开发者的安全意识和技术能力参差不齐，平台缺乏安全审查机制等因素，导致开源框架存在严重的安全漏洞。近日，360人工智能安全研究院对某国际开源框架 Tensorflow 进行了安全测试，并在较短时间内发现了24个安全问题，包括2个严重危险（critical severity）漏洞，利用相关漏洞攻击者可篡改或窃取人工智能系统数据。

四、重点行业人工智能数据安全风险存在不同特点

随着人工智能技术加速在各行业深度融合和落地应用，工业互联网、智慧医疗、智慧交通、公共安防、智慧教育等不同重点行业衍生的数据安全风险也逐渐显现出来，并在各自领域表现出不同侧重点和趋势。

（一）工业互联网数据风险泛在于生产经营各环节

1. 采集环节孤岛现象重，数据攻击风险大

工业互联网的本质是建立开放、共享的通信网络平台，把工业生产全流程的各种要素资源紧密地连接起来，进而通过各要素数字化、网络化、自动化、智能化升级，实现整体工业生产效率的全面提升。随着人工智能应用加速部署，工业互联网的工作负载不断向"边缘"迁移，海量数据分布在不同设备、系统之中，数据采集接口规范不统一，数据难识别、难解析，数据孤岛现象严重。同时，工业环境中对于数据分析的准确性和实时性也有更突出的需求，劫持、篡改控制命令的攻击风险不断加大，敏感及隐私数据面临泄露和失真的挑战。

2. 传输环节攻击隐患多，数据安全溯源难

工业互联网实现了全要素、全产业链、全生命周期的互联互通，打破了传统行业企业相对封闭的生产环境。资源间的泛在连接和高频需求，使攻击者具备了从研发、生产、管理、服务等各环节对工业互联网进行网络攻击和病毒传播的便利机会。攻击者可利用底层工业数据安全考虑不充分，缺乏数据安全认证机制、访问控制手段等漏洞，通过未授权访问，内容嗅探、截取、篡改等手段威胁数据安全。

3. 存储环节分类分级难，数据泄露风险大

工业互联网中数据的存储载体可以是具备存储功能的任何设备，包括传感器、服务器、网络设备、安全设备等。因此，工业互联网存储环节极易形成数据的汇聚，同时数据形态多样、格式复杂，给数据存储分类分级管理与防护带来难度，加大了数据存储泄露和篡改风险，如未授权访问、数据窃取、数据破坏及篡改、明文存储等。

4. 敏感数据隐私保护难，脱敏溯源需求强

工业互联网在生产、运营、销售等环节存在着大量敏感数据且关联性较强，数据权属难定，导致敏感数据隐私保护难度大，数据泄露、关联窃取及数据滥用等风险增加。因此，在工业互联网数据处理使用中，不仅需要利用可信数字证书、生物识别等多种安全技术加强数据访问控制和权限管理。同时，迫切需要通过数据脱敏技术加强隐私数据保护，并通过敏感数据溯源和安全事件审计，实现敏感数据使用有效监控和预警。

（二）智慧医疗数据私密属性较强导致隐私风险和孤岛现象严重

1. 缺乏标准机制创新，导致数据孤岛现象

医疗数据非标准化的特点及医疗机构缺乏共享数据动力的原因，导致数据共享与互联互通存在障碍，数据孤岛现象严重。智慧医疗行业数据来

源庞杂，涵盖医疗机构数据、政府管理和服务机构数据、医疗健康研究数据及药品企业数据等。智慧医疗数据缺乏标准化，包括数据质量和数据解读均没有统一标准，影响数据互通和共享。同时，在目前的医疗体制下，医疗卫生机构很难有动力去共享有较高价值和较大隐私隐患的医疗数据，从而导致智慧医疗领域面临数据孤岛风险，数据共享与互联互通存在障碍。

2. 数据私密属性明显，数据隐私保护较难

智慧医疗行业数据的特点导致数据脱敏效果欠佳，隐私保护风险较大。医学数据具有强私密性，需采取高度保护措施。目前，健康医疗数据的权属在法律层面尚未能较好解释和界定，这对健康医疗数据的授权使用和患者信息保护均产生影响。同时，脱敏技术主要采取去除患者姓名、年龄等人口信息的粗粒化处理手段，对医疗健康数据来说脱敏程度不够。加之医疗数据的数据孤岛效应，导致数据脱敏无法同步实现，医疗健康数据隐私安全面临挑战。

（三）智慧交通数据来源复杂加剧数据孤岛、物理安全、隐私风险和攻击风险

1. 统一标准需求较大，数据孤岛现象严重

智慧交通数据应用中，统一的行业数据标准是非常有必要的。由于各个地区的经济发展不平衡，在实施智慧交通系统项目时，如果没有统一的行业数据标准，将造成许多地区的智慧交通系统相对独立，衔接和配合度不强，增大了数据系统应用的难度，阻碍了数据的获得与收集，从而妨碍交通流的智能分析与预测。

2. 采集存储复杂多源，物理安全要求较高

智慧交通数据系统稳健性将决定数据的使用效果。智慧交通中的大数据应用是利用道路和车辆等配置的前端设备进行交通数据采集，并从超大量数据中分析出价值信息的过程。智慧交通数据系统和上下级交通管理业

务平台相连，采集来源包括信号控制、交通流量、交通诱导、电子警察、卡口等各个子系统。这种复杂多源的海量数据必须通过建立更高要求的数据中心进行管理才能满足要求。如果数据采集、存储、传输设备感染病毒或功能滞后或老化，很容易造成敏感隐私数据的泄露或丢失，影响数据安全。

3. 数据使用缺乏监管，隐私泄露风险较大

智慧交通数据监管存在漏洞，存在数据泄露和滥用的风险。智慧交通数据中包含了个人的一些敏感信息，但对敏感数据的权属并没有明确的界定。一是许多设备的数据采集并未考虑其中涉及的个人隐私安全问题，存在过度采集的情况；二是对交通数据的使用范围也没有明晰的界定，一旦遭到非法使用，将在道德与法律层面对相关的用户造成影响。

4. 行业数据云端处理，攻击污染隐患增加

在智慧交通领域，大数据的收集、传输、存储、分析过程主要依靠云计算平台和互联网进行传输进行，这种情况极大地增加了数据攻击污染风险。智慧交通中许多数据的采集和传输借助于移动智能设备，随着越来越多的交通场景应用采取算法云端训练和边缘执行的云端大数据分析处理，复杂、敏感数据在云端汇集，使得攻击者更容易通过攻击移动设备，进而追踪到众多实时位置及个人行为习惯的监控信息，这将增加数据被攻击的风险，同时将增加安全事故风险后果。

五、建立我国人工智能数据安全综合监管体系

人工智能技术的快速发展和应用使得其所处的数据基础和信息环境产生了快速的变革，人工智能与工业互联网、医疗健康、交通管理、金融和安防等行业领域的融合发展迈入一个新的阶段，人工智能数据安全机遇与挑战并存。因此，需要加强人工智能数据安全监管，充分发挥人工智能

对传统数据安全问题的智能监测防护优势,降低由于其自身特点而导致及加剧的数据安全风险与治理挑战,确保人工智能数据在行业应用场景中采集、传输、存储、处理等全生命周期内的安全,为人工智能赋能行业升级变革提供综合数据安全解决方案。

(一)制定与完善人工智能数据安全监管的顶层规划

人工智能的发展需要加强数据安全监管规划,或专门制定人工智能数据安全监管规划。一是研究拟定纳入国家整体安全观中的人工智能数据安全战略。二是要明确发展与安全并举的监管思路。在推进人工智能数据资源建设的同时避免数据偏见、数据权属和数据孤岛等安全问题。加强人工智能应用场景下数据安全防护技术的研究,进一步促进人工智能技术在数据安全监管领域中的应用。三是统筹制定包括法律法规制定、标准建设、监管机构设置、核心技术创新、伦理规范和人才培养在内的人工智能数据安全监管规划与政策。

(二)不断完善人工智能数据安全监管方面的法律法规

推动数据安全法制化建设是数据安全监管的基本保障,世界上许多国家和政体都曾出台保护个人隐私和国家数据安全的相关法律,如欧盟的《通用数据保护条例》(*General Data Protection Regulation*,GDPR)。我国在数据安全尤其是在人工智能数据安全监管方面尚缺乏健全的法规指导,应不断完善相关法律法规和制度。一是研究制定人工智能数据安全管理方面的法律法规,对数据集中存储和共享机制、数据脱密规则和标准、行业/企业间数据共享规则等进行规范,在法律法规条款中明确数据共享的范围、行业机构和企业对敏感隐私数据的使用权限。二是研究制定人工智能数据安全行为规范方面的法律法规,明确影响数据安全各方的法律责任,如对数据保护不力的机构或企业,参与数据非法交易或扩散的各方,数据黑产倒卖者或获取者等。三是研究制定重点行业层面的人工智能数据安全管理的规章制度，提出各行业领域在人工智能算法设计、产品开发和成果应用等过程中的数据安全要求，如工业互联网人工智能数据安全管理办法等。

（三）推进发展人工智能数据安全技术标准与规范

人工智能数据安全标准与规范的制定是保护数据安全不可缺少的一部分，它能给人工智能数据安全提供有力支持。一是健全人工智能数据安全保护技术标准与安全规范体系。通过组织协调相关力量，进行研究总结，健全数据安全规范，保障政府机关、重点行业、大学、科研所、行业协会等责任主体的数据安全，并设置清晰和健全的大数据安全保护标准与安全规范。尤其注重重点行业人工智能重要数据的保护方法，如对医疗健康行业隐私数据保障与共享，智慧交通行业重要数据强制本地存储等情况需强化细化技术说明。二是推动我国人工智能数据安全标准化组织建设。推动国家及行业标准化组织成立人工智能安全研究组，并促进其有序推进人工智能数据安全标准出台。三是推进我国人工智能数据安全技术标准应用。推进中共中央网络安全和信息化委员会办公室、工业和信息化部、公安部等主管部门在人工智能数据安全上推广与应用安全技术标准，根据重点行业数据安全的现状与特点，增强对数据安全技术手段、装备设施与服务供应商等的风险评估和安全监督力度。以实践应用为引导，推动人工智能数据安全技术标准的不断发展与完善。

（四）推进人工智能数据安全技术创新

数据安全技术上的创新突破对人工智能数据安全监管具有举足轻重的作用。一是鼓励人工智能数据安全关键技术创新。基于人工智能赋能数据安全及技术自身发展现状，开展包括开发基于人工智能的数据追踪溯源技术、敏感数据识别与脱敏技术、数据安全攻防技术、数据加密技术、数据逆向还原技术、开源学习框架、分布式数据共享与存储技术等的创新。

二是优化升级数据安全监管保障技术。不断优化、升级人工智能数据安全技术保障，用技术保障大数据安全监管。包括构建人工智能数据安全监测与服务平台，开展重点行业人工智能数据安全电子认证服务等。

（五）构建人工智能数据安全监管人才体系

人才是保障人工智能数据安全的重要基础。一是重视相关重点行业人工智能数据安全人才的培养和引进。对于重点行业，要有计划和有针对性地进行数据安全人才培养和引进，为数据安全人才提供相关的平台、实验室条件和政策支持，打造一批专业的技术人才团队。二是构建完善的人工智能数据安全人才培养与选拔制度。鼓励大学等科研机构开设人工智能与数据安全交叉学科，组建和壮大人工智能数据安全师资队伍，成立人工智能数据创业、培训与教育基地，培育出一大批综合性、跨专业的人才，共同建设完善的人工智能数据安全人才培育系统。三是加强国外人工智能数据安全人才引进。尤其要重视引入国外人工智能数据安全领域的领军专业人才，制定专项人才和资本政策支持，搭建高效、自由的全球顶尖人工智能数据安全人才引进平台。

参考资料

1. 国家工业信息安全发展研究中心，工业信息安全产业发展联盟. 工业互联网数据安全白皮书（2020），2020-12。

2. 中国信息通信研究院安全研究所. 人工智能数据安全白皮书（2019）. 中国信息通信研究院安全研究所，2019-08。

3. 上海赛博网络安全产业创新研究院，上海观安信息技术股份有限公司. 人工智能数据安全治理报告，2020-12。

4. 陈天莹，陈剑锋. 智能化大数据安全监管及系统实现. 通信技术，2017-02。

5. 夏玉明，石英村. 人工智能发展与数据安全挑战. 信息安全与通信保密，2020-12。

6. 胡菁菁. 智慧交通大数据应用中的问题与对策. 城市交通，2019-09。

7. 傅昊阳，徐飞龙，范美玉. 论医院健康医疗大数据治理及体系构建. 中国中医药图书情报杂志，2019-06。

B.16
深度伪造安全检测技术已初显成效，仍需持续创新突破

李凯　种国双　王海棠　熊俊锋[1]

摘　要： 随着人工智能技术的不断成熟完善，深度伪造攻击技术"应运而生"，篡改、伪造、自动生成的高逼真、难鉴别的图像、音频、视频和文本等多形式的深度伪造内容攻破人工智能算法案例屡见不鲜，对个人、社会造成了严重的影响，深度伪造攻击已成为人工智能应用中典型的安全风险。深度伪造安全检测技术重要性日发凸显，各类检测方法不断涌现，但目前技术仍存在算法存鲁棒性差、数据集不完备、成本高等问题。未来深度伪造安全检测技术必将成为世界各国在人工智能领域竞争中的新"战场"，还需从多角度布局深度伪造检测领域，持续推动深度伪造检测技术的创新发展，助力人工智能与实体经济融合发展与安全应用。

关键词： 人工智能；人工智能安全；深度伪造；深度伪造检测

Abstract: With the continuous development of the AI (artificial intelligence

---

[1] 李凯，国家工业信息安全发展研究中心助理工程师，主要从事人工智能、大数据领域相关研究；种国双，国家工业信息安全发展研究中心人工智能研究所助理研究员，博士，研究方向为科技产业发展、创新管理研究和可持续发展；王海棠，百度安全生态业务总监；熊俊锋，百度安全高级工程师，华盛顿大学硕士，主要研究方向为计算机视觉，语音合成，模型安全和对抗样本。

B.16 深度伪造安全检测技术已初显成效，仍需持续创新突破

technology), the AI have been highly integrated with the real economy, and applied in various life scenarios. In this background, deepfake attack technology has be born at the right moment. It is not uncommon to see that the forgery, automatically generated, highly fidelity and difficult to be identified images, audio, video and text break artificial intelligence algorithms. Deepfake attack has become a typical security risk in AI applications, and has a serious impact on individuals and society. The importance of the deepfake security detection technology is becoming ingly prominent, and various detection methods continue to be emerged, but the current technology still has problems such as poor robustness and incomplete and expensive dataset. In the future, deepfake security detection technology will surely become a new "battlefield" for countries all over the world to compete in the field of artificial intelligence. it is necessary to lay out the field of deepfake security detection from multiple angles and directions in advance, continue to promote the innovative development of deepfake detection technology. Helping the development of artificial intelligence with the real economy and security applications.

Keywords: Artificial Intelligence; AI security; Deepfake; Deepfake Detection

一、深度伪造技术发展迅速，伪造内容类型不断丰富

深度伪造（Deepfake）源于"深度学习"和"伪造"这两个词语的结合，指利用深度学习算法，对图像、视频、文本中的关键内容进行编辑、替换、合成等操作，产生一个伪造内容。随着人工智能算力、数据集、算法和应用场景的不断扩充和丰富，深度伪造技术得到迅速发展，出现在社会视野中

的深度伪造内容的数量呈现爆炸式增加，产生出多形态深度伪造内容。

（一）深度伪造内容数量呈现爆炸式增长

2017年年底，美国社交新闻网上一个名为Deepfakes的用户发布了一段利用名人面孔合成的虚假视频，"深度伪造"这一概念首次在互联网上出现。随后伪造美国前总统评论现总统的视频、伪造美国脸书CEO声明脸书真正目的是操纵和利用用户等一系列轰动性深度伪造视频出现，让深度伪造迅速引起全世界关注。

近年来，互联网中流传的深度伪造内容数量显著增长。仅视频这一项，据安全分析公司Sensity公司统计，自2018年年底以来，网络上的深度伪造视频以大约每半年翻一倍的速度飞速增长，截至2020年12月，深度伪造视频已达85047个，比2019年同期增长了251%，如图16-1所示。

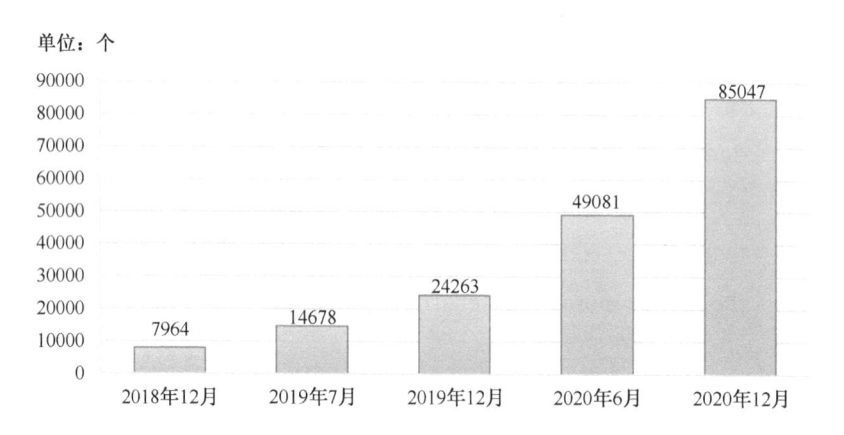

图 16-1 深度伪造视频规模

资料来源：Sensity，国家工业信息安全发展研究中心整理。

（二）深度伪造内容呈现图像、文本、音频等多形态

从内容模态的角度，深度伪造的生成技术可分为图像、视频深度伪造生成技术，音频深度伪造生成技术，文本深度伪造生成技术三大类。深度

B.16 深度伪造安全检测技术已初显成效，仍需持续创新突破

伪造数据分类表如表16-1所示。

表16-1 深度伪造数据分类表

序号	分类	简介
1	生成脸换脸	生成图片换脸过程：提取人脸→生成人脸→覆盖原人脸→图像及颜色融合 假脸生成方式：VAE自动编码器，如GAN（CycleGAN、SAGAN、PixeliPixel...）
2	人脸融合换脸	人脸融合换脸：依赖人脸特征点定位|通过人脸对齐及逆变换调整表情可以调节对象偏向 换脸过程：提取人脸→特征点检测→人脸对齐→三角剖分→图像融合→对齐的逆变换
3	人脸动效及跟随	人脸动效：基于关键点匹配，让静图中人脸按照特定模式运动 人脸跟随（人脸重演）：让静图人脸跟随其他的人脸做表情 深伪原理：依赖人脸特征点定位或3D人脸建模等
4	人脸风格转化	人脸卡通滤镜及美颜，人物属性转化等
5	语音/文本深伪	语音深伪：通过语音拼接、声码器、深度模型等技术实现语音合成和转换 文本深伪：通过GPT等NLP模型生成的伪造文本，模仿人类的行文方式

资料来源：百度安全部，国家工业信息安全发展研究中心整理。

1. 图像、视频深度伪造生成技术愈发成熟

近年来，计算机视觉作为人工智能关键技术之一取得了巨大的突破，已应用于交通、零售、医疗、安防等领域中。在此背景下，视觉领域深度伪造技术得以发展，主要应用于人脸替换和伪造，图像、视频内容成为当下深度伪造的主"战场"，各类伪造技术层出不穷，比较有代表性的伪造方法如Deepfakes、Faceswap-GAN、NeuralTexture、FaceShifter等。其实现生成过程通常包括如下3个阶段。

一是数据采集。采集大量攻击者和被攻击者的图像、视频数据集，且应保证所采数据尽可能多地涵盖被攻击场景下的信息，包括光照条件、肤色、背景等。

二是模型训练。深度伪造模型的构造主要基于生成对抗网络（GAN）实现，通常包含攻击者人脸和被攻击者人脸的数据增强，人脸数据对齐，通过输入对抗生成网络或自分编码器，学习攻击人脸到被攻击人脸的映射关系。具体模型训练示意图如图 16-2 所示。

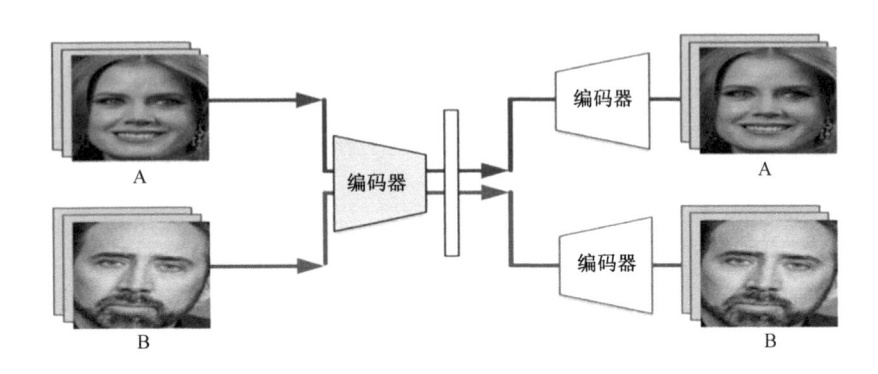

图 16-2　基于自分编码器的人脸转换模型训练示意图

资料来源：百度 Security X-Lab，*How to Detect Facial Manipulation Image Using CNN* 报告，国家工业信息安全发展研究中心整理。

模型通过同一编码器对攻击方人脸图像 A 和被攻击者人脸 B 进行人脸特征的提取，学习到两组图像面部结构之间的相似性（如五官特征），最后借助于两个不同的解码器实现人脸图像重构。

三是伪造图像融合。模型训练完成之后，将模型训练中攻击者方和被攻击者方的解码器互换，生成载有 A 面部、B 潜在面部特征的深度伪造（换脸）图像。然后将通过对抗生成网络或自分编码器的变种生成新的伪造人脸，通过人脸关键点检测匹配，通过建模或三角剖分的方式放置于被替换人脸上，最后经过图像融合去除替换痕迹。典型的人脸特征融合示意图如图 16-3 所示。

2. 音频、文本深度伪造生成技术日益兴起

随着深度伪造技术在视觉领域成熟应用，深度伪造技术开始瞄准音频、文本等新领域，深度伪造技术日益兴起，伪造内容不断丰富。音频深度伪

B.16 深度伪造安全检测技术已初显成效,仍需持续创新突破 ★

造的合成方法通常包含拼接式语音合成方法和基于参数估计的语音合成方法。典型技术有基于音素合成的 Meitron、基于多阶段合成的 SV2TTS（embedding 学习+小样本学习）、基于声音转化的 CycleGAN-VC2 等。

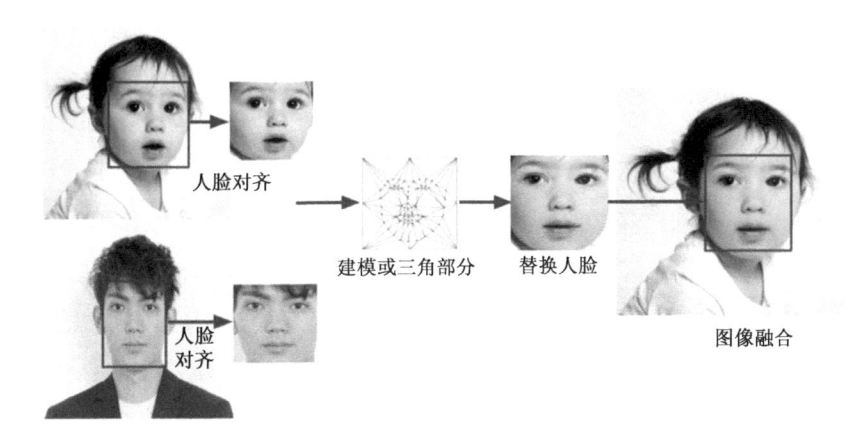

图 16-3 典型的人脸特征融合示意图

资料来源：百度 Security X-Lab，*How to Detect Facial Manipulation Image Using CNN* 报告，国家工业信息安全发展研究中心整理。

文本深度伪造算法可将音频和视频处理成一个新文件，用于添加、删除或编辑视频里说话者所说的文字。现阶段，文本深度伪造仍处于初期探索阶段，主要依据自然语言处理（Natural Language Processing，NLP）而实现，通过 OpenAI 开源的 GPT 等类似工具来实现较长语句或段落的深度伪造，先使用卷积神经网络从视频中识别并提取字幕，然后通过自然语言处理技术生成伪造文本。

（三）人工智能算力、开源软件和算法的发展降低深度伪造应用门槛

深度伪造攻击内容生成在技术上高度依赖深度学习，特别是生成对抗网络（GAN）。制作一张伪造的图像或视频通常需要大量数据集、算力来训练深度神经网络，得到一个可识别和重建人脸细节特征的模型，该模型

可以依据被攻击者人脸图像信息自动生成攻击图像。随着近年来人工智能研究的不断深入，人工智能核心三要素算力、算法和数据集获取成本大大降低，用户可轻易获取到深度伪造需要的算力、算法和数据集。

算力成为推动深度伪造迅速发展的第一要素。近年来，随着以图像处理单元（GPU）为代表的通用计算能力的大幅提升和以卷积神经网络（CNN）为代表的深度学习实践上的成功，支持用数以百万计的样本训练来学习数据中复杂的深度特征模式，实现从提取特征进行判别扩展到可以进行自主生成和创作新数据。

开源算法、软件降低深度伪造门槛。近年来，深度伪造凭借其娱乐性高、逼真度高、直观性强等特性，已成为当下人工智能热门应用领域之一。企业紧抓消费者心理，发布"蚂蚁呀嘿"、ZOO 等泛众娱乐产品；技术爱好者为吸引大众关注，纷纷选择开源自己的算法、应用等研究成果；科研人员在深度伪造领域发布顶级论文不断增加，在深度伪造领域取得大量科研成果 Deepfakes、Faceswap-GAN、NeuralTexture、FaceShifter 等深度伪造算法层出不穷。

随着应用场景的不断丰富，各类开源软件层出不穷，这些因素使造假者无须了解深度伪造技术背后的复杂原理，只需要借助开源的工具和预训练模型，就可以轻松地制造虚假内容，造成了深度伪造内容的泛滥。

二、深度伪造应用形式不断丰富，社会影响有利有弊

深度伪造作为一种强大的内容生成技术，当前已经用于创作、娱乐、研究活动中，在文化宣传、休闲娱乐等多方面服务于社会。但同时，一张照片破解手机面容解锁、一张照片代替真人完成刷脸打卡、签到、利用伪造视频欺骗人脸身份认证系统等安全应用问题层出不穷，对国家、社会、个人安全和人工智能技术的发展应用带来了诸多负面影响。使社会对深度伪造评价褒贬不一，以下通过风险和价值两个方面评估深度伪造所造成的影响。

B.16 深度伪造安全检测技术已初显成效，仍需持续创新突破

（一）深度伪造技术正面价值不断体现

深度伪造的正向应用将创建的虚拟角色+声音模拟+视频渲染等广泛应用到娱乐文化+社交通信+医疗保健等众多场景之中，主要包括：用于提升音视频制作的效率与质量；建立使用者的社交数字化分身，还原历史人物或故去亲友的肖像；提升医学影像精度弥补听力缺陷；动态虚拟主播，满足新闻呈现多样化的需求，推动智能化的媒体融合等。

深度伪造技术首先在电影电视创作中使用。《纽约时报》报道，大卫·法兰西在制作一部纪录片时，使用了深度伪造技术保护受采访人的个人隐私和安全。

2021年两会期间，央视网推出媒体行业内首个直播连线采访人大代表的"3D超写实数字人"，深受广大网友，特别是年轻人喜爱。

深度伪造技术也更多用于娱乐目的，2021年2月，AI换脸软件"蚂蚁呀嘿"横空出世，用户将自己的照片上传到App中，利用后台算法驱动，生成一段跟着节奏晃动的视频。仅仅几天，软件下载量直接冲上苹果应用商店免费榜第一，到2020年3月初，累计播放总量已超29亿次，特效被785万人使用。虽然后来涉及隐私、安全等问题，该App在中国下架，但不可否认它在大众娱乐性所展现出的积极一面。

另外，在医学领域，由于隐私法规限制、巨大数据标注成本及一些罕见病本身病例较少等问题，使获取大量高质量的标注样本成为难题。而借助深度伪造技术生成一些用于训练罕见疾病的疾病检测算法的伪造医学图像数据集，可解决训练样本不足的问题，实现低成本训练出更高准确率的AI算法，推进人工智能在医疗领域的落地应用。

（二）深度伪造技术风险日益凸显

随着互联网的深入普及，深度伪造内容的传播速度显著增加，大量有意或无意的虚假、争议性伪造内容都存在着危害国家、社会、个人的安全风险。

1. 深度伪造技术对国家、社会安全存在巨大安全风险

一方面，个人或政党可借助深度伪造技术制做出的大量以假乱真的带有在任官员、竞选对手、公众人物等发表言论或行为不当的伪造视频，来实现某些特殊的政治目的。另一方面，深度伪造技术可能被别有用心者用于制作煽动性内容，挑动社会矛盾，威胁社会稳定。

虽然目前还没有明确的因深度伪造技术引起的国家、社会安全问题，但鉴于其以假乱真的效果和互联网强大的传播、放大能力，深度伪造还存在巨大安全隐患，需要引起各界警惕。

2. 深度伪造技术可对社会信任带来挑战

社交媒体、自媒体的蓬勃发展，使得互联网信息出现爆发式增长，个人有更多的渠道和方式来发布和获取各类信息。深度伪造内容因其高度的逼真性，以及通过"移花接木"的手段产生与真实人物，尤其是公众人物有关的伪造视频，更容易借助互联网放大其对社会信任的危害作用。社交媒体乃至政府官方媒体账号遭到黑客、不法分子盗用的可能性依旧存在，借助被盗用的账号发布一些片面、偏激甚至虚假的深度伪造信息，易引发公众对媒体内容的质疑，官方信任度可能遭到损害，进一步影响整个社会的信任度。

目前，因深度伪造视频泛滥而引发的信任危机已经超越了伪造视频本身的欺骗性，会引起公众对欺骗、"阴谋论"的认同，而不关注其是否真的使用深度伪造技术。

在技术和信息不够发达的时代，只能做到隐瞒信息或产生虚假的文字信息而实现某些特定目标，而以大数据、深度学习为基础的深度伪造技术却有能力实现几乎接近真人的虚假视频、音频信息，这一变化会给社会信任带来新的挑战。

3. 深度伪造技术从多方面对个人造成侵害

制作色情视频是深度伪造技术最主要的应用，视频制作者或出于恶意，

B.16 深度伪造安全检测技术已初显成效，仍需持续创新突破

或出于好奇，将目标人物的脸替换到色情视频中，使目标人物名誉受损，而这些受害者大多为公众人物。据网络安全公司 Deeptrace 统计，截至 2019 年 9 月网络上的深度伪造视频，其中 96% 为色情视频，而遭到换脸的大多为女性，这些深度伪造视频伤害了大量的女性群体。

除使个人名誉受损外，借助深度伪造技术可实现利用受害者的个人信息，生成换脸、换声等伪造内容，实现账号盗用、盗刷等侵犯财产行为，也可进一步的用于敲诈勒索、打击报复等非法用途，对个人安全造成威胁。2019 年 9 月，英国出现了第一起深度伪造音频诈骗，犯罪分子使用伪造音频对英国一家能源公司高管的声音进行模仿，诈骗金额高达 24.3 万美元；2020 年 2 月，美国信息安全公司赛门铁克报告了三起音频诈骗案例，犯罪分子通过电话会议、YouTube、社交媒体及 TED 演讲获得某公司高管的音频，然后用深度伪造算法处理后的伪造声音，致电财务部门的高级成员要求紧急汇款。

三、深度伪造安全检测技术初具规模，但仍存在一定局限性

深度伪造视频检测的原理是通过训练深度卷积神经网络，对已知的深度伪造技术产生的数据进行学习，捕捉泛化的伪造特征，达到对已知深度伪造技术的检测，并尽可能推测未知的伪造技术。随着当下深度伪造内容攻破人工智能应用的案例日益增多，深度伪造检测技术的需求愈发迫切，相对应的图像、视频、音频深度伪造检测方法不断被提出。国内一些企业及高校已开始深耕深度伪造检测领域，提出了一些建设性的检测方法，有些已经开始对外提供检验服务。受限于人工智能算法的专属特性，深度伪造依旧存在着受限于特定算法、鲁棒性差、可预测性不足、数据集不足等问题，因此未来仍需持续加强深伪检测方法的研究。

（一）各类深度伪造检测方法不断丰富

深度学习模型本身或围绕深度学习模型的相关研究进展（成果）在一定程度上会影响深度伪造检测和防御技术的研究方向。针对当下各类深度伪造内容，已产生大量图像、视频、音频深度伪造内容检测方法，这些方法大多基于深度学习模型构建，包括人工智能对抗技术、数字水印技术、模型可解释技术等。

1. 深度伪造图像检测

由于图像深度伪造制作的基本原理是通过深度生成模型生成伪造图像，利用关键点匹配和图像滤波消除拼接痕迹，因此很难完全掩盖其在图像或视频级别上的伪造特征。针对这一特性，目前主流的检测方法如下。

1）基于传统图像的检测方法

这种方法通常是基于手工设计特殊的卷积核+机器学习分类器原理来实现的。主流算法有图像双量化检测，图像 PS 检测，图像粘贴复制检测等。

2）CNN 架构定制化修改的检测方法

这种方法是目前主流的深度伪造检测技术，它通过基于神经网络的伪造特征自动提取而实现。通过制作图片数据集，训练特定的深度卷机神经网络，学习已知的深度伪造数据的伪造特征。同时通过增加双线性汇合，注意力模块，数据增强模块，增加表征能力的损失函数，提高检测算法的泛化性。

3）基于 GAN 指纹特征的检测技术

这种检测技术主要是通过使用一系列不同结构的对抗生成网络产生的图像作为训练集，监督深度伪造检测算法的训练。

2. 深度伪造视频检测

深度伪造视频检测主要是针对 Deepfakes、Face2Face、Faceswap 等深度伪造技术，以及 DeepfakeLab 等开源软件生成的伪造视频，通过自动化分析和展示，实现视频鉴定和检测。目前主流方法如下。

B.16 深度伪造安全检测技术已初显成效，仍需持续创新突破

1）基于跨视频帧组时序特征的技术

这种技术将视频判别问题分解为一系列序列帧的判别问题，通常基于3D卷积核的CNN或CNN+LSTM架构实现。

2）基于视频内视觉伪像的检测技术

这种技术主要思路是基于训练稳定的单帧图像深度伪造检测器，得到视频的各帧预测分数序列，再通过设计非线性激活函数或者基于回归的统计学方法，来输出视频的检测结果。

3）基于新兴技术的检测技术

这种技术通过对嘴唇动作和发音匹配分析，人脸位置朝向、眨眼或心跳检测等生物学信号的挖掘，实现深度伪造检测。

3. 深度伪造音频检测

目前最主流的方法是基于时序卷机神经网络和声音频谱图识别的检测方法，同时也在尝试在声音相位分析等特征上进行检测。

（二）国内外龙头企业积极探索创新深度伪造检测技术，且部分已投入商用

目前国内主流的深度伪造检测方案是在深度伪造的标注数据上，结合数字图像处理和增强技术，训练专用的卷积神经网络，涵盖图像、视频及语音领域的深度伪造内容，通过RESTFUL API和本地部署推理两种形式，自动化接收、处理深度伪造数据，并返回分析结果。

百度公司基于深度学习的深度伪造检测算法对主流深度伪造数据可达到90%以上的召回率和大于85%的准确率，采取包括GAN、LGSC（见图16-4）等算法在内的多引擎检测机制，对目前主流的换脸算法和人脸融合算法进行准确率96%的识别，同时支持10多种深度伪造技术和40多款应用的检测，支持对于特定人物检测效果的优化。在智慧城市涉及人脸审核、新闻鉴真、肖像维权、视频内容审核等诸多方面均可发挥积极作用。

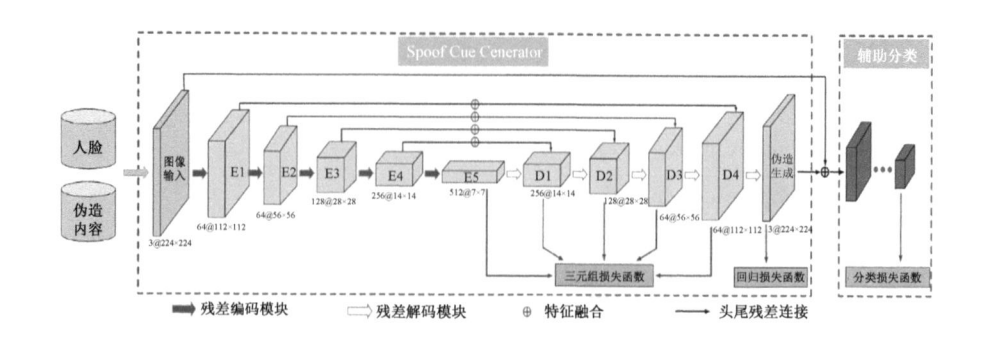

图 16-4　LGSC 算法原理图

资料来源：Learning Generalized Spoof Cues for Face Anti-spoofing[J]. arXiv, 2020. 国家工业信息安全发展研究中心整理。

微软公司在 2020 年提出了 Face X-ray 算法，可以实现无论被换脸图像采用已知还是未知的深度伪造算法，均可实现 95%以上的识别率，并且能够识别出攻击图像的轮廓图，在某种程度上实现当下 AI 算法的可解释性、可信赖性，解决了传统算法的"黑盒"问题。

（三）数据集成本高、算法鲁棒性差成为当下深度伪造检测技术的瓶颈

数据集直接决定了人工智能算法效果，基于人工智能的深度伪造检测算法也需要训练学习大量数据集。而随着深度伪造应用场景增多，图像、视频、音频和文本等多形式深度伪造攻击层出不穷，且深度伪造攻击仍处于起步阶段，并没有大规模的应用和研究，造成各个场景下的数据集暂不完备，收集数据集成本高于收益，数据集短缺成为检测技术发展的瓶颈。为解决这一问题，脸书发起了 Deepfake 挑战赛，旨在学术界、工业界发展发展深度伪造检测技术，针对互联网上伪造虚假色情视频泛滥的现状，付费获授权收集了 10 万张色情演员的表演视频数据集，供深度伪造检测算法的训练和评测研究使用；谷歌公司也于 2019 年 9 月公开发布了包含 3000 多段视频的视频深度伪造数据集，视频由多位真人演员在 28 个不同

B.16 深度伪造安全检测技术已初显成效，仍需持续创新突破

场景下拍摄，供全球研究人员实验使用。

但就目前而言，虽然深度伪造技术本身在这些指定的数据集上获得了快速的提升，其在更大范围的真实场景下的检测能力，以及防御更复杂或更有针对性的深度伪造技术的能力仍然需要更充分的验证。加利福尼亚大学圣地亚哥分校发表于计算机视觉会议 WACV2021 的最新研究指出，通过现有成熟的对抗样本生成技术，在每帧插入对抗样本，可欺骗当前效果最好的各类 Deepfake 检测系统。

同时，深度伪造检测算法通过大量学习主流攻击算法（如 DeepFake、FaceSwap、Face2Face）生成的人脸图像来提升识别能力，针对这些算法生成的伪造图像，能达到较高的检测识别率（99%以上）。而当采用了未知深度伪造算法，检测成功率会大幅降低至 70%。在实际的生活中，深度伪造方式层出不穷，被攻击者无法获取攻击内容是由何种算法生成，使目前主流检测算法鲁棒性差，尚不能应用于各类深度伪造攻击防御中。

四、全球仍需持续加强深度伪造安全检测技术发展

当下深度伪造攻击已经从单纯的数字世界攻击升级为真正的物理世界攻击，使人工智能与各行业的融合发展与应用面临着各种安全缺陷问题。在当前全球人工智能技术飞速发展和各国纷纷制定人工智能国家发展战略背景下，人工智能安全问题已延伸到无人驾驶、智慧安防及医疗诊断等多个领域，是阻碍人工智能赋能实体经济发展的关键因素。深度伪造安全检测技术必将成为世界各国在人工智能领域竞争中的新"战场"。目前仍需多层次、多方位全面加强深度伪造安全检测技术的研究和应用，为全球人工智能安全落地保驾护航。

（一）全球各国应加强顶层架构设计，共同引领人工智能行业健康发展

全球各国应充分重视深度伪造技术滥用可能带来的风险，充分发挥上

层领导作用，推动深度伪造检测技术的大力发展，引导深度伪造技术健康发展。一是加强国际合作，加强学术交流和思想碰撞、互惠互利、互通有无，制定深度伪造检测标准体系和检测规范，完善法律法规建设，共同推动深度伪造技术健康发展。二是各国根据自身实际情况，统筹国内行业资源，搭建深度伪造基础资源公共服务平台，为个人及企业提供可信的深度伪造检测算法、算力和数据集，降低深度伪造检测算法的开发成本，推进技术快速发展。三是加大国家项目支持，推进深度伪造检测方向的国家级项目，整合"产学政研用"各界资源，提前布局深度伪造检测领域，扩展深度伪造技术的应用场景，创新技术发展。四是推动成立权威专业的第三方检验检测机构，对深度伪造检测技术进行第三方有效性验证，同时对人工智能算法进行防深度伪造攻击检测，保证其在应用前就具备可抵抗深度伪造攻击的能力，为人工智能安全应用保驾护航。

（二）各科技公司应发挥技术创新应用领头羊作用，引领深度伪造检测技术创新发展

百度、微软等龙头科技公司，不断发布深度伪造检测工具，此类大规模数据集的开源和技术工具的研发，有力促进了深度伪造检测技术的研究。未来，各科技企业仍会是深度伪造检测技术创新、发展和应用的核心力量。一是龙头企业要凭借自身在人工智能行业的积累，针对各类场景下深度伪造的潜在风险，开展深度伪造检测技术创新研究。二是中小企业要聚焦深度伪造应用场景，深入开展深度伪造"攻防"研究，提出具有实际意义的深度伪造检验检测解决方案。三是推动企业间技术、资源共享，通过企业间算法、安全漏洞库共享，在技术源头上做到安全预防。四是持续举办深度伪造检测相关比赛等活动，鼓励技术创新发展。

（三）社会、学校、企业应引导深度伪造技术和人才的健康发展

深度伪造技术和产品的发展还远没有成熟，其对社会的影响和可能性

还亟待探索和利用。深度伪造检测技术是一个需要社会各界广泛讨论和参与的课题，也是需要不断投入的领域。而技术和产品的发展离不开人才的培养和引导。因此需要，一是建立多层次的，涵盖社会、学校和企业的人工智能伦理教育体系。鼓励相关伦理体系的讨论和逐渐完善，将人工智能等新技术产生的道德和伦理的问题，作为道德品质教育课程的延伸和补充。二是在有效妥当监管的情况下，鼓励深度伪造技术的正向使用，发挥该类技术对社会和个人的积极作用，不因噎废食。三是加强培养人工智能技术和产品的交叉人才，鼓励相关人工智能人才的自由流动，学术交流和开源共享。四是加强人工智能，深度伪造检测技术的基础研究，鼓励和奖励新探索，社会、学校和企业需要加强和保持对新产品和技术的嗅觉。

参考资料

1. 李旭嵘，纪守领，吴春明，等. 深度伪造与检测技术综述. 软件学报，2021，32（02）：496-518。

2. Goodfellow, Ian J, et al. Generative adversarial networks. arXiv preprint arXiv:1406.2661 (2014)。

3. When a text can trigger a lynching: WhatsApp struggles with incendiary messages in India. https://www.reuters.com/article/us-facebook-india-whatsapp-fake-news/when-a-text-can-trigger-a-lynching-whatsapp-struggles-with-incendiary-messages-in-india-idUKKBN1JL0OW。

4. https://www.nytimes.com/2020/07/01/movies/deepfakes-documentary-welcome-to-chechnya.html。

5. Yi Xin, Ekta Walia, Paul Babyn. Generative adversarial network in medical imaging: A review. Medical image analysis 58 (2019): 101552。

6. Li Lingzhi, et al. Face x-ray for more general face forgery detection. Proceedings of the IEEE/CVF Conference on Computer Vision and Pattern Recognition. 2020。

7. Hussain, Shehzeen, et al. Adversarial deepfakes: Evaluating vulnerability of deepfake detectors to adversarial examples. Proceedings of the IEEE/CVF Winter Conference on Applications of Computer Vision. 2021。

Ⅵ 案 例 篇
Case Articles

B.17
思必驰：智能车联网解决方案

雷雄国[1]

一、案例综述

当前，车联网已经成为国内外新一轮科技创新和产业发展的"必争之地"。其中，经过多年的渐进式发展，车内的语音交互正在从单纯的"控制方式"向"智能连接"进化，并已成为现阶段人机交互最主要的方式之一。

作为国内首批进入车联网领域的对话式人工智能平台公司，思必驰多年来在这一领域持续发力，并且基于思必驰全链路语音交互技术，于2015年推出思必驰智能车联网解决方案，为汽车终端产品提供语音交互的能力。

在智能网联时代来临之际，车内语音交互已成为智能座舱的关键入口。截至目前，思必驰已与长城汽车、小鹏汽车、理想汽车、北汽集团、一汽奔腾、上汽通用五菱、东风日产、爱驰汽车、天际汽车、马自达、五十铃、

---

[1] 雷雄国，思必驰科技股份有限公司，副总裁、智能汽车事业部总经理，主要研究领域为基于大规模连续语音识别、自然语言处理、对话管理为核心的全链路人机语音交互。

吉利汽车、一汽解放、三一重工、上汽大通、华阳集团、博泰、斑马、德赛西威、航盛集团、韦世通等汽车企业及多家 Tier1 厂商达成深度合作，推出包括长城哈弗系列、小鹏汽车 P7/P5/G3、宏光 MINIEV、北汽新能源 EU 系列、BEIJING-X7、奔腾 T33、宝骏 E 系、理想 ONE、爱驰 U5、天际 ME7 等在内的多款主流车型，如图 17-1 所示。

图 17-1 思必驰智能车联网解决方案已应用于众多车型

资料来源：思必驰。

B.17 思必驰：智能车联网解决方案

思必驰智能车联网解决方案的应用，显著提高行车的安全性、便利性、娱乐性，赢得了车企与车主的一致认可与好评。

二、解决方案

思必驰智能车联网解决方案，基于思必驰全链路智能语音交互关键技术而打造，为汽车前装与后装导航及智能座舱设备提供智能语音交互解决方案，满足主机厂及 Tier1 对语音技术的需求，针对传统汽车进行智能化改造，为汽车终端产品提供语音交互的能力，包含超高度定制的外挂式产品及多样化的内置式产品，如图 17-2 所示。同时，还为汽车厂商提供场景化大数据运营服务能力，推动传统汽车实现车联网智能化升级。

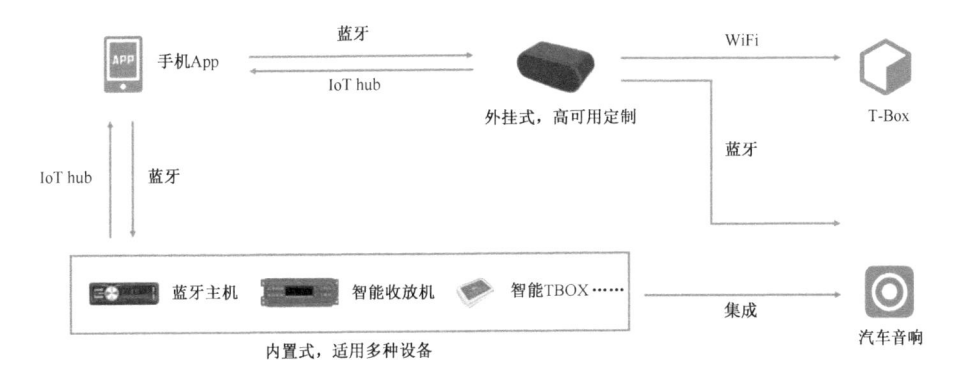

图 17-2 思必驰智能车联网解决方案

资料来源：思必驰。

思必驰智能车联网解决方案的核心技术包含语音识别、语音合成、语音识别++、语义理解、智能对话等，产品应用功能如下。

（1）全双工交互：实现基于语义打断的全双工交互技术，机器与人可以在无唤醒情况下进行持续交互，且无关的语言不会影响任务型对话的正常继续。

（2）声音复刻：用户根据固定的某些文本进行朗读和录制，经过短时间的训练后，可以合成一个与自己相似的 TTS 音色。应用在导航、故事、新闻播报等场景，提升语音交互的趣味性。

（3）声纹识别：能够实现唤醒声纹、文本相关、半相关和文本无关的多语种跨信道声纹识别；具备声纹离线自学习技术；具备多说话人分割技术，可在对话过程中在线识别多个用户身份。

（4）多音区声源定位：通过多音区声源定位，可以判断出对话人在车内的位置，从而给出相应的交互反馈。如当副驾驶员提出"关闭车窗"的需求后，系统根据音区声源定位判断出所需关闭的是副驾位的车窗。此外，根据车型构造与需求，可提供双音区、四音区声源定位方案，后排乘车人也拥有了专属服务，实现一对多的智能语音交互。

（5）个性化场景交互：拥有导航、音乐、电话、微信、电台等技能 300 多种内置技能。通过语音技术针对车载场景单点优化、内置技能关联整合，大大减少了与用户交互频次便可满足用户在车载场景下的需求。

（6）TSP 控制台：思必驰智能车联网解决方案赋能车厂对车主的运营能力，提供数据收集、脱敏处理、需求分析及特定推送等整套运营服务。

（7）私有化部属：用户数据存储于独立服务器，且支持个性化开发，企业可根据自身需求变更资源配置。思必驰赋予企业级大数据智能分析能力，数据将经过全面可靠收集，语音数据经过安全脱敏，企业可分析用户使用习惯，满足用户个性化需求。

三、案例价值

在车载环境中，对话式人工智能在便利性和安全性上的极大优势，有逐渐取代物理按键和多点触控成为车内主流人机交互方式的趋势，如音频播放、车辆控制和导航地图都是典型高频的交互需求。

然而，车载环境复杂，车载语音交互面临着车内外严重的噪声问题，而噪声会大大降低语音识别的能力。语音识别之后，语音交互系统又面临着语义理解的问题，尤其是在多轮对话的情境下。

针对场景需求和以上问题，思必驰智能车联网解决方案以语音为入口，基于思必驰自研的全链路语音交互技术，从前期信号采集、信息处理到语音识别、语义理解、智能对话等全环节解决车载环境的复杂性带来的交互问题，集数据、交互、运营于一体，灵活定义车联网智能终端形态，打造全新人车家智能座舱，实现传统汽车向智能化的升级和改造。

同时，思必驰智能车联网解决方案以提升用户体验为终极目标，提供人性化、个性化的交互体验。在合作方式上，思必驰智能车联网解决方案为合作伙伴提供一站式的、软硬结合的合作方式，极大地降低传统车厂进行智能化改造的成本与风险，加快传统汽车并入智能化赛道的速度。截至2020年8月，累积用户激活量已达2000万个以上。以小鹏汽车P7为例，思必驰智能车联网解决方案让小鹏汽车内的有效语音交互次数，从2019年的12次提升至2020年的25次，语音交互的月渗透率达99.95%，用自然的语音交互完全替代传统的车机操作。

四、经验总结与后续计划

语音交互作为人工智能成熟度最高的技术之一，虽然得到了长足的发展，并且得到了诸多巨头的青睐，但这种车内交互方式远没有达到"普及"的程度。

经过思必驰智能车联网解决方案多年的应用实践证明，语音已成为汽车人机交互的刚需，且从单调的触摸模式不断向语音、视觉、手势等多模态交互散发。

未来，多模态交互将成为思必驰车联网解决方案迭代的关键词。思必驰将紧随车联网市场浪潮，不断迭代方案，持续更新，竭力为合作伙伴提供更优解决方案，为用户提供更人性化的交互体验。

B.18

百度：智能云×埃睿迪，泉州水务大脑打造智慧水务

王奇一　吕强　曹海涛　李坤[1]

一、案例综述

社会经济的快速发展对水务业务提出了更高的要求，单纯依靠传统手段已经无法满足业务发展和社会经济发展需要。

2020年12月泉州水务集团与百度签署战略合作协议，联合埃睿迪公司，发挥各自优势在智慧水务和生态环境领域展开深度合作，助力水务行业、生态环境领域实现数字化、智能化转型。

目前"泉州水务大脑"一期第一阶段建设成果已正式投入运行，包括数据中心、大数据平台、数字孪生平台等支撑平台，以及加压泵站智能调度、安全生产综合告警、厂区安全巡检等智能化业务应用系统。

"泉州水务大脑"助力泉州水务集团全面实现原水、制水、供水、排水、污水、节水"六位一体"完整水务产业链的智能化，树立水务行业数字化、智能化转型的行业标杆。

"泉州水务大脑"的应用，帮助泉州水务集团整体人员效率提升5%以上，制水供水单位能耗下降8%，分散式污水处理设施运行可靠性提升5%，实现了良好的经济效益、管理效益和社会效益。

---

[1] 王奇一，任职于百度智能云市场部；吕强，任职于百度智能云市场部；曹海涛，任职于百度智能云市场部；李坤，任职于百度智能云市场部。

二、解决方案

1. AI赋能水厂实现全自动化

以金鸡水厂为例，水厂以晋江干流作为供水水源，原水从取水泵站经压力输送进入净水厂，净水工艺在折板絮凝池、平流沉淀池、V形滤池等常规处理工艺的基础上，增加了臭氧、生物活性炭等深度处理工艺，整个生产过程较为复杂，需要较多生产人员。在数字化和智能化技术的支持下，人力大大缩减，中控室仅靠两个人就可实现对全厂众多工艺的管理控制，金鸡水厂中控室现场图如图18-1所示。

图18-1 金鸡水厂中控室现场图

资料来源：百度。

高效管理的背后是百度智能云提供的智能视觉技术和埃睿迪公司实现的智能化应用，这些技术手段可以高效识别设备运行异常，及时发现员工生产作业风险，对异常的高温、振动及时预警。智能化技术减少了设备损失和药剂消耗，让水厂工作人员更放心。

2．智能调度全面提高加压泵站运行效率

供水加压泵站以变频恒压供水作为主流控制方式，这种控制模式简单易用，但能耗较高，且无法充分利用泵站调蓄能力。百度智能云提供的AI用水量预测模型可结合历史用水数据，以及天气、节假日、季节变化等因素，通过机器学习算法更加精准地预测出用水量，以此为基础动态调节泵站出水压力，实现按需供水，达到节能降耗的目的。目前，AI用水量预测模型精度已经达到99%以上。图18-2所示为泉州市自来水有限公司调度中心。

图18-2　泉州市自来水有限公司调度中心

资料来源：百度。

立足泉州水务加压站现状，百度智能云与埃睿迪发挥各自在AI能力和行业应用能力的优势，合作开发了加压泵站精准调压应用，该应用能够根据用水量实际需求、泵机流量、进出口压力、电机电压和电流等参数计算泵机效率，分析实际运行工况，动态调整泵站流量、压力、频率等参数，实现按需供水，改变了传统上恒压供水这种单一的调度方式。各个小区将更科学地调控水压，大大减少了高层建筑水压不足和压力过高的问题，降

低了泵机功耗，供水耗电节约 8%，同时实现了更为稳定的用水体验。

3. 智能污水处理有效降低运维成本

高速公路、景区、农村等分散式污水处理设施，因单个污水处理站规模小、地理分布广而散，依靠传统的巡检方式将花费大量的人力成本。

引入水务大脑技术后，一线工作人员可根据实际情况适当降低对站点现场的巡检频次，对运行稳定的站点可从"日检"调整为"周检"；巡检过程也从做纸质记录转变为电子表单。更重要的是，站点发生故障时相关人员可第一时间收到通知，并通过系统对设备进行远程控制，缩短了发生故障到处理故障之间的时间延迟，避免出现出水水质超标的问题。

4. "一体两翼"双驱推动智慧水务发展

在水务大脑的建设中，水务集团是业务需求的发起方和应用场景的提供方，百度智能云是人工智能技术和能力的提供方，埃睿迪则是将人工智能技术真正落地于水务、满足业务需求的执行方，三方合力才能发挥数据和智能的价值。

百度智能云以"云智一体"为主体，以生态数据为左翼，以智能化方法论为右翼，形成了智慧水务"一体两翼"解决方案的独特优势，助力水务企业智能化升级。

具体来说，"智"是以百度大脑中的飞桨深度学习平台、百度昆仑芯片、以及语音、视觉、知识图谱、自然语言处理等核心人工智能技术和平台，为赋能水务行业智能化升级提供了 AI 新型基础设施，"云"指的是通过百度智能云搭建数据中心提供云计算能力，便捷高效支持产业的智能应用。

百度智能云联合埃睿迪为泉州水务集团打造的水务大脑拥有五大支撑平台，可应用在指挥调度、安全生产、运营管控、惠民服务等方面，为泉州水务集团整体提升水务业务管理效率。

三、案例价值

项目拥有五大支撑平台，助力水务业务全面智能化：大数据平台提供分布式计算、数据湖和数据可视化的技术，可将各类生产设备全面实现可视化管理，连接管理所有终端设备，解决了数据打通的问题，为数据分析和挖掘提供高质量的数据基础；数字孪生平台提供了相关水务模型的统一建模及模型管理，并可个性化组合定制，在较短的时间内完成多种工艺的快速建模，高效率完成各种工艺的实时监控和优化控制，真正发挥数字孪生在水务行业的价值。

"泉州水务大脑"的应用，帮助泉州水务集团整体人员效率提升5%以上，制水供水单位能耗下降8%，分散式污水处理设施运行可靠性提升5%，实现了良好的经济效益、管理效益和社会效益。

智能调度全面提高加压泵站运行效率，AI用水量预测模型精度已经达到99%以上。按需供水，节能降耗。加压泵站精准调压应用，降低了泵机功耗，供水电耗节约8%，同时实现了更为稳定的用水体验。

四、经验总结与后续计划

对于未来的建设规划，泉州水务集团党委委员、副总经理苏湘华表示，水务大脑将按集团信息化规划分阶段、分步骤实施，建立统一融合和互联互通的中心化平台，形成集团具备统一性、安全性、先进性、稳固性、标准性的信息化底座，打造高附加值、高科技含量的智慧水务体系。

绿水青山就是金山银山。在"云智一体"的百度智能云与"六位一体"的泉州水务集团的强强联合之下，泉州水务大脑已然成为水务智能化的"泉州模式"，未来还将"走出去"，打造对内对外赋能生态，成为我国智慧水务建设的核心力量。

B.19
京东：激活数据价值，商砼产业的高效协同成为可能

任成元 许俊恺 [1]

一、案例综述

商砼，又称商品混凝土，据不完全统计，仅陕西省2019年的商砼供应量就有7600万立方米，需要大量的搅拌车辆和泵送车辆的作业和运输支持。2019年，西安恒盛集团推出"商砼之家"，希望搭建面向商砼产业链的B2B平台，建立商砼生产企业与物流环节的新型协同机制，通过AI技术优化物流资源配置，实现线上线下集采集销的全产业链的带动，最终形成"集采集销+物流+增值服务"的全新模式。

二、解决方案

京东云助力"商砼之家"线上化智能化转型（见图19-1）。基于京东AI的算法能力，"商砼之家"充分利用云上沉淀下来的数据价值，完成对于整体运输模型的优化，结合京东公有云服务，为"商砼之家"提供一站式的建筑建材解决方案平台，将商砼业务、建筑材料、设备租赁、物流运

---

[1] 任成元，京东科技副总裁，人工智能开放平台总经理，主要负责京东科技基础技术开放平台NeuHub及工业数智化升级等领域工作；许俊恺，京东科技基础技术群产品副总监，工学博士，长期从事智能供应链在相关行业的产品设计及落地工作。

输、金融服务等八大业务版块全面迁移上云，打通产业链上各环节的数据孤岛，释放数据价值。

AI 让协同更高效，让履约全透明。基于商砼行业业务特点，结合商砼之家 B2B 平台开放计划，依托于京东 AI 能力，对商砼之家功能进行全面升级，提供智能化的工地工厂协同系统：针对商砼行业的需求高频、年框月结的特点，在构建在线的 B2B 交易平台的基础上，定制报单收集系统模块，通过提交需求和确认验收的业务闭环、运输时间预测、司机画像等功能的构建，为客户带来更加优秀的体验，实现从客户采购需求的收集，到交易订单的管理，到订单执行的业务协同一体化服务平台，实现对于交易业务的强力支撑。

图 19-1　京东助力商砼产业案例

资料来源：京东。

B.19 京东：激活数据价值，商砼产业的高效协同成为可能

AI 提升运输效率，便捷车辆管理。构建智能运输系统：实现多类型（罐车、泵车、卡车等）、多角色（自有、三方、零散）、多站点的车辆运输信息管理，实现对恒盛集团、自营车辆、承运商、零散车辆及工地客户等多个角色的连接和管理。并与智能企业信息管理系统为核心的智能供应链平台，通过与商砼之家 B2B 平台的打通，在实现运输管理的信息化功能的基础上，利用京东 AI 技术，为其构建从智能分单、智能运输时间预估到智能路径全流程的智能化供应链体系，提升整体流通运营效率；并通过车辆画像及评级能力的输出，帮助商砼之家 B2B 平台完善交易链路，提升服务体验。

三、案例价值

商砼产业上下游高频的协同实现智能化、数字化、在线化、可视化。作为国内首个建筑行业的 B2B 平台，"商砼之家"实现了商品展示、线上预约交易、物流调度跟踪、大数据分析、异常预警等功能，房地产商（建筑承包商）和工地施工方可以方便地向商砼（建材）工厂预约下单，并能跟踪订单和物流进度，实现高效交易和流通。

陕西恒盛集团通过智能商砼供应链平台，实现从管道型企业向平台业务的转型，一站式协同服务，实现线上线下集采集销的全产业链条带动。

通过 AI 技术的加持，利用机器学习等运筹算法，帮助商砼运输等核心业务实现了运输时间可预测，运力分配全自动，运输安全可预警等功能，同时通过实时掌握全盘的商砼需求、交易、调度和运输等信息，动态调整运输发车状态，帮助客户真正做到供应链全流程的可视化和智能化，切实提升供应链效率。

基于商砼行业业务规则，综合 B2B 自营商砼订单和租赁订单需求情况、订单地址的智能解析、车辆规格及承载力、多种车辆之间的时序逻辑关系，构建相关机器学习算法模型，对最优解决方案进行推荐组合，形成 B2B 平台订单的自动化智能排产、拆解及分单。通过生产计划的智能匹配，

输出不同型号混凝土产品的生产计划，同时通过智能拆单逻辑，下发制定天泵车运输时间计划及多型号搅拌车运输计划，同时可根据业务已有业务规则进行约束，实现针对订单的合理搭配组合，进而提升整体订单的匹配效率和运力资源分配最优的问题。

通过对评价数据、车辆订单量及履约率数据、车辆基础数据的 AI 模型分析，输出车辆画像和评级，辅助进行司机考评并可在前端展示车辆画像，提升整体服务水平和感知度。

日常履约效率提升 30%，"商砼之家"平台 2021 年预计成交总额（GMV）可以达到 20 亿元。

四、经验总结与后续计划

通过平台的搭建，打破传统的商砼物流模式，建立商砼生产企业与物流的新型联动机制，优化物流资源配置，实现车辆私有化，提高建筑单位和商砼企业与平台的黏性，打造最具市场竞争力的商砼物流产业链条，激活数据价值，使商砼产业的高效协同成为可能。"商砼之家"平台上线发布，后续双方将持续进行平台功能迭代，并通过数据的不断积累，利用 AI 技术，实现对于整体供应链模型的持续优化，进一步提升整体供应链效率和安全性，并针对供应链金融进一步开展合作。

B.20 旷视科技：AI助力头部糖点快消企业智造再升

蒋燕　董晓超[1]

一、案例综述

国内某头部糖点快消企业X计划五年内实现智造升级，实现数据互联互通，现场无人无灯，运营管理可视、可管、可控。旷视科技借助人工智能物流操作系统——旷视河图，为X打造了端到端整体智慧仓储物流方案，目前已交付使用。该方案通过"人机协作"，实现了无尘车间内部、车间到公共月台、公共月台到发货月台的自动化搬运，产量从6600箱/天提升到16000箱/天，提升了142.4%；现场实现无人搬运，物料搬运准确率达100%；减少搬运人员与食品接触后，大大降低了异物混入的风险。同时，基于计算机视觉技术，旷视科技已研发出果冻瑕疵检测系统，检测精准率可达99.9%，远远高于人工检测。未来，旷视科技还将基于AI积淀，将更多的计算机视觉技术、AI物流装备融入食品生产、园区管理中。

二、解决方案

食品快消行业流程化程度高、生产批量大，对于生产物流管理的精度要求高，需要整个工厂各个环节相互配合以达到预期效果。为此，旷视提

---

[1] 蒋燕，北京旷视科技有限公司，副总裁，主要研究方向为人工智能与工业融合、人工智能治理研究；董晓超，北京旷视科技有限公司，政府事务部总经理，主要研究方向为人工智能与工业融合、人工智能治理研究。

供业界首个基于 AI 的智慧物流系统河图，并以这一操作系统为牵引，加上 AI 视觉技术、差异化的机器人及智能物流装备，为 X 定制化提供整体解决方案。从 2017 年开始，X 与旷视合作了第一个 AGV 项目，在小批量车间里，不断在改进设备，把机械的运动逐步替换成机械自动化的装置。在 2018 年开始，X 开始做数字化，开始做生产信息参数，已经实现员工用平板把原来纸质的记录变成电子记录，2019 年 X 开始从设备里面把数据采集出来，直接用数采的方式。在做数字化的过程中，不断推动智能化，现在做一些危险行为分析，先通过视频方式让人工拍摄此类危险行为照片，给到机器大脑学习。学习了这样的算法之后，摄像头可以自动地捕捉此类瞬间，通过企业微信推送到管理者的手机或平板上，方便其管理。

车间的原料、半成品、成品等物料都是通过人工或叉车搬运，劳动强度高且工作效率和准确率无法得到有效保证；作业区域内人流、车流、物流密集，存在较高的安全风险。现在，在产品转运区域，一台台 AGV（智能搬运机器人）来回在地上"忙碌"着，一边唱歌一边工作的 AGV 按照规划的线路有条不紊地就完成了运输工作，现场没有人在看护及管理。AGV 没电了会自己充电，夜晚也可以进行无灯运作。整体转运方案利用点到点+货到人+智能搬运系统，通过河图调度 T800 等物料搬运机器人（AGV），以及"人机协作"实现车间—公共月台—发货月台的自动化搬运作业，其运输误差可以控制在 ±10mm 以内。AGV 转运小车投入运作后，现场搬运作业人员减少 100%，整体的运营效率也得到了提升，物料搬运及时率和准确率达到 100%，其自动躲避障碍物的功能，也大大降低了车间的安全风险。未来，旷视还将继续完成车间的立体化、柔性化改造，并利用旷视在人脸识别、图片识别和视频分析方面的技术，助力 X 升级产品外观检测、人员和物体的状态分析等多方面的管理应用。

在无人车间，拥有机械臂的码垛机器人有序高效地将产品装进箱子，自动喷码机器则协助着进行箱子的喷码工作，AGV 转运车也在车间里充当搬运的好帮手，机器人们互相协作，完成了产品从包装到装运到车的全部工作。过去这样一条生产线，需要 33 名工人协同作业，而现在实现了无人生产，机器换人也提高了产能。如图 20-1 所示为旷视助力糖点快消行业案例现场。

以往大量的纸箱转运半成品后人力进行换箱、码箱和缴库，需要大量的劳动力，而且车间生产的速度有限。通过生产线的智能自动化改造后，实现了无人车间的转变，产量也从 6600 箱/天提升到了 16000 箱/天，提升了 142.4%，不仅提高了产量，还降低生产成本。

图 20-1　旷视助力糖点快消行业案例现场

资料来源：北京旷视科技有限公司。

三、案例价值

基于算法，随需而变。该项目是人工智能智慧物流操作系统旷视河图在制造领域又一成功商用的案例。X 有 1300 多个食品品相，除了像正常企业的出库入库，还有调、推货等各种各样复杂的场景；此外，周末也不允许加班，导致整个操作管理特别复杂。旷视河图可以基于领先算法模块，完全根据业务场景去定制，去适配所有业务操作流程。

果冻瑕疵检测，填补空白。果冻车间生产的果冻可能会存在气泡、毛发、黑点等瑕疵。传统检测方式单纯依靠质检员人工进行检测，一条产线需配两个人整天蹲点肉眼识别，效率低、失误率高。使用基于人工智能的计算机视觉对果冻进行瑕疵，满足自动运行模式下的全自动化理料、检测、异物报警剔除要求，在提高检测效率同时，可大幅减少检测环节的时间成本，进而缩短整支产线的运行时间，在行业内也是一次创新。如图 20-2 所示为果冻瑕疵检测。

图 20-2 果冻瑕疵检测

资料来源：北京旷视科技有限公司。

双方还会在计算机视觉方面进一步合作，包括产品检测、车辆检测、智慧园区、车辆调度之类，以及包括抽烟、打架等厂区内人员危险行为分析。不仅实现生产的降本增效，而且减少园区整体管理和运营成本。

四、经验总结与后续计划

在项目实施过程中，旷视发现：跨界人才短缺，AI 技术与传统领域存在认知鸿沟；此外，传统企业选择数字化、人工智能升级，风险大，需具备深厚技术底蕴的公司长期合作、辅导，并走到企业中做大量定向的深度交流。

因此，旷视也在积极与产业头部客户互动，培养懂人工智能与传统产业的复合型人才，培育产业智能化咨询服务业；并总结针对各产业共性场景及优秀AI解决方案，如智慧仓储、AI质检等；积极参与不同行业组织产业界与AI企业的对接研讨会，探讨技术落地路径。同时也希望支持对重点行业的重点企业率先尝试推行AI技术应用和信息化，探讨用信息化投入的资金抵扣税费等灵活多样的支持措施。

B.21 湖南自兴人工智能科技集团有限公司：开创染色体技术AI化新时代

蔡昱峰　刘丽珏　刘香永　彭伟雄　蔡蓉粤 [1]

一、案例综述

染色体是人类生命的图纸，储存和传递着人体的遗传信息，目前已发现的人类染色体数目异常和结构畸变近万种，染色体病综合征百余个，其引发的出生缺陷、不孕不育及恶性疾病等严重影响着人类健康水平，给人类社会带来沉重的负担。为有效预防和诊治染色体相关疾病，进一步提高染色体核型分析的效率及质量，用技术革新促进其推广和应用，自兴人工智能在医学经验及医疗大数据基础上，通过图像处理、机器学习及数据挖掘等AI技术实现对影像数据的自动去噪、染色体的自动分割与排序等，打造出"从数据导入到报告导出的核型分析业务的全流程自动化"的人类染色体核型智能分析云平台（以下简称"本产品"）。

本产品研发阶段曾获评"国家工信部2018年人工智能与实体经济融合创新项目""国家工业信息安全发展研究中心2020优秀人工智能产品"，

---

[1] 蔡昱峰，湖南自兴人工智能科技集团有限公司董事长，主要研究领域—人工智能技术产业化；刘丽珏，湖南省自兴人工智能研究院副院长、副教授，主要研究领域—人工智能、机器学习、多机器人；刘香永，湖南省自兴人工智能研究院秘书长，主要研究领域—人工智能技术推广、学术交流；彭伟雄，湖南自兴人工智能科技集团有限公司副总裁，主要研究领域—人工智能技术产业化；蔡蓉粤，湖南自兴人工智能科技集团有限公司科技项目主管，主要研究领域—人工智能技术产业化、技术推广交流。

B.21 湖南自兴人工智能科技集团有限公司：开创染色体技术 AI 化新时代 ⭐

并获得湖南省科技计划项目立项支持，同时荣登 2021 年"未来医疗 100 强·中国数字医疗榜"（动脉网）；本产品技术经中国人工智能学会鉴定，整体技术达到国际先进水平，在染色体分割技术方面达到国际领先水平。目前已在中信湘雅生殖与遗传专科医院、郑州大学第一附属医院、湖北省妇幼保健院、湖南省妇幼保健院、北京大学人民医院、云南省第一人民医院、江西省妇幼保健院等全国 16 个省近 50 家行业内顶级医院落地使用，并凭借产品的功能可定制性及诊断结果的高效性、精准性等获得用户一致好评。如图 21-1 所示为产品亮相全球首次人类染色体影像处理人机大战并获胜。

图 21-1 产品亮相全球首次人类染色体影像处理人机大战并获胜

二、解决方案

1. 应用场景

本产品目前主要应用场景包括医学影像临床检测，如人类染色体影像智能处理等；主要商业落地场景包括生殖与遗传领域（不孕不育、产前诊断）和惠民工程（孕前检测、婚前检测）等。各大医院遗传中心、检验科、产前诊断中心、生殖医学中心、血液科、妇产科及病理科等均为案例应用对象。目前通过本产品已发放病例报告 15 万份，超过 600 万张染色体中期图像测试数据，超过 2.76 亿多条带有 AI 标签的人类染色体数据。如图 21-2 所示为产品入院的相关图片。

图 21-2　产品入院的相关图片

2. 主要技术手段及措施

本产品利用庞大的医疗大数据，针对相关医疗影像数据，综合利用包括灰度直方图、主动轮廓法、形态学处理等图像处理技术，以及深度学习、关联分析、树回归等多种数据挖掘与机器学习技术，为各类医疗影像的智能分析提供技术手段。

（1）可变形目标检测与增强技术。

一幅染色体中期图是在高倍显微镜下成像的一个细胞的灰度影像，制片和拍片过程中都可能产生一些非染色体的无效噪声区域。虽然染色体的基本形态是长条状，但由于弯曲、缠绕、扭结、搭接等原因，使其形态多变，且染色体的带纹分布情况个体差异极大，对于有效区域的定位与染色体带纹的增强都带来了极高的难度。

本产品结合数学形态学运算，混合视觉特征与语义特征，自动识别和定位染色体所在的局部区域，同时综合和优化了多种经典图像处理算法达到了自适应去除噪声的目的。

（2）基于混合语义的重叠区域预测与多向性形态学分割方法。

染色体的基本形态为条状，但由于制片工艺的限制，其在玻片上呈现的有弯曲、扭转，还有多条染色体并列、连接、重叠交叉等多变的形态。

B.21 湖南自兴人工智能科技集团有限公司：开创染色体技术 AI 化新时代

要准确识别每条染色体的类别，必须将一条条染色体单独分割出来。

本产品设计了一种多语义混合的回归网络，混合了视觉与概念语义预测染色体重叠区域，结合多向性形态学的图像分割方法，解决了多条染色体粘连、交叉的分割问题，分割准确率大于 95%。如图 21-3 所示为染色体分割图前后对比图。

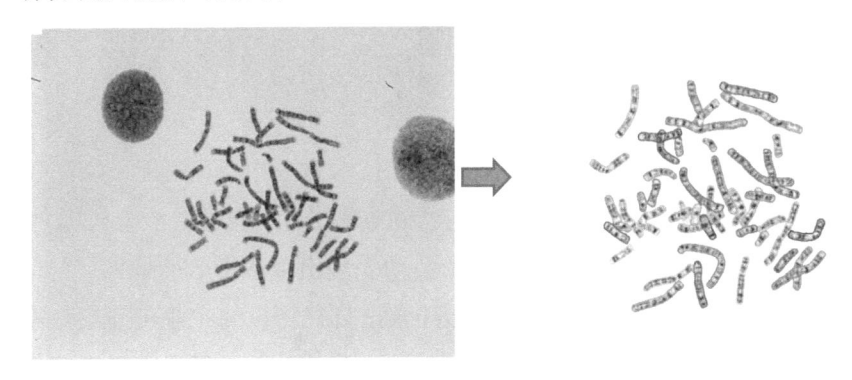

图 21-3　染色体分割图前后对比图

（3）混合先验特征注意力机制的染色体自动识别技术。

由于染色体之间条带水平、培养时间、自身分裂速度之间的差异，导致即便是同类型的染色体也存在较大差异。同时由于弯曲、扭转及异常染色体的存在，使得这个问题更加复杂。

本产品提取染色体骨架线、长度、带纹、着丝粒等特征，将染色体在这些特征方面的先验知识融入深度网络与卷积特征融合，并提取多尺度均值特征，通过网络结构中关注度聚焦的方法提高特征利用率。同时利用同源染色体中同源一对的特性，以及同源不同核型的染色体间的关系，对网络判断结果进行二次矫正，提高识别正确率。

三、案例价值

1. 实践效果

对比传统检测手段，本产品在准确率（AI 为 98%、传统为 50%）、分析时长（AI 为 3 分钟/例、传统为 50 分钟/例）、报告周期（AI 为 7～12 天、传统为 25～30 天）及专业医生培养（AI 为 3 个月、传统为 36 个月）等方面具备绝对优势。目前本产品已在全国 16 个省近 50 家医院落地使用，已发放的辅助诊断病例报告 15 万份，平均报告周期 7～12 天。据用户反馈，已为其节省 90% 以上的工作量，单病例阅片效率提升 10 倍，整体接诊能力提升 3～5 倍。

2. 商业价值

本产品利用机器学习与数据挖掘等 AI 技术为医疗产业赋能，从医疗影像领域切入，对医疗影像图像数据进行筛查和分析，通过对传统人工/半自动化流程的优化，使医疗相关的生产活动表现出降本增效的效果，同时打破目前 AI+医疗产品落地难的瓶颈，探索出自兴特色的产业化推广路径，为 AI+医疗产品的产业化落地开创新的商业共赢模式，并可推广应用至其他 AI+细分领域应用场景中。

3. 经济效益

目前国内大部分医院/检测机构多依赖售价高昂的进口软硬件设备进行半自动的染色体核型分析。本产品可匹配用户针对图像处理和业务流程的定制需求，搭建私有云平台，根据病例数按例付费模式，使用户不需要承担前期一次性设备投资及后续授权/维护等高额费用，同时还能提升医生的工作效率及诊断正确率。

4. 社会价值

本产品的广泛应用将极大改善染色体疾病诊断的精确性、速度和成本，推进染色体疾病的预防和治疗优化，有效降低我国出生缺陷率，提高人口质量。同时，还将突破血液肿瘤诊治中染色体核型智能分析共性关键技术，实现血液肿瘤患者疾病诊断、预后分层及疗效评估的个体化精准施治，为国民健康、大病/慢性病诊疗做出有力贡献。

四、经验总结与后续计划

自兴人工智能团队源于中国人工智能最高奖吴文俊人工智能科学技术奖成就奖得主蔡自兴教授及其团队，有多年无人驾驶、智慧医疗等领域AI算法实践经验。公司现有研发人员60多人专注于染色体相关智能产品研发，在全球率先利用AI技术开拓了人类染色体技术数字化。目前除在外周血、羊水等样本的染色体智能分析领域已开发了本案例产品外，后续还将会在骨髓染色体的智能分析方法上进行延伸，与中南大学、北京大学人民医院的科研团队合作，拟在血液肿瘤患者骨髓染色体智能化核型分析领域取得突破，深化AI技术在血液肿瘤领域的应用，为肿瘤患者的早筛、诊治及预后提供更好的临床解决方案。公司还将基于现有AI技术不断赋能医疗健康领域，持续突破AI+医疗算法，覆盖更广阔的应用场景。

B.22
中国一拖：无人驾驶拖拉机

陈洪涛[1]

一、案例综述

智能农机装备是国家明确的十大重点领域之一。其通过互联网、云技术、传感系统、物联网、农业大数据等先进技术的应用，可以有效改变当前粗放的农业生产方式，逐步实现农业生产的精准化、高效化、智慧化。智能拖拉机是最典型的农机装备，也是农机行业技术最为密集、应用最为广泛的产品，它是衡量一个国家农业装备水平的重要标志，也是技术和市场竞争的焦点。

中国一拖在现有动力换挡 LF2204 拖拉机的基础上，对整车电器系统进行改制，加装自动驾驶安全控制、导航、识别、整机控制等系统，优化拖拉机操纵系统，满足了自动驾驶场景作业的需求。东方红无人驾驶拖拉机推动了行业技术进步，促进了产业结构调整、优化、升级，对形成具有自主知识产权的民族品牌产品、打破国外产品在该领域的技术垄断、提高我国拖拉机产品的国际市场竞争力有现实意义。

二、解决方案

随着社会的发展，国内农业产业化、规模化经营和机械化服务得到迅

---

[1] 陈洪涛，洛阳拖拉机研究所有限公司（中国一拖集团有限公司技术中心），总经理助理/高级工程师，主要从事智能农业装备、智慧农业等领域研发及产业化。

B.22 中国一拖：无人驾驶拖拉机 ⭐

速发展，机耕、机播、机收比例正在迅速提高，加之国家农机补贴政策的调整，我国已经逐步形成以合作社及农场化作业模式为主的农业生产经济模式。随之而来的是对农机使用要求的不断提高，为更好地提高作业效率和作业质量，作业挡位增加、电液控制技术应用、操作高舒适性等方面的要求也越来越多。

中国一拖集团在拖拉机原有电控系统基础上，加装路径规划系统、安全控制系统、机组通信系统、整车控制系统、地理环境识别系统等，实现车辆的自动驾驶及农业作业，保证拖拉机在自动驾驶过程中，自动按照规划路径行驶、作业、识别障碍物停车等。并可实现随时人为介入接管控制车辆，也可实现主动干预，防止意外和自动驾驶系统失效等情况的发生。

车载定位导航系统和雷达识别系统将拖拉机与环境信息相互匹配，使拖拉机"了解"自身的位置、速度、方向、姿态等信息；整车的各种传感器能够使拖拉机"了解"自身各个部件的状态，根据作业轨迹和作业模式，整车控制系统根据智能控制策略对数据进行归一化处理并进行智能决策，对车辆各个子系统进行精准控制，解决了复杂耕作现场的自动驾驶问题，保证了拖拉机的自动驾驶。

通过液压总线对液压系统进行组网，实现电控液压系统可以在自动模式和人为介入模式下工作，满足自动驾驶拖拉机适应复杂农艺场景作业控制需求，且自动模式下驾驶员可超驰干预，车辆可根据工况、作业轨迹和作业模式实现对农具的自动控制，在保证农艺需求的同时，最大限度地保护农机具。如图22-1所示为农具自动控制示意图。

拖拉机的自动驾驶路径规划系统是基于高精度定位技术的一种集卫星接收、定位导航控制于一体的综合性系统。中国一拖通过对农艺要求的进一步分析，确定了一系列适用于农业作业环境的直线、圆周或任意曲线的路径规划，开发了各种适用于国内地块的多种路径（见图22-2），解决了对角线、之字形、回字形等复杂作业模式的自动驾驶难题，并通过对车辆的精确定位、航向判定及车身姿态，发送车辆控制指令，使得车辆根据导航信息严格按照规划好的路径自动行驶（见图22-3）。通过这项技术，可以大大提升农机作业效率，降低复耕、漏耕率、降低人为介入作业劳动强度、增加单位产量，为用户带来更多的收益。

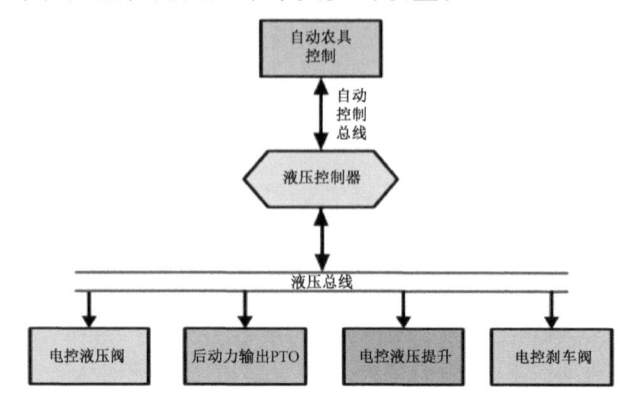

图 22-1　农具自动控制示意图

资料来源：中国一拖。

图 22-2　不同作业路径图

资料来源：中国一拖。

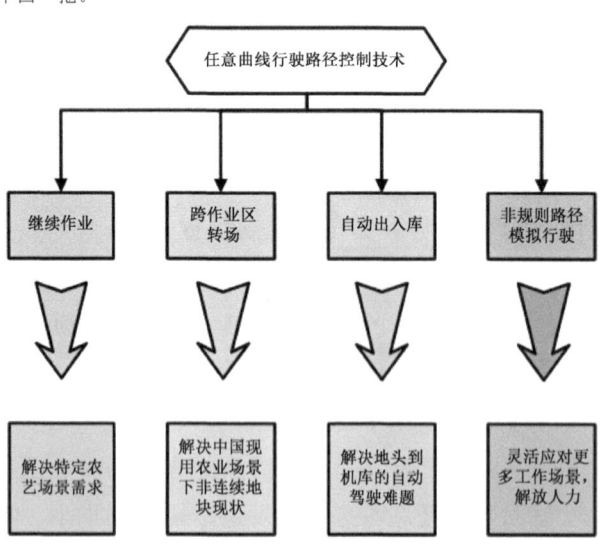

图 22-3　任意曲线路径控制技术应用示意图

资料来源：中国一拖。

面向非农田作业区，如农具停放场至地头，不同地块间的转场及中断作业后的继续作业等场景，设计非作业区路径减少了驾驶员重复劳动，提高了自动化程度及拖拉机的农业生产场景适应性。

拖拉机自动驾驶安全系统保证车辆在行驶时能够自动实施有效的安全策略，也可随时进行人为介入车辆控制，如实现减速、刹车、熄火等动作。在动静态障碍物识别方面，车辆会根据障碍物的距离自动进行安全处置，如远距离时，进行鸣笛提醒并自动减速，紧急情况下能够自动换空挡并刹车，还可根据所挂接的农具进行危机处理等。

东方红无人驾驶拖拉机是一款可以适用于的犁耕、深松、旋耕、平地、耙地、起陇、播种及喷洒农药等大田农业生产全作业过程。

三、案例价值

由于国外田地面积比较大，其自动驾驶拖拉机的作业轨迹在地头调头多以灯泡弯为主，自动驾驶的作业轨迹不适合国内环境；车辆安装的地理环境识别系统以激光雷达为主，不适合复杂农田和气象环境。

中国一拖为适应未来技术发展和市场需求，提升国内大马力拖拉机智能化水平，针对国内技术现状及国内农业的作业环境和农艺要求，加大自主创新的力度，开展了无人驾驶拖拉机研发，成功开发220马力（1马力≈735瓦特）轮式自动驾驶拖拉机。突破"精准农艺约束下拖拉机自动驾驶整机作业智能控制技术""拖拉机自动驾驶精准路径规划行驶控制技术""拖拉机自动驾驶安全控制技术"等关键技术难题，技术水平达到国内领先、国际先进水平。东方红220马力无人驾驶拖拉机2020年12月获得首届全国机械工业设计创新大赛金奖。

中国一拖注重对新技术及创新结构的保护工作及总结工作，项目实施中获得授权3项专利、5件软件著作权；注重技术应用、推进行业技术发展，制定了2项国家标准，2项团体标准；注重技术先进性研究，对项目主要技术内容委托相关单位进行了科技查新；注重产品用户测试，从用户自身角度对产品进行客观、全面的评鉴。

东方红无人驾驶拖拉机于 2020 年分别委托黑龙江七星农场北大荒精准农业农机中心、洛阳炳逸农机服务有限公司等单位进行了使用验证。车辆足了作业使用要求，受到当地用户的欢迎。如图 22-4 所示为一拖无人驾驶拖拉机春季秋季作业图。

图 22-4　一拖无人驾驶拖拉机春季秋季作业图

资料来源：中国一拖。

四、经验总结与后续计划

东方红无人驾驶拖拉机系针对国内技术现状，并根据国内农业的作业环境和农艺要求进行有针对性研发的产品，在关键技术上有较大的突破，产品技术水平达到国内领先、国际先进。

中国一拖今后将在以下方面继续攻关：

（1）环境识别方面更深入的研究，开发应用更加可靠的地理环境识别系统。

（2）远程控制技术研发与应用。

（3）机组在中小田块的轨迹规划技术方面加快研究，更好地适应农业作业生产场景及市场发展，满足用户需求。

Ⅶ 附　录
Appendices

B.23
2020年人工智能产业十大热点

杨捷　张帅[1]

一、全球人工智能产业十大热点

（一）欧盟发布《人工智能白皮书》，构建可信人工智能框架

2020年2月，欧盟发布《人工智能白皮书》。白皮书论述了欧盟大力促进欧洲人工智能研发，同时有效应对其可能风险的思路。白皮书指出欧盟将聚焦研发以人为本的技术，打造公平且具有竞争力的经济，建设开放、民主和可持续的社会三大目标，构建"可信赖的人工智能框架"。白皮书的发布显示了欧盟补齐前沿科技短板、抢抓数字时代全球规则主导权的雄心壮志。

---

[1] 杨捷，国家工业信息安全发展研究中心助理工程师，工学硕士，主要从事人工智能、大数据领域产业发展相关研究；张帅，清华大学管理学硕士，主要从事创新扩散与产业经济研究。

（二）美国白宫发布《人工智能应用规范指南》，提出 10 条人工智能监管原则

2020 年 1 月，美国白宫发布《人工智能应用规范指南》，说明了美国政府针对人工智能的监管和非监管措施。该指南共提出 10 条人工智能监管原则，包括促进公众信任、吸引公众参与、强调诚实科学、关注风险评估、注重成本收益、保持适度灵活、注重公平正义、确保信息透明、规避潜在风险和设计协调机制等。该指南旨在鼓励美国政府适度灵活监管人工智能，以帮助美国人工智能企业保持竞争力。

（三）全球积极利用人工智能技术抗击疫情，科技巨头践行社会责任

2020 年，新冠肺炎疫情席卷全球，在各国对抗疫情的过程中，人工智能发挥了重要作用。2020 年 1 月，中国企业百度免费开放当时世界上最快的 RNA 结构预测网，提速新冠病毒结构预测。2020 年 1 月，加利福尼亚大学圣地亚哥分校设计人工智能算法，预测新冠肺炎患者面临并发症的风险。2020 年 3 月，英国剑桥大学借助人工智能、合成生物学等技术加速开发新冠肺炎疫苗。人工智能战"疫"，对提升社会大众对人工智能的信任程度和疫情防控的科学化水平具有重要意义。

（四）OpenAI 推出自然语言深度学习模型 GPT-3，具有 1750 亿条参数

2020 年 5 月，OpenAI 推出了具有 1750 亿条参数的史上最大人工智能模型 GPT-3。GPT-3 是人工智能领域的自然语言生成工具，可以胜任翻译、写作、歌曲创作、数学计算等系列工作，具有"通才"特征。GPT-3 使用的最大数据集在处理前容量达到了 45TB，使用 GPT-3 训练 AlphaGoZero 需要消耗算力 3640pfs-day。研究人员希望 GPT-3 能够成为

更通用化的自然语言处理模型,解决对过分依赖标记数据,以及对数据分布的过拟合等问题。由于人工智能大模型的研发需要大数据量、海量算力、雄厚资金支撑,业内人士担忧开发此类模型将成为少数巨头的游戏。

(五)DeepMind开发的AlphaFold模型,成功预测蛋白质三维结构

2020年11月,DeepMind的第二代AlphaFold模型基于氨基酸序列成功准确预测蛋白质的3D结构,在国际蛋白质结构预测竞赛(CASP)上拔得头筹。蛋白质结构预测是困扰生物学家几十年的难题,AlphaFold模型的出现将改变医学、生物工程的研究和工作方式,具有颠覆性、革命性效果。

(六)联合国发布L3级别自动驾驶汽车国际法规,推动自动驾驶汽车进一步发展

2020年6月,联合国欧洲经济委员会世界车辆法规协调论坛宣布,日本、韩国和欧盟、非洲等50多个成员国或地区就自动驾驶汽车发展达成了共同法规。法规规定,所有L3级别的自动驾驶汽车需配备自动驾驶数据存储系统(黑匣子),并对自动行车道保持系统做出严格要求,还设定了每小时60千米的速度限制。这是全球首个具有约束力的L3级别自动驾驶汽车国际法规,将会推动全球自动驾驶汽车的进一步发展。

(七)美国限制人工智能软件出口,多家中国人工智能企业列入"实体管制清单"

2020年1月,美国商务部下属的工业和安全局发布新的出口管制措施,限制美国人工智能软件的出口。2020年5月,美国商务部将奇虎360、云从科技等多家中国人工智能公司及机构列入"实体清单",禁止相关企业与美国进行交易。美国政府的系列行动蕴含"冷战思维",将对全球人工智能研究的合作创新造成负面影响。

（八）IBM、亚马逊、微软等巨头叫停人脸识别业务，美国多地政府相继发布相关禁令

2020年6月，IBM公司CEO阿尔文德·克里什纳宣布IBM将退出人脸识别业务。随后，亚马逊、微软等企业也表示将叫停人脸识别业务。2020年9月和12月，美国俄勒冈州波特兰市和纽约州分别发布法令，禁止辖区内部分机构使用人脸识别技术，人脸识别落地持续受挫。美国公司、政府的决策，显示了产业界、监管层对新技术部署的审慎态度，引发各界对人脸识别技术伦理边界的思考。

（九）OECD、G7构建、扩容人工智能交流平台，积极主导制定人工智能治理国际规则

2020年2月，世界经合组织（OECD）正式启动"AI政策观察站"平台，旨在促进在人工智能相关公共政策制定方面的合作。2020年5月，美国宣布加入七国集团（G7）构建的"人工智能合作伙伴组织"，力图主导设计全球人工智能治理规则设计。中国应审慎对待新设人工智能国际交流组织。一方面，相关组织有助于促进人工智能治理国际合作。另一方面，中国应警惕部分国家以国际合作之名，行霸权主义之实，主导形成不利于中国的全球人工智能治理规则。

（十）加州理工学院、清华大学提出首个自适应外骨骼步态人工智能算法，获ICRA2020最佳论文

2020年6月，机器人领域顶级会议ICRA2020最佳论文奖授予加州理工学院和清华大学研究团队的研究论文，该论文提出了一种称为COSPAR的算法，为首个自适应外骨骼步态人工智能算法，它可以将合作学习应用于下肢外骨骼操作时对人类偏好的适应，并在模拟和真人实验中进行了测试。该论文还同时获得最佳人机交互论文奖。该研究未来或许可为数千万残障人士带来帮助。

二、中国人工智能产业十大热点

（一）十九届五中全会通过《中共中央关于制定国民经济和社会发展第十四个五年规划和二〇三五年远景目标的建议》，关注人工智能等前沿领域

2020年11月，《中共中央关于制定国民经济和社会发展第十四个五年规划和二〇三五年远景目标的建议》发布。建议提出瞄准人工智能、量子信息、集成电路、生命健康、脑科学、生物育种、空天科技、深地深海等前沿领域，实施一批具有前瞻性、战略性的国家重大科技项目。此举对中国提升人工智能等前沿领域技术水平具有重要意义。

（二）国家标准化委员会等五部门印发《国家新一代人工智能标准体系建设指南》，推动人工智能标准制定

2020年8月，国家标准化管理委员会、中共中央网络安全和信息化委员会办公室、国家发展和改革委员会、科技部、工业和信息化部联合印发了《国家新一代人工智能标准体系建设指南》，论述新一代人工智能标准体系的总体要求、建设思路、建设内容和明细方向。该指南的出台将加强中国人工智能领域标准化顶层设计，推动人工智能产业技术研发和标准制定，促进产业健康可持续发展。

（三）国家药品监督管理局审查批准9个人工智能三类医疗器械，推动"人工智能+医疗"健康有序发展

2020年1月，国家药品监督管理局批准冠脉血流储备分数计算软件上市。该软件提供基于深度学习技术的血管分割与重建、血管中心提取和血流储备分数计算功能，这是中国首个获批上市的应用人工智能技术的三类器械。截至 2020 年年底，我国已有 8 个国产和 1 个进口人工智能医疗器械通过审批并在国内上市。国家药品监督管理局此举显示出中国推动人工智能医疗器械产品发展的决心，未来中国将在人工智能医疗器械产品的评价、上市、推广和测评方面持续发力，推动"人工智能+医疗"健康发展。

（四）清华大学研究团队首次提出"类脑计算完备性"概念，神经形态计算领域取得重大进展

2020 年 10 月，清华大学研究团队在《自然》杂志发表论文，首次提出"类脑计算完备性"概念及软硬件去耦合的类脑计算系统层次结构。该研究填补了类脑研究完备性理论与相应系统层次结构方面的空白，利于中国自主掌握新型计算机系统核心技术，或将成为神经形态计算领域及人工智能领域的重大发展。

（五）全国多省市发布自动驾驶测试政策，开放测试取得亮眼成绩

2020 年，中国自动驾驶行业快速发展。据不完全统计，根据智研咨询数据，截至 2020 年年底，全国有 27 个城市和 6 个省发布自动驾驶测试地方政策，全国自动驾驶路测牌照数量分别为上海 125 张、北京 87 张、长沙 55 张、广州 43 张、沧州 30 张、武汉 23 张、重庆 22 张、合肥 19 张、南京 5 张。全国开放测试道路里程已超 3000 千米，其中北京、上海、沧州的自动驾驶测试道路里程分别达到 699 千米、530 千米和 229 千米，位居全国前三名。各地对自动驾驶测试的宽容态度将帮助中国自动驾驶企业积累原始数据，参与全球竞争。

（六）人工智能开源框架加速涌现，开源生态体系不断完善

2020 年，中国人工智能国产开元框架不断涌现。2020 年 3 月，清华大学发布开源人工智能框架计图（Jittor），这是由中国学界开源的首个人工

智能框架。2020年3月,人工智能独角兽旷视宣布开源天元(MegEngine),提供工业级深度学习框架;华为重申将正式开源MindSpore,提供支持端边云全场景的深度学习训练推理框架。据不完全统计,截至2020年,中国科技企业和科研院所已经提供了超过10款国产开源框架,初步形成产业规模。

(七)深度势能分子动力学研究获得戈登·贝尔奖,显著提升计算机模拟客观世界的能力

2020年11月,中国团队"深度势能"获得了由美国计算机协会颁发、有"计算应用领域的诺贝尔奖"之称的戈登·贝尔奖。"深度势能"团队主要研究分子动力学,能够使用机器学习等方法模拟超过1亿个原子在1纳米尺度的轨迹,同时将计算效率提升1000倍以上。该研究极大地提升了人类使用计算机模拟客观物理世界的能力,有望为力学、化学、材料、生物乃至工程领域解决实际问题发挥作用。

(八)寒武纪成功登陆科创板,成为人工智能芯片第一股

2020年7月,人工智能芯片独角兽公司寒武纪正式登陆科创板,成为中国人工智能芯片第一股。寒武纪上市首日开盘大涨288.26%,单日市值暴增近600亿元。寒武纪计划将上市募集资金用于新一代云端训练芯片、推理芯片、边缘AI芯片及系统项目和补充流动资金。寒武纪受到的热烈追捧显示出市场对于人工智能芯片企业的强烈信心,将激励相关企业专注技术研究,聚焦核心优势,谋划融资上市。

(九)人工智能作品知识产权保护第一案宣判,明确人工智能生成作品受著作权法保护

2020年1月,腾讯公司诉网贷之家未经授权许可,抄袭腾讯机器人

Dreamwriter 撰写文章的案件在深圳市南山区人民法院宣判，腾讯公司胜诉。这是中国境内人工智能创作成果知识产权保护第一案，该判例说明人工智能生成作品受著作权法保护，对明确人工智能创造成果属于知识产权具有标志性意义。

（十）政、企、学纷纷发力，加大人工智能人才培养力度

2020 年，"人工智能+教育"顶层设计与地方实践、企业参与联动，探索"人工智能+教育"示范方式。顶层设计上，教育部等三部委印发《关于"双一流"建设高校促进学科融合 加快人工智能领域研究生培养的若干意见》，为人工智能发展提供人才支撑。地方落实上，广州打造"5G+人工智能"教育品牌，厦门实施"人工智能进百校"计划。企业参与上，科大讯飞正式发布 A.I.教育公益计划，助力教育智能化。政、企、学联动，推动人工智能领域教育快速发展。

参考资料

1. 智研咨询. 2021—2027 年中国自动驾驶行业竞争格局分析及投资决策建议报告。

B.24 全球人工智能产业链各环节布局情况

张帅[1]

产业链环节	领域	概述	竞争格局	市场规模
基础层	芯片	人工智能芯片是针对人工智能算法特殊加速设计的芯片，主要包括GPU、FPGA、ASIC、类脑芯片等	GPU：英伟达、AMD等国际芯片厂商占主导地位；FPGA：赛思灵、英特尔两家企业占超80%的市场份额；ASIC：市场竞争格局稳定且分散，国内企业市场占有率不断提高；类脑芯片：尚未大规模商用	2025年世界人工智能芯片市场规模预计达726亿美元（Tractica）；2024年中国人工智能芯片市场规模预计达784亿元（前瞻产业研究院）
	传感器	智能传感器是传感器集成化与微处理机结合的产物，具有采集、处理、交换信息的能力，帮助人工智能系统收集外界信息	进口智能传感器仍占优势，同时国产智能传感器市场份额不断提高	2020年世界智能传感器市场规模达440亿美元（Research and Markets）；2020年中国智能传感器市场规模达164亿美元（国家工信安全中心）
	数据	人工智能算法的设计完善需要大量训练数据。优质、海量、专业、开放的数据集是人工智能大规模应用的基础	人工智能数据供应商主要包括品牌数据服务公司、中小型数据供应商、需求方自建团队3类	2024年世界大数据技术与服务相关收益将达2878亿美元（IDC）；2021年中国大数据市场规模将突破8000亿元（安信证券）

---

[1] 张帅，清华大学管理学硕士，主要从事创新扩散与产业经济研究。

续表

产业链环节	领域	概述	竞争格局	市场规模
基础层	云计算	云计算通过分布式计算提高数据计算效率、降低计算成本，为人工智能提供算力支撑	若干家龙头企业占据超过80%的市场份额，寡头竞争特征显著。国际龙头包括亚马逊、微软、谷歌等；国内龙头包括阿里、腾讯、百度等	2020年世界云计算市场规模达2253亿美元（Gartner&信通院）；2020年中国云计算市场规模达246亿美元（Frost & Sulliivan）
技术层	计算机视觉	计算机视觉使用计算机及相关设备代替人眼对目标进行识别、跟踪和测量，帮助计算机感知外部环境，在智能安防、自动驾驶等领域应用广泛	行业龙头多为国际企业，国内龙头数量较少，初创企业不断涌现，国产替代富有潜力	2020年世界计算机视觉市场规模达到约53亿美元（天风证券）；2020年中国计算机视觉市场规模达到约19亿美元（IDC&中商产业研究院）
技术层	语音识别	语音识别是一种人机交互入口，指机器或程序接收、解释声音，或理解和执行口头命令的能力	国内语音识别厂商主要包括IT及互联网厂商和语音技术厂商两类，后者可细分为传统语音技术厂商和创业厂商两类	2020年世界语音识别市场规模达107亿美元（Mordor Intelligence）；2020年中国语音识别市场规模达155亿元（赛迪智库&前瞻产业研究院）
技术层	生物特征识别	生物特征识别利用采集元件和生物识别算法，以本地或远端模式，完成生物特征的采集、存储和比较。其主要应用场景包括指纹识别和人脸识别等	生物特征识别厂商以指纹识别厂商和人脸识别厂商为主，两者市场份额共占比超七成。虹膜识别厂商、掌纹识别厂商等占据剩余市场份额	2020年世界生物特征识别技术市场规模达233亿美元（前瞻产业研究院）；2020年中国生物特征识别技术市场规模达350亿元（东方财富证券）
技术层	自然语言处理	自然语言处理是计算机理解和生成自然语言的过程，自然语言技处理术使计算机具有识别、分析、理解和生成自然语言文本的能力	自然语言处理企业市场竞争者主要包括互联网巨头企业、自然语言处理技术研发企业和自然语言处理创业企业。其中互联网巨头企业占据约80%的市场份额，另外两类占据剩余约20%的市场份额	2020年世界自然语言处理规模达到约132亿美元（Mordor Intelligence）；2020年中国自然语言处理市场规模达到约51亿元（头豹研究院）

续表

产业链环节	领域	概述	竞争格局	市场规模
应用层	AR/VR	AR/VR通过实时计算生成相应虚拟场景，用户借助特殊的输入/输出设备，与虚拟世界进行自然交互	中国AR/VR企业包括硬件开发厂商和内容创作厂商，主要布局游戏、影视领域；AR/VR系统搭建暂时依赖海外龙头企业	2020年世界AR/VR市场产品或服务支出规模将达到约121亿美元；2020年中国AR/VR市场支出规模达66亿美元（IDC）
	智能机器人	智能机器人是能认知所在环境和外界刺激，自主思考对应动作，进而做出反应的各类机器装置	智能机器人厂商可分为技术类厂商和产品类厂商两大类。前者提供AI芯片、操作系统等核心技术；后者在细分行业研发产品	2020年世界机器人市场规模达1040亿美元（Statista）；2020年中国机器人市场规模达到约711亿元（中国电子学会&前瞻产业研究院）
	智能无人设备	智能无人设备具有环境感知、信息交互、知识学习、规划决策、行为执行等功能，可以在无人驾驶条件下，重复执行载荷运输等任务	无人机：消费无人机与工业无人机合计占超七成市场份额，大疆占据龙头位置；无人车：竞争者包括互联网科技巨头、大型传统车企、技术型创业公司等，尚无绝对龙头	2023年世界智能驾驶汽车市场规模预计将达到约372亿美元（Research and Markets）；2020年中国智能驾驶汽车市场规模达1214亿元（锐观咨询）
	智能可穿戴设备	智能可穿戴设备是可被用户直接穿戴的一种便携式智能硬件，在智能软件、互联网等技术支持下其具有数据交互功能	苹果、小米、华为三家龙头企业出货量占全球出货量超50%。智能可穿戴设备厂商不断扩展健康管理、VR/AR、快递物流和卫星定位等场景	2020年世界可穿戴设备市场规模达690亿美元（Gartner）；2020年中国智能可穿戴设备的市场规模达到约757亿元（艾媒网）
	制造	智能制造是具有信息自感知、自决策、自执行等功能的先进制造过程、系统与模式的总称。人工智能技术深度赋能智能制造各环节	智能制造产业涵盖智能装备制造、工业互联网服务、工业软件提供等环节。目前跨国公司在高端智能装备制造、工业软件提供中占主导地位，中国龙头企业不断追赶	2020年世界智能制造产值达到约1946亿美元（Research and Markets）；2020年中国智能制造业产值规模达25000亿元（前瞻产业研究院）

续表

产业链环节	领域	概　述	竞争格局	市场规模
应用层	医疗	人工智能技术可以赋能诊断、治疗、康复、药品研发、基因检测、卫生管理等各个医疗环节，以提高诊断效率和准确率、提升健康管理水平和降低药物研发周期	"人工智能+医疗"市场竞争激烈，互联网巨头、传统医疗巨头和初创企业均已布局，优秀垂直智能医疗公司不断涌现。疾病预防和控制成只能医疗新发展方向	2020年到2024年间世界智能医疗行业规模预计将增加约2249亿美元，平均增长率28%（Business Wire）；2020年中国智能医疗行业投资规模超100亿元（中投顾问）
	教育	人工智能技术可赋能教学、考试、管理的教育全流程，提供教学辅助、考试测评、内容管控等服务，进而提升学习效率和教学质量	智能教育行业主要包括在线教育提供商和教育信息化服务商两类玩家。在资本助推下，初创企业层出不穷，行业竞争仍然激烈	2020年世界智能教育市场规模达到约2148亿美元（Research and Markets）；2020年中国智能教育市场规模预计达到约7231亿元（前瞻产业研究院）

资料来源：国家工业信息安全发展研究中心整理。

B.25 2020年人工智能领域大事记

厉欣林[1]

1月

2日 中国就业培训技术指导中心发布《关于拟发布新职业信息公示的通告》，将发布包括人工智能训练师、智能制造工程技术人员、无人机装调工等16个新职业。

5日 韩国国土交通部发布《自动驾驶汽车安全标准》，成为全球首个为L3自动驾驶制定安全标准并制定商用化标准的国家。

7日 中国广东省深圳市南山区人民法院宣判腾讯公司状告网贷之家未经授权许可抄袭腾讯机器人Dreamwriter撰写文章一案，以一纸判决认定人工智能生成作品属于著作权法保护范围。

7日 激光雷达制造商禾赛科技宣布完成1.73亿美元C轮融资。此轮融资由光速联合德国博世集团领投，刷新了激光雷达行业的最高单笔融资记录。

7日 澎思科技与新加坡国立大学实验室共同研究的声纹识别技术在RSR2015数据集上刷新世界纪录。该技术可以在使用50%或更少的数据进行机器学习的情况下，依然在各种比较协议中表现出十分优异的性能。

7日 美国白宫发布《人工智能应用规范指南》，文件提出10条人工智能监管原则，强调"鼓励人工智能的创新和发展"和"减少部署和使用人工智能的障碍"。

---

[1] 厉欣林，中国人民大学电子信息硕士，从事人工智能数据库领域研究。

8 日 中央戏剧学院发布消息称，2020 年将首次招收两名戏剧人工智能方向博士研究生。

11 日 清华大学发布人工智能全球 2000 位最具影响力学者榜单，中国排在美国之后，领跑第二梯队，有 171 人，占比 9.3%。数据显示，我国高水平学者集中的研究机构较匮乏，人工智能人才队伍亟待加强。

15 日 《哈佛商业评论》发布"2019 全球 AI 公司五强"榜单，其中百度位列榜单第四，成为进入全球五强的唯一的中国企业。

2 月

11 日 微软发布当时全球最大的语言模型 Turing-NLG。该模型拥有 170 亿个参数量，可以生成单词来完成开放式的文本任务，有望打造更强的聊天机器人。

14 日 中国福建省印发《关于推动新一代人工智能加快发展的实施意见》（以下简称《意见》）。《意见》计划到 2025 年，人工智能成为引领福建省产业转型升级和新福建建设的核心动力，建成全国人工智能产业应用示范区。

15 日 达摩院联合阿里云针对新冠肺炎临床诊断研发了一套全新 AI 诊断技术，分析结果准确率达到 96%，并在河南省郑州小汤山得到实际运用。

24 日 中国教育部等部委联合印发了《关于"双一流"建设高校促进学科融合加快人工智能领域研究生培养的若干意见》（以下简称《意见》）。《意见》指出，构建基础理论人才与"人工智能+X"复合型人才并重的培养体系，为我国抢占世界科技前沿提供了更加充分的人才支撑。

24 日 中国国家发展和改革委员会等 11 部委联合印发《智能汽车创新发展战略》，提出 2035—2050 年，中国标准智能汽车体系将全面建成，更加完善。

25 日 清华大学研发出基于多个忆阻器阵列芯片的存算一体系统，成功实现了以更小的功耗和更低的硬件成本完成复杂的计算，证明了存算一体架构全硬件实现的可行性。

26 日 自动驾驶公司小马智行在最新一轮融资中筹集了约 5 亿美元。该轮融资商丰田汽车集团领投，最新筹集的资金将支持该公司未来的自动驾驶出租车运营和技术开发。

27 日 支付宝在 IEEE 成功申请成立"移动设备生物特征识别"标准工作组，并立项"生物特征识别多模态融合"国际标准。

28 日 梵蒂冈教皇方济各发布《罗马人工智能伦理宣言》，提出发展人工智能必须遵循透明度、包容、责任、公正、可靠性、安全和隐私等六大准则。

3月

7 日 中国安徽省政府发布《关于支持人工智能产业创新发展若干政策的通知》（以下简称《通知》）。《通知》明确，建设合肥综合性国家科学中心人工智能研究院，为人工智能产业创新提供支撑；实施人工智能产业创新工程。

9 日 中国工业和信息化部报批公示《汽车驾驶自动化分级》国家标准，该标准将于 2021 年 1 月 1 日正式实施。

9 日 中国科技部宣布支持重庆、成都、西安、济南四地建设国家新一代人工智能创新发展试验区。

19 日 Google AI 与 DeepMind 共同推出了强化学习智能体 Dreamer，它在性能、数据效率和计算时间上都达到了当时最好的水平。

20 日 清华大学自研的深度学习框架计图正式对外开源。计图工作性能已超越 Numpy，能够实现更复杂更高效的操作。

21 日 CVPR 刊出达摩院提出的一个通用、高性能的检测器，该检测器首次实现 3D 物体检测精度与速度的兼得，有效提升自动驾驶系统安全性能。并在自动驾驶领域权威数据集 KITTI BEV 排行榜上位列第一。

24 日 2020 年度国家科技奖提名项目出炉，国家自然科学奖、国家技术发明奖和国家科学技术进步奖这 3 个类别下都有涉及人工智能的项目入选，数量占比接近全部项目的 10%。

25 日 旷视科技正式推出新一代 AI 生产力平台 Brain++，并开源其核心组件——深度学习框架天元。

27 日 中国领先的一站式企业级人工智能产品与服务平台明略数据完成 3 亿美元 E 轮战略融资，本轮投资由淡马锡、腾讯领投，快手跟投。

31 日 美国华盛顿州通过《面部识别法》，旨在规范美国华盛顿州内各地政府机构使用面部识别技术，其要求面部识别技术的使用必须有益于社会，并且不得对个人的自由和隐私造成损害。

4月

1 日 阿里巴巴发布数字基建新一代安全架构，可为各类 App 和网站等数字经济实体的搭建过程建立标准化流程，确保数字经济实体在建设之初就运行在较高安全基线上。

1 日 清华大学人工智能研究院开源了深度强化学习算法平台天授。天授注重代码模块化设计，具有代码实现简洁、模块化、具有可复现性、接口灵活、训练速度快等特点。

2 日 第四范式宣布完成 C+轮融资，C 轮总计融资金额达 2.3 亿美元，投后估值约 20 亿美元。第四范式称，本轮融资的完成为第四范式快速拓展产业链上下游资源奠定了良好基础，有助于构建基于 AI 的企业级服务生态体系。

3 日 斯坦福大学公布了最新的 DAWNBench 深度学习榜单，阿里云打破谷歌等企业创造的纪录，获得图像识别比赛四项的第一名。

7 日 瑞莱智慧发布 RealSafe 人工智能安全平台，该平台可轻松破解多家主流人脸识别技术。

9 日 中国陕西省西安高新区发布了《西安高新区人工智能试验区核

心区建设方案》。根据该方案，到2022年西安高新区将初步建成新一代人工智能创新发展试验区核心区。

9日 英特尔公司与佐治亚理工学院共同宣布将承担美国国防先进研究计划署关于防御技术的项目，防止人工智能系统被攻击和欺骗，致力于改善网络安全防御机制，防范会影响到机器学习模型的欺骗攻击。

10日 普林斯顿大学及合作伙伴提出了Falcon，这是第一个支持大容量AI模型和批处理规范化的安全C++框架，它的性能可比现有解决方案高200倍。

5月

4日 科大讯飞联合中科大语音及语言信息处理国家工程实验室在最新一届CHiME-6大赛上夺冠，并实现三连冠。此次的语音识别错误率从CHiME-5的46.1%降至30.5%。

7日 韩国副总理洪楠基宣布将推进以数字化为中心的"新政"，在大数据、5G、人工智能等数字化基础设施构建、非接触式产业和国家基础设施数字化这3个方向上发力，用以创造工作岗位、加快经济创新。

7日 中国工业和信息化部、国家发展和改革委员会、自然资源部联合编制《有色金属行业智能矿山建设指南（试行）》《有色金属行业智能冶炼工厂建设指南（试行）》《有色金属行业智能加工工厂建设指南（试行）》，进一步推进人工智能等新一代信息通信技术在有色金属行业的集成创新和融合应用。

8日 中国上海市正式发布《上海市推进新型基础设施建设行动方案（2020—2022年）》，《方案》提出，立足科技创新中心和集成电路、人工智能、生物医药"三大高地"建设，建设新一代高性能计算设施，打造超大规模人工智能计算与赋能平台，支持人工智能企业开展深度学习等多种算法训练试验。

8日 达摩院凭借全新算法在全球自动驾驶权威数据集Semantic KITT排行榜中荣获第一。该技术用于达摩院的无人物流车后，车辆对障碍物的精细化识别水平大幅提升。

11 日 寒武纪旗下思元 270 与百度旗下 Paddle Lite 正式完成兼容性适配，双方后续还将展开更多维度的软硬件协作，两大 AI 软硬件平台的深度融合或将进一步推动世界 AI 生态的完备及进化。

18 日 华为自动驾驶操作系统内核成功获得业界 Safety 领域最高等级功能安全认证，成为我国首个获得 ASIL-D 认证及业界首个拥有 Security&Safety 双高认证的商用操作系统内核。

20 日 百度发布量子机器学习开发工具量桨，这是国内首个支持量子机器学习的深度学习平台，可快速实现量子神经网络的搭建与训练。

20 日 中国山东省工业和信息化厅印发《济南—青岛人工智能创新应用先导区融合发展实施方案》，该方案提出，力争形成一批具有引领性的人工智能融合应用场景和解决方案，打造一批人工智能与产业融合的新模式。

21 日 谷歌开源计算机视觉预训练新范式 BiT，该方法可适应各种新的视觉任务，包括少拍识别设置和最近推出的"真实世界"ObjectNet 基准测试。

21 日 搜狗联合新华社推出全球首个 3D AI 合成主播"新小微"，该主播基于多项人工智能技术，使机器可以基于输入文本生成逼真度高的 3D 数字人视频内容。

26 日 腾讯云对外宣布未来五年将投入 5000 亿元，用于新基建的进一步布局，云计算、人工智能、大型数据中心、超算中心、量子计算等都将是腾讯重点投入领域。

29 日 滴滴出行宣布旗下自动驾驶公司完成首轮超 5 亿美元融资。这是滴滴自动驾驶公司成立后首次对外融资，也是国内自动驾驶公司获得的单笔最大融资。

6 月

9 日 杭州欧若数网科技开源分布式图数据库 Nebula Graph，它采用

shared-nothing 分布式架构，擅长处理千亿节点万亿条边的海量关联数据集，为数据科学家提供了新型的数据分析和洞察能力。

10 日 腾讯优图实验室宣布正式开源新一代移动端深度学习推理框架 TNN，通过底层技术优化实现在多个不同平台的轻量部署落地，极大地方便了移动端的人工智能技术推广应用。

10 日 中国科学院自动化研究所宗成庆研究员成功当选 ACL 大会主席，这也是 ACL 大会唯一一位华人学者主席。

12 日 国内首台完全自主研发的 L4 级 5G 自动驾驶汽车——东风 Sharing-VAN 正式量产下线。

16 日 成立仅 9 个月的通用智能芯片设计公司壁仞科技今日宣布完成总额 11 亿元的 A 轮融资，创下近年同行业 A 轮融资新纪录。

18 日 芯片制造商高通宣布推出全球首个支持 5G 和人工智能的机器人平台 RB5。该平台融合了高通在 5G 和人工智能方面的专长，可以帮助开发者和制造商打造下一代具备高算力、低功耗的机器人和无人机。

23 日 美国国会提出《国家人工智能资源特别工作组法案》《国家云计算特别工作组法案》两项加强美国人工智能研究的法案，以维持美国的全球领导地位，并促进公共和私营部门之间的合作。

24 日 清华大学成立人工智能国际治理研究院。研究院旨在积极参与引领全球治理体系改革，为完善人工智能全球治理贡献中国智慧、注入中国力量。

25 日 联合国欧洲经济委员会世界车辆法规协调论坛宣布，日本、韩国和欧盟、非洲等 50 多个成员国就自动驾驶汽车发展达成了共同法规。

27 日 中国上海市启动了智能网联汽车规模化示范应用，上海智能网联汽车载人示范应用进入规模化阶段。

30 日 中国中共中央深化改革委员会审议通过了《关于深化新一代信息技术与制造业融合发展的指导意见》。会议强调，加快推进新一代信息技术和制造业融合发展，提升制造业数字化、网络化、智能化发展水平。

7月

17日 阿里云研发完成"智能汛情机器人"，可同时完成相当于5000名工作人员同时拨打电话开展调研工作，并开始在部分受灾地区试点应用。

24日 美国纽约州投票决定将暂停在学校的任何设施中使用面部识别技术，该法案将成为美国首个明确规定学校不允许使用该技术的法案。

28日 欧盟委员会发布了首份欧洲企业AI技术采用情况量化报告，调查显示，整个欧盟地区对AI技术的认知度较高，达到78%。其中，42%的企业采用了至少一种AI技术，25%的企业采用了至少两种AI技术。

29日 中国国家发展和改革委员会发布《国家发展改革委办公厅关于加快落实新型城镇化建设补短板强弱项工作 有序推进县城智慧化改造的通知》，提出利用大数据、人工智能、5G等数字技术推进县城智慧化改造建设。

30日 人工智能行业权威榜单MLPerf训练榜出炉，榜单中首次出现了中国AI芯片和云平台的身影，其中华为云EI昇腾集群服务实测成绩更是表现不俗。

8月

4日 中国国家标准化管理委员会等5部委联合印发《国家新一代人工智能标准体系建设指南》（以下简称《指南》）。《指南》提出，到2023年，初步建立人工智能标准体系，建设人工智能标准试验验证平台，提供公共服务能力。

6日 天津移动携手中兴通讯成功实现全国首个AI智能基站节能商用落地，可自动进行话务预测、节能策略生成与下发、参数配置的优化，无须人工干预，节能效果比传统节能方案提高3.78倍。

11日 由科大讯飞提出的AI数据质量国际标准项目《人工智能—分

析和机器学习的数据质量—第 4 部分：数据质量过程框架》顺利通过 ISO/IEC 国际标准化组织立项。

15 日 浪潮发布了人工智能服务器 NF5488A5，单机计算性能高居世界第一，成为全球最快的人工智能训练服务器。

17 日 阿联酋副总统、总理兼迪拜酋长批准了阿联酋人工智能和数字经济行动计划。

18 日 美国国家标准技术研究院提出了四项原则，以确定 AI 所做决定的"可解释"程度。

20 日 天眼查数据显示，我国今年共新增的人工智能相关企业数量超过 21 万家，较 2019 年同比增长 45.27%。

26 日 中国国山东省济南发布《济南市人工智能创新应用先导区建设实施方案（2020—2022 年）》，该方案提出集聚 10 个以上人工智能创新平台，形成千亿级人工智能产业规模。

27 日 中国天津市发布《天津市建设国家新一代人工智能创新发展试验区行动计划》，提出强化组织领导、人才引育、环境营造三大保障，积极探索人工智能发展的新路径、新机制、新政策、新模式。

31 日 我国首条支持 5G 自动驾驶测试与应用的"智慧高速"——G5517 湖南省长益高速公路扩容高速全线建成通车。

9 月

1 日 浙江大学发布亿级神经元类脑计算机，这是我国第一台基于自主知识产权类脑芯片的类脑计算机，也是目前国际上神经元规模最大的类脑计算机。

4 日 中国湖北省发布《省人民政府关于印发湖北省新一代人工智能发展总体规划（2020—2030 年）》，提出到 2030 年湖北人工智能核心产业规模达到 1800 亿元，形成 50 家以上国内有影响力的人工智能企业。

4 日 中国科技部发布支持广州市、武汉市建设国家新一代人工智能创新发展试验区的函。两个函分别对广州和武汉提出相应的建设要求，以形成可复制、可推广的经验。

6 日 中国科技部印发《国家新一代人工智能创新发展试验区建设工作指引》。到 2023 年，布局建设 20 个左右试验区，创新一批切实有效的政策工具，打造一批具有重大引领带动作用的人工智能创新高地。

9 日 据新华社报道，中国机器人产业整体规模持续增长，服务机器人市场已占全球市场 1/4 以上。2020 年我国服务机器人市场规模有望突破 40 亿美元，为服务业注入新活力。

14 日 北京智源人工智能研究院联合其他单位共同发布了《面向儿童的人工智能北京共识》，呼吁社会各界高度重视人工智能对儿童的影响，避免剥夺和损害儿童的权利。

14 日 华为数字化转型创新中心及 5G 测试实验室在塞尔维亚贝尔格莱德揭幕。塞尔维亚总理布尔纳比奇表示双方将在人工智能、教育数字化和智慧城市等领域展开合作。

22 日 沧州市自动驾驶"新科技 新文旅"活动启动仪式举行，标志着我国首个自动驾驶旅游专线正式启动。

25 日 美国和英国政府正式签署《人工智能研究与开发合作宣言：推动人工智能技术突破的共同愿景》。该计划更进一步提出建设人工智能研发生态系统以实现共同愿景。

28 日 人工智能药物研发公司晶泰科技宣布超额完成 3.188 亿美元的 C 轮融资，创造全球 AI 药物研发领域融资额的最高纪录。

10 月

7 日 SK 海力士宣布推出首款适用于大数据、人工智能等领域 DDR5 DRAM，其速率相较前一代 DDR4 最多提升了 1.8 倍并成功降低 20% 的功耗。

8 日 美国国家人工智能安全委员会发布了国家安全委员会关于人工智能 2020 年中期报告和第三季度备忘录草案。草案建议美国从六大方向着手，确保美国在人工智能领域的领先地位。

9日 中国联通携手腾讯和中国聋人协会联合推出了"畅听王卡"，首次针对听障人士提供"无障碍 AI 通话服务"。

10日 厦门大学人工智能研究院正式成立。厦门大学人工智能研究院将进一步加强厦门大学人工智能学科与其他学科的交叉融合，成为具有全球影响力的一流人工智能研究和人才培养机构。

12日 韩国政府公布了 AI 相关技术发展目标，力争在 10 年内开发 50 款 AI 芯片，希望其 AI 芯片全球市占率到 2030 年前达到 20%，并为该领域培育 20 家创新企业和 3000 名专家级人才等。

14日 清华大学团队与合作者在《自然》杂志发文，首次提出"类脑计算完备性"概念及软硬件去耦合的类脑计算系统层次结构。这一观点可能被证明是神经形态计算领域及对人工智能的追求的重大发展。

21日 沙特阿拉伯发布了国家数据和人工智能战略，旨在推动该国的人工智能和大数据行业发展。该战略将重点利用数据和人工智能作为国家社会经济增长的推动力，以解决沙特经济转型的需求。

22日 商汤科技旗下的 SenseCare 肺部 CT 影像辅助诊断软件获得了英国标准协会所颁发的全球第一个欧盟医疗器械法规下的人工智能软件 CE 认证，可以有效地对肺部多病（含新冠肺炎）进行辅助诊断。

22日 《中国新一代人工智能发展报告 2020》显示，2019 年中国共发表人工智能论文 2.87 万篇，比 2018 年增长 12.4%，同期中国人工智能专利申请量超过 3 万件，比 2019 年增长 52.4%。

23日 英伟达 AI 计算平台 A100 在今年第二轮 MLPerf 推理测试中，创下了数据中心与边缘计算系统全部六个应用领域的记录。此项技术进步将进一步助力 AI 性能提升。

27日 滴滴语音在 DSTC9 大赛上荣获世界第一。在比赛中，滴滴使用了 HybridDTA 模型，这一语音对话系统已广泛应用于滴滴智能客服对话、车机系统语音交互、司机端内语音交互等方面。

31日 国际测试委员会在智能计算机大会和芯片大会上，发布了国际首个智能超级计算机榜单——HPC AI500。榜单中富士通、谷歌、索尼位列前三，腾讯公司位列第四，中日美三国公司包揽了榜单前九名。

11月

3日 《中共中央关于制定国民经济和社会发展第十四个五年规划和二〇三五年远景目标的建议》对外发布。该建议强调推动传统产业智能化发展，推动人工智能同各产业深度融合。

6日 中国北京市人力资源和社会保障局印发《北京市工程技术系列（人工智能）专业技术资格评价试行办法》。该文件的推出意味着北京市首次增设人工智能专业职称，为人工智能产业发展提供有力的人才支撑。

9日 中国全国信息安全标准化技术委员会发布《网络安全标准实践指南—人工智能伦理道德规范指引（征求意见稿）》，公开征求意见。征求意见稿提出了开展人工智能研究开发、设计制造、部署应用等相关活动的规范指引。

11日 中国四川省成都市发布《成都建设国家新一代人工智能创新发展试验区实施方案》。该方案助推成都加快建设国家新一代人工智能创新发展试验区，支撑和促进成都人工智能产业发展。

13日 全球首条智能货运空轨正式落地青岛。该项目综合运用5G、人工智能、大数据等高科技，进一步提升了青岛港集装箱集疏运能力，扩展港区发展空间。

20日 韩国教育部宣布，韩国高中明年下半学年将增设两门人工智能主题选修课：人工智能初级课程和人工智能数学基础。另外，韩国教育部将于明年起编制人工智能主题教材并向小学和初中发放。

24日 云从科技在世界互联网大会上发布全球首款人机协同操作系统。云从人机协同操作系统能够帮助企业实现信息化、数字化到智能化的业务价值闭环，实现业务效率和用户体验的革命性提升。

24日 智能运力平台满帮集团宣布完成约17亿美元新一轮融资，成为2020年车货匹配行业融资额最高的融资事件。

28日 中国广东省发布《广东省建设国家数字经济创新发展试验区工作方案》。该方案明确指出，将打造数字经济创新高地，加快建设人工智能、区块链等新一代通用信息技术生态体系。

30日 谷歌旗下人工智能技术公司DeepMind宣布其开发的深度学习算法AlphaFold在生物学领域重要的"蛋白质折叠问题"上实现突破，其算法的预测精度首次达到了与人类实验准确率相当的水平。

12月

1日 乌克兰政府批准了2030年前乌克兰人工智能领域的发展构想，计划促进人工智能领域的人才培养，鼓励人工智能领域企业发展，在国家的公共部门和主要行业中积极引入人工智能技术。

7日 德国政府决定对2018年版国家《人工智能战略》做出修订。此次更新重点围绕人工智能领域的当前发展，到2025年将人工智能领域的投资从30亿欧元增加到50亿欧元。

11日 英国人工智能芯片制造商Graphcore发布了新处理器GC200。该处理器拥有594亿个晶体管，成为世界上最大的处理器。这样的系统将能够支持具有数万亿个参数的人工智能模型。

15日 美国空军首次将人工智能副驾驶部署在一架U-2侦察机上，人类飞行员和AI副驾驶ARTU共同驾驶一架U-2侦察机。这是AI首次自主控制一套美国军用系统。

20日 中国交通运输部发布《关于促进道路交通自动驾驶技术发展和应用的指导意见》。该意见明确，到2025年，出台一批自动驾驶方面的基础性、关键性标准；建成一批国家级自动驾驶测试基地和先导应用示范工程，在部分场景实现规模化应用。

21日 德国柏林自由大学物理系和计算机系的科学家们在《自然—化学》上发表一篇论文，运用联合开发的人工智能方法求解量子化学领域薛定谔方程的基态，突破了传统方法在精确度和计算效率上两难全的困境。

30 日 中国交通运输部发布《关于促进道路交通、自动驾驶技术发展和应用的指导意见》。该意见指出，到 2025 年自动驾驶基础理论研究将取得积极进展，道路基础设施智能化、车路协同等关键技术及产品研发和测试验证取得重要突破，推动自动驾驶技术产业化落地。

反侵权盗版声明

  电子工业出版社依法对本作品享有专有出版权。任何未经权利人书面许可，复制、销售或通过信息网络传播本作品的行为；歪曲、篡改、剽窃本作品的行为，均违反《中华人民共和国著作权法》，其行为人应承担相应的民事责任和行政责任，构成犯罪的，将被依法追究刑事责任。

  为了维护市场秩序，保护权利人的合法权益，我社将依法查处和打击侵权盗版的单位和个人。欢迎社会各界人士积极举报侵权盗版行为，本社将奖励举报有功人员，并保证举报人的信息不被泄露。

举报电话：（010）88254396；（010）88258888
传 真：（010）88254397
E-mail：　dbqq@phei.com.cn
通信地址：北京市万寿路 173 信箱
     电子工业出版社总编办公室
邮 编：100036